苏·区·振·兴·智·库

赣南苏区四大区域 工业振兴研究

田延光◎主编　刘善庆◎著

RESEARCH ON INDUSTRIAL REVITALIZATION OF
FOUR MAJOR REGIONS IN GANNAN

经济管理出版社
ECONOMY & MANAGEMENT PUBLISHING HOUSE

图书在版编目（CIP）数据

赣南苏区四大区域工业振兴研究／田延光主编，刘善庆著 . —北京：经济管理出版社，2019.4

ISBN 978-7-5096-6481-0

Ⅰ. ①赣⋯　Ⅱ. ①田⋯ ②刘⋯　Ⅲ.①赣南革命根据地—工业基地—区域经济发展—研究　Ⅳ. ①F427.6

中国版本图书馆 CIP 数据核字（2019）第 058213 号

组稿编辑：丁慧敏

责任编辑：丁慧敏　张莉琼　张广花　乔倩颖

责任印制：黄章平

责任校对：董杉珊

出版发行：经济管理出版社

　　　　　（北京市海淀区北蜂窝 8 号中雅大厦 A 座 11 层　100038）

网　　　址：www.E-mp.com.cn

电　　　话：（010）51915602

印　　　刷：三河市延风印装有限公司

经　　　销：新华书店

开　　　本：720mm×1000mm/16

印　　　张：19.5

字　　　数：289 千字

版　　　次：2019 年 4 月第 1 版　　2019 年 4 月第 1 次印刷

书　　　号：ISBN 978-7-5096-6481-0

定　　　价：68.00 元

　　"积极政府与赣南苏区新时代工业发展研究"包含两个部分，第一部分是关于"两城两谷一带"工业振兴发展情况的研究，第二部分是关于赣南瑞兴于、三南、会寻安以及赣州西部三县工业振兴发展的研究。本书是第二部分研究的结果。

　　《国务院关于支持赣南等原中央苏区振兴发展的若干意见》实施以来，赣南苏区先启动了以土坯房改造、农村低压电网改造等为显著特征的大规模民生工程，交通能源等基础设施建设也突飞猛进。2015年又启动了"主攻工业，三年翻番"的工作，赣南苏区工业迅猛发展，成效巨大。为了比较详尽地反映赣南苏区党委政府在习近平新时代中国特色社会主义思想的指引下，经过江西省委、省政府领导下大力发展工业的思考和实践，"苏区智库丛书"组织有关专家选取了多个角度，集中攻关，力图比较全面地展现几年来赣南苏区工业发展所取得的主要成果。

　　为了收集研究资料，几年来，在江西省苏区办、赣州市振兴办以及相关县（市、区）振兴办的大力支持下，苏区振兴研究院充分利用寒暑假，组织师生实地调研，收集和积累了丰富的研究资料。尤其是2019年1月，又一次组织师生走遍了赣南20个县（市、区），通过召开座谈会、进工厂实地参观考察、访谈企业负责人以及阅读相关市、县级政府官网资料等各种方式，进一步丰富了研究资料。本书就是基于这些资料研读的结果。

目录

第一章 瑞兴于经济振兴试验区的工业振兴

第一节 瑞兴于经济振兴试验区的工业布局

一、瑞兴于经济振兴试验区简述

（一）瑞兴于经济振兴试验区的由来

1. 瑞兴于经济振兴试验区的提出

《国务院关于支持赣南等原中央苏区振兴发展的若干意见》（以下简称《若干意见》）中明确提出，"研究设立瑞（金）兴（国）于（都）经济振兴试验区，鼓励先行先试，加大支持力度"。这是推动赣南等中央苏区振兴发展的又一个重要平台。顾名思义，这个平台涵盖了中央苏区史上三个著名的苏区县——瑞金、兴国、于都。其中，瑞金是享誉中外的"红色故都"、共和国摇篮、中央红军长征出发地。瑞金曾经在中国革命历史上写下了光辉灿烂的一页，有着重要的历史地位。她是中国第一个红色政权——中华苏维埃共和国临时中央政府的诞生地，第二次国内革命战争时期中央革命根据地的中心，是驰名中外的红军两万五千里长征的出发地之一。"红都"这个光荣的称谓起源于 20 世纪 30 年代初，毛泽东、朱德等老一辈无产阶级革命家在瑞金进行伟大革命实践和红色政权建设探索的光荣历史。1931 年 11 月 7～20 日，第一次全国苏维埃代表大会在瑞金的叶坪隆重召开，大会向世界庄严宣告中华苏维埃共和国临时中央政府正式成立，定都瑞金，毛泽东当选为临时中央政府主席，大会还通过了中华苏维埃共和国宪法大纲等决议案，自此，我党领导的红色政权正式以国家形态出现。1934 年 1 月，第二次全国苏维埃代表大会在瑞金沙洲坝召开，由于当时中共中央政治局已经从上海迁到了瑞金，因此，"二苏大会"后，中华苏维埃共和国临时中央政府的"临时"两个字就去掉了，正式成为中华苏维埃共和国中央政府，"二苏大会"还通过了修改后的《宪法大纲》等决议案和关于国旗、国徽、军旗以及关于确定 8 月 1 日为建军节等决定。因此，瑞金作为赤色首都，也是毛泽东思想的主要发源地和初步形成地，是人民代表大会制度和"八一"建军节的诞生地。

兴国是著名的苏区模范县、红军县、烈士县和誉满中华的将军县。毛泽东、朱德、周恩来、陈毅等老一辈无产阶级革命家都曾在这里工作和战斗过。在第二次国内革命战争时期，大部分老一辈无产阶级革命家在兴国工作和战斗过，是第三次、第四次、第五次反"围剿"的主战场。第五次反"围剿"失败后，红军被迫长征，参加长征的 12 个主力师中有 7 个师是从兴国出发的，其中"少共国际师""工人师""模范师"均是兴国子弟。苏区时期，全县 23 万人，参军参战的就达 9.5 万之多，占青壮年的 80%，为国捐躯的有名有姓的烈士达 23179 名，居全国各县烈士之首，占全国烈士总数的 1/60，全省烈士的 1/10，赣南烈士的 1/5。其中仅牺牲在长征路上的烈士就达 12038 名，几乎每一公里就有一名兴国籍将士倒下，真所谓"万里长征路 里里兴国魂"。苏区时期，兴国被誉为"模范县"，毛泽东同志称兴国人民创造了"第一等工作"。并亲笔为兴国题写了"模范兴国"四个大字。

中国工农红军的两万五千里长征是一次举世闻名的伟大壮举。于都这块红色的土地就是中国工农红军之中央红军开始长征的集结地和出发地。1928 年建立了赣南第一块红色根据地——于都桥头根据地以及赣南第一个地方武装——赣南红军十五纵队。1929 年，毛泽东、朱德率领红四军从井冈山转战赣南闽西，在于都建立了第一个县级红色政权——于都县工农兵革命委员会，从而推动于都土地革命如火如荼地开展起来，被陈毅称为"赣南当时最红的地方"和"群众斗争的代表"。苏区时期，先后分设于都、胜利、登贤、瑞西、兴胜、于西等县。长征前夕，中共赣南省委和省苏维埃政府等机关设在于都县城。1934年10月初，中央机关和红军主力在于都集结休整。于都人民协助主力红军肃情敌探，封锁消息。帮助红军搭浮桥，准备800余条渔船供红军搭浮桥和摆渡之用，组织千余名挑夫随军出征。1934年10月17~20日，毛泽东、周恩来、朱德、张闻天、博古等及中央直属机关、中央红军8.7万余人顺利从于都河北岸8个主要渡口渡过于都河，开始了著名的两万五千里长征。中央红军长征后，中央分局、中央政府办事处从瑞金云石山先后迁驻于都宽田的龙泉、石含、黄龙的井塘、禾丰的华山下继续领导苏区人民坚持斗争。1935年3月，中央分局、中央政府办事处以及留守在中央苏区的红军在于都南部仁风地区分九路向外突围，开始了艰苦卓绝的南方三年游击战争。几十年艰难曲折的革命斗争，于都人民建立了不朽的历史功绩，付出了巨大的牺牲。苏区时期，于都是筹钱筹粮最积极、出人出力最踊跃、受灾受难最深重的县份之一，25.5万人口的于都有超过10万人支前参战，有67709人参加红军，占当时全县总人口的1/4以上，其中在于都集结出发长征的红军将士中每5人就有1个于都人；于都为革命牺牲的有姓名记载的烈士就有16336人，其中牺牲在长征路上的烈士达1.1万人。

由上可见，瑞金、兴国、于都三县（市）为中国革命做出了重大贡献和巨大牺牲，在中国革命史和中共党史上均做出了特殊贡献，有着特殊的地位。瑞金、兴国、于都三县（市）同属罗霄山集中连片特殊困难地区。受发展基础薄弱、长期投入不足等多种因素影响，瑞兴于地区的经济社会发展还非常滞后，无论是经济发展还是民生问题，都比赣南其他地区更加滞后、更加突出，是赣南等中央苏区贫困程度最深的地区之一。因此，需要国家出台更加具有针对性的政策予以扶持。《国务院关于支持赣南等原中央苏区振兴发展的若干意见》就是这样一种政策。

2. 瑞兴于经济振兴试验区范围的调整

打造瑞兴于经济振兴试验区面临千载难逢的历史机遇。这些机遇至少体现在四个方面：一是《若干意见》给予的历史机遇。这集中体现在《国务院关于支持赣南等原中央苏区振兴发展的若干意见》上，该政策的出台为瑞兴于经济振兴试验区发展提供了千载难逢的政策机遇。二是精准扶贫、精准脱贫政策机遇。习近平总书记指出："精准扶贫，就是要对扶贫对象实行精细化管理，对扶贫资源实行精确化配置，对扶贫对象实行精准化扶持，确保扶贫资源真正用在扶贫对象上、真正用在贫困地区。"瑞兴于属于罗霄山集中连片特殊困难地区，是国家新一轮扶贫攻坚主战场。这一政策的实施，为瑞兴于经济振兴试验区加快脱贫致富步伐提供了有利条件。三是党的十八届三中全会以来，中央作出了全面深化改革的战略部署，从而为瑞兴于经济振兴试验区在加快体制机制创新、增强发展活力等方面提供了难得的发展机遇。四是沿海地区产业加速转移所提供的机遇。近年来，闽东南、珠三角等沿海发达地区部分产业加快向内陆地区转移，为处于中部地区的瑞兴于经济振兴试验区振兴发展注入了强劲动力。

与此同时，瑞兴于经济振兴试验区的振兴发展也面临严峻挑战。一是瑞兴于三县（市）经济总量小，产业层次低，基础设施支撑不足。二是瑞兴于三县（市）总人口约 230 万的农村贫困程度深，贫困人口有 65 万人，贫困发生率达 25.5%。三是社会事业发展滞后，民生问题较为突出，公共服务水平整体偏低。四是体制机制不活，对外开放程度不高，投资发展环境有待改善。

为纵深推进赣南苏区振兴发展，2017 年，赣州出台了《关于加快推进瑞兴于经济振兴试验区建设的工作方案》（以下简称《方案》），明确将宁都、石城纳入瑞兴于经济振兴试验区政策辐射范围。这样，瑞兴于经济振兴试验区涵盖的行政区域就从原来的瑞金、兴国、于都三县（市）扩充为瑞金、兴国、于都、宁都、石城五个县（市）（见图 1-1）。其中宁都是苏区摇篮。是中央苏区前期的政治军事中心，是中共苏区中央局、中华苏维埃中央革命军事委员会、少共苏区中央局诞生地；是中共江西省委、江西省苏维埃政府、江西军区驻扎地；是中央苏区五次反"围剿"战争的指挥中心、主要战场、巩固后方以及最后阻击和被迫放弃的核心根据地。中央苏区时期，宁都全县参军参战者 23 万人次，5.6 万人直接参加红军，每 5 人就有 1 人参加红军，

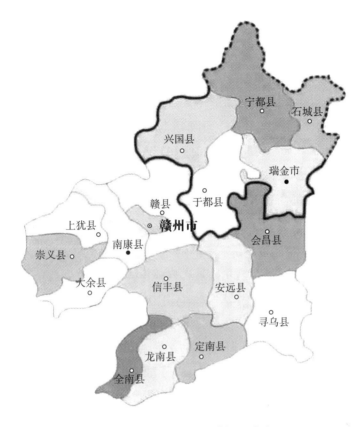

图 1-1　调整后瑞兴于经济振兴试验区

资料来源：于都新闻网。

有姓名的烈士 1.67 万人，牺牲苏区干部和革命群众 2.4 万人。在物资供应上，宁都给予了红军重大支持，仅 1930 年 11 月底至 1931 年 4 月中旬，宁都人民为驻扎在宁都的 4 万红军提供的粮食就达 600 万公斤；1933~1934 年，全县人民先后响应三次号召，借出粮食 6278.5 万公斤，借出粮食名列全苏区榜首。石城人民为中央苏区的创建和巩固同样做出巨大贡献和牺牲。石城是中央苏区全红县、中央苏区的核心区域。据不完全统计，仅 1931 年 10 月至 1934 年 10 月，13.6 万人的苏区石城，有资料可查的参加红军的就有 19327 人，其中参加长征的达 16000 多人，到达陕北时仅剩 72 人。土地革命时期牺牲的有姓名的革命烈士达 4219 人。战争中石城几乎奉献了全部的优质人力资源，而红军北上后，国民党反动派对石城人民实行了疯狂的报复，当时全县总人口由 10 万人锐减为 5 万多人。多年来，石城的发展，是在疗养战争创伤中缓慢前行。

根据五县（市）官网的最新数据，五县（市）人口共计 384.25 万，其中瑞金人口 71 万，兴国人口 85 万，于都人口 111.5 万，宁都人口 85 万，石城人口 33.33 万。区域面积也相应扩大到 14179.93 平方千米，其中，瑞金全市总面积 2441.40 平方千米，兴国全县总面积 3215 平方千米，于都全县总面积 2893 平方千米，宁都全县总面积 4049 平方千米，石城全县总面积 1581.53 平方千米。

（二）支持瑞兴于经济振兴试验区的政策举措

1. 实施《瑞兴于经济振兴试验区发展总体规划》

为加快瑞兴于经济振兴试验区建设，国家部委、江西省、赣州市陆续出台了系列政策。

为探索革命老区实现经济振兴的新路子，2015 年 3 月和 5 月，国家发改委和江西省政府分别复函同意实施《瑞兴于经济振兴试验区发展规划》（以下简称《规划》）。《规划》的编制，对于明晰瑞兴于经济振兴试验区发展思路，明确今后一个时期的重点工作任务，探索老区加快发展新路径，示范带动赣南等中央苏区整体振兴发展具有重要意义。

2012 年 7 月，赣州市正式启动了规划编制工作，先后易稿 30 余次，设想是将瑞兴于试验区建成"老区中的经济特区""特区中的试验区"。试验区覆盖瑞金、兴国、于都三县（市），规划区面积 8556 平方千米，2014 年末总人口 230 万。确立的战略定位是"四区"，即赣南等中央苏区扶贫攻坚的先行区、全国红色文化传承创新的引领区、贫困地区统筹城乡发展的创新区、南方丘陵地区生态文明建设的示范区。按照《规划》确定的目标，到 2020 年，综合经济实力显著增强，人均主要经济指标接近全国平均水平；特色优势产业集群进一步壮大，现代产业体系基本建立；重大基础设施和公共服务设施基本建成；生态文明建设走在全国前列；人民生活水平显著提高，与全国同步全面建成小康。

根据《规划》，瑞兴于经济振兴试验区的建设将在产业振兴、扶贫攻坚、城乡统筹、开放合作等领域进行积极探索，不断增强经济社会发展的内生动力，走出一条贫困地区实现经济振兴的新路子，为赣南等中央苏区振兴发展探索经验、提供示范。

可以说，国家发改委和江西省政府复函同意实施《规划》，正式拉开了瑞兴于经济振兴试验区建设的序幕。

2. 陆续出台了系列支持政策

第一，赣州市出台了系列支持政策。赣州市政府按照国家发改委、江西省人民政府同意批复的《瑞兴于经济振兴试验区发展总体规划》，2016年出台了《赣州市人民政府关于加快瑞（金）兴（国）于（都）经济振兴试验区建设的实施意见》（赣市府发〔2016〕19号）（以下简称《实施意见》）。《实施意见》明确了建设试验区的总体要求、发展目标和主要路径，突出了试验区建设重点，提出进一步加大对试验区的政策支持以及强化组织实施。根据《实施意见》要求，2016年，试验区建设重点将围绕完善试验区规划、争取一批政策及项目、启动实施一批项目等方面展开。对于加速构建试验区"合作发展，实现交通一体、产业链接、市场统一、生态共建、服务共享"的发展格局，提升在赣南等中央苏区振兴发展中的地位，具有巨大的推动作用和里程碑意义。

2017年9月13日，赣州市委全面深化改革领导小组召开第十五次全体（扩大）会议，研究部署瑞兴于经济振兴试验区建设工作，审议并原则通过《关于赋予瑞兴于经济振兴试验区市级经济社会管理权限的决定》《关于支持瑞兴于经济振兴试验区建设的若干政策意见》等改革文件。随后出台的《关于加快推进瑞兴于经济振兴试验区建设的工作方案》，明确将宁都、石城纳入瑞兴于经济振兴试验区政策辐射范围，按照"省协调、市统筹、县为主、全域覆盖、重点突破"的原则，以区域一体为重，构建"3+2"（瑞金、兴国、于都+宁都、石城）的战略发展格局；积极推动试验区园区一体化发展，构建"一区多园"发展新格局。

为推动体制机制创新，赣州参照瑞金省直管县管理办法，将市级层面的

经济社会管理权限全部下放到兴国、于都、宁都、石城，对已享受的综合保税区、赣州港等特殊监管区的优势政策及试点示范事项全部延伸复制到试验区；赋予瑞兴于经济振兴试验区市级经济社会管理权限 379 项，涉及市发改委、市工信委、市交通运输局、市水利局、市食药监局等总计 34 个部门，其中包括国省道改造计划、国省干线公路网规划内公路项目审批、天然气销售价格及安装费行政审批、企业投资（技改）项目备案、公路与桥梁建设项目施工设计审批、水利基建项目初步设计文件审批、药品零售企业经营质量管理规范（GSP）认证等。

2017 年底，赣州市委、市政府出台了《关于支持瑞兴于经济振兴试验区建设若干政策的意见》，从赋予更大的发展自主权、加快现代产业集聚发展、推进园区一体化发展、打造革命老区脱贫攻坚先行区、建设全国红色文化传承创新的引领区、打造贫困地区统筹城乡发展的创新区、创建南方丘陵地区生态文明建设的示范区、强化保障措施八个方面，对瑞兴于经济振兴试验区建设给予政策倾斜。其中包括：争取省直管体制改革试点、授予市级经济社会管理权限、开展市直部门及市属国有企业对口支援试验区、鼓励开展先行先试、创新试验区园区管理体制机制、开展绿色金融改革试点、打造 IPO 上市企业集聚区、建设沿海发达地区产业转移重点承接地等。赣州市瑞兴于经济振兴试验区建设领导小组印发了《市直部门及市属国有企业对口支援瑞兴于经济振兴试验区实施方案》，明确 25 个市直部门及市属国有企业（其中市直部门 20 个，市属国有企业 5 个）对口支援试验区 5 县（市），在政策、项目、资金等方面予以重点倾斜支持。2018 年 9 月，赣州市人民政府办公厅印发《关于支持瑞兴于"3+2"经济振兴试验区打造一流营商环境的若干政策》，支持瑞兴于"3+2"经济振兴试验区打造"政策最优、成本最低、服务最好、办事最快"的一流营商环境。瑞兴于经济振兴试验区建设领导小组第三次会议又通过了《2018 年度试验区对口支援工作考评办法》《瑞兴于经济振兴试验区园区一体化管理试行办法》两个文件，有力地推动了试验区进一步做实、做强，努力把试验区打造成赣州的"雄安新区"。

第二，建立健全组织领导机构。《赣州市人民政府关于加快瑞（金）兴

（国）于（都）经济振兴试验区建设的实施意见》加强了瑞兴于经济振兴试验区的组织领导。对赣州市瑞兴于经济振兴试验区建设工作领导小组进行调整，改由赣州市委常委、市政府常务副市长任组长，市振兴办主任任副组长，成员由瑞金、兴国、于都三县（市）党委和市发改委、市财政局、市交通运输局、市商务局、市城乡建设局、市城乡规划局等市直有关单位主要负责同志组成，试验区领导小组办公室设在市振兴办。按照"市统筹、县为主"的原则，市级层面着重做好综合协调、调度推进、政策支持等工作。县级层面是试验区建设的主体，要成立由党政主要领导挂帅的组织实施机构，指定一名党委或政府领导具体负责；要根据《实施意见》制定具体实施方案，切实抓好各项工作落实。试验区领导小组办公室要加强对政策试验的日常跟踪问效，不断完善各项运行机制，及时研究协调解决重大问题。市直有关部门要围绕职能，加强对口政策研究，强化对试验区建设的工作指导。

二、瑞兴于经济振兴试验区产业布局

（一）统筹推进一体化建设

《实施意见》及其后出台的系列政策提出在产业布局上，要统筹推进产业协作一体化、产业平台功能一体化。

1. 产业协作一体化

第一，工业产业协作一体化。在工业方面，要立足试验区区位、资源、产业基础条件，逐步统筹产业优化布局，加快构建"资源集聚、产业集群、创新集中"的现代产业发展格局。支持壮大瑞金电气机械及器材制造、兴国机电制造、于都服装服饰等首位产业，加快形成优势产业集群。加快瑞金、于都石灰石资源集聚，积极发展新型建材产业；加快兴国、瑞金萤石资源集聚，积极发展新型氟化工产业；发挥瑞兴于苏区军工企业发展的传统优势，积极发展军民融合产业。支持实施大企业、大集团培育计划，选择一批潜力大、效益好的重点企业进行培育，在融资贷款、品牌建设、人才用工、技术服务、企业上市等方面进行扶持。支持建设专业化、社会化的新型孵化器和一批科技成果转化基地，推动实施一批重大高新技术产业化项目，培育若干

个具有较大增长潜力的新经济增长点。

第二，现代服务业协作一体化。《实施意见》要求统筹推进试验区金融服务、现代物流、商贸服务等现代服务业发展。鼓励各类银行、证券、保险等金融机构在试验区设立分支机构，启动金融商务区建设；支持建设瑞金陆路口岸作业区和三县（市）商贸物流园，引进大型物流企业到试验区设立营运中心、转运中心、分拨中心等机构；规划建设于都医药健康产业园；加快电商平台建设，高标准建设三县（市）现代电商产业园、电子商务孵化园。

2. 产业平台功能一体化

积极构筑"一区多园"的平台发展格局（瑞金国家经济技术开发区和兴国、于都、宁都、石城4个省级开发区），以瑞金经济技术开发为核心建设赣闽（台）产业合作区，打造试验区至厦漳泉产业走廊。

积极编制《瑞兴于经济振兴试验区产业发展总体规划（2017～2030年）》《瑞兴于经济振兴试验区产业项目策划和行动计划》。支持建设一批特色产业基地，形成优势产业集群，重点扶持于都医药健康产业园、石城鞋服产业园；打造兴国、瑞金军工产业基地、宁都省级锂电新材料产业基地、石城硅产业基地和氟化工产业基地、江西LED光谷重要的应用产业及配套产业基地；加快推进瑞金电气机械及器材制造产业、兴国机电制造产业和于都、宁都轻纺服装产业集群建设。

2017年10月，瑞兴于经济振兴试验区园区一体化发展协调办公室在瑞金经开区挂牌。此举将更好地发挥瑞金国家级经开区品牌优势、政策优势，凝聚协作合力，推动5县（市）产业一体化发展，实现互利共赢，协同发展。

（二）产业支持政策

1. 基础设施一体化政策

工业要发展，基础设施必须先行。为此，《实施意见》提出统筹推进基础设施一体化。大力推进试验区基础设施互联互通，促进区内区外要素自由畅通，构筑高标准、现代化基础设施体系。支持全面推进试验区航空、铁路、高速公路等"大通道"建设；推进瑞金至梅州铁路、瑞金至南丰城际铁路、昌赣客专、兴泉铁路等项目建设；推进石城火车站、兴国高铁站区建设；实施瑞金、兴国、于都火车站升级改造;力争2019年底前建成瑞金4C级机场,推动宁都通用机场、兴国通用机场规划研究工作;加快建成兴赣高速及其北延工程、瑞兴于快速交通走廊。支持加大国、省道改造力度,研究建设瑞金云石山—于都银坑—兴国高铁西站快速交通走廊,实施兴国古龙岗—瑞金云石山省道升级改造,逐步对瑞兴于的城际客运实行公交化改造。支持加强试验区能源保障,实施赣州交流特高压输变电工程、抚州至赣州东(红都)500千伏线路工程、瑞金金星、于都葛坳220千伏及兴国小山、宁都竹坑等110千伏输变电工程;鼓励发展核能、太阳能、风能、生物质能等绿色能源,推进瑞金高温气冷堆发电、铁路油库、太阳能科技发电、垃圾焚烧发电和兴国、于都火力发电等项目。

尤其需要指出的是,瑞兴于快速交通走廊建设项目被寄予厚望。2017年6月,赣州市专门召开瑞兴于快速交通走廊建设项目专题协调会,最终确定了快速交通走廊路线走向方案,将路线起点定于瑞金市叶坪乡瑞金机场,与G206国道相接,经瑞金市黄柏乡、九堡镇、冈面乡、瑞林镇进入于都县境内,经于都县银坑镇、宽田乡、车溪乡、岭背镇,兴国县社富乡和杰村乡,路线下穿兴赣高速后与兴赣高速南互通连接线相接并共线至埠头乡,下穿京九线后向北至兴国高铁站,终点与国道G356线相接,路线全长约129.146千米。全线拟按一级公路双向四车道标准建设,项目总投资约76.67亿元。沿线布设3个公路服务区、16个驿站、80千米自行车道连接景点和红色革命传承文化景观。将解决公路沿线14个乡镇计65.6万群众出行难问题,对沿线产业布局、特色乡镇、土地开发利用和农村发展都具有巨大的拉动作用,并可建成瑞兴于红色旅游板块和革命文化教育基地,该项目可受益群众达346万,占全市总人口的41%。

2. 财税、金融政策

第一,赣州市财政安排5000万元专项资金,支持试验区规划编制和前期运作。统筹安排资金,设立规模100亿元的试验区产业发展基金,支持试验区产业发展和公共服务体系建设,争取省财政在地方政府债券新增转贷资金分配上向试验区倾斜,争取上级对试验区重大基础设施建设项目给予投资补

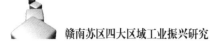

助和贷款贴息。除中央、省有明确规定的以外，最大限度地降低或免除涉及试验区内生产性企业和高新技术企业收费。

第二，创新投融资模式。鼓励金融机构争取授信规模扩大和审批权限下放，增加对瑞兴于试验区建设的信贷投放，发展直接融资，提高股权、债券融资比例，发行试验区企业债。组建民间融资登记服务机构，探索民间融资备案管理制度。对新进驻试验区的银行、证券公司、保险公司等法人金融机构，严格按照《赣州市加快引进发展金融机构奖励办法》（赣市府发〔2014〕30号）及时兑现奖补优惠政策。

第三，提高金融要素供给能力。《关于支持瑞兴于"3+2"经济振兴试验区打造一流营商环境的若干政策》提出倾斜支持金融机构信贷投放力度，确保试验区贷款增速和存贷比持续高于全市平均水平。支持试验区县（市）开展县域金融改革创新试点和县域金融工程试点。加快推动瑞兴于（赣州）国有资本投资运营有限责任公司市场化转型，做大资产规模，力争3年内达到AA资信评级。

3. 产业振兴政策

第一，推动瑞兴于工业园区享受国家级开发区政策。推动试验区内重大项目列入省重点调度。市级统筹推进的重大项目向试验区倾斜，在项目申报、审批等程序上开辟绿色通道。市级用于扶持产业发展的相关专项资金向试验区倾斜。争取省工业发展基金、省战略性新兴产业投资引导基金重点向试验区符合条件的项目倾斜。

第二，打造服务灵活的投资环境。《关于支持瑞兴于"3+2"经济振兴试验区打造一流营商环境的若干政策》（以下简称《若干政策》）提出推进投资项目审批改革。试行企业投资项目"多评合一"，推进"一张蓝图"统筹项目实施、"一个系统"实施统一管理、"一个窗口"提供综合服务、"一张表单"整合申报材料、"一套机制"规范审批运行，实现工程项目审批时间全市最短。对"一区五园"试点投资项目，实行无审批管理。支持试验区县（市）申报外商投资企业核准权。

第三，深入推进企业降本减负。《若干政策》要求切实降低制度性交易成本，建立动态涉企收费目录清单，严禁清单外收费。有效压减用电成本，推动实施以"一区五园"为单位的直供电交易模式。持续降低企业物流成本，鼓励试验区县（市）进出口企业在赣州港报关进出口，享受赣州港口岸物流发展补助政策。推动对外贸易便利化，争取设立赣州海关瑞金办事处，研究建设兴国兴泉铁路港保税仓，推动区港联动一体发展。

4. 开展土地改革试点

第一，赋予试验区部分市级土地管理权限，开展土地管理改革综合试点、农村土地承包经营权确权登记及抵押贷款试点、房地一体的农村宅基地和集体建设用地使用权确权登记发证试点、农民住房财产权抵押贷款试点、小型水利产权制度改革试点、城乡建设用地增减挂钩试点等。在新增建设用地指标、土地利用年度计划指标上适度向试验区倾斜。优先保障试验区工业园区建设、重大基础设施项目、重点产业集群和重大招商引资项目所需用地。

第二，加强用地要素保障。《若干政策》提出继续倾斜安排试验区县（市）用地计划，支持试验区县（市）一定额度的城乡建设用地增减挂钩节余指标跨省流转。在试验区开展"亩均论英雄"改革，开展工业企业"亩产效益"综合评价，探索工业用地弹性出让年限制度，探索企业投资项目"标准地"改革试点，深入推进土地要素市场化配置。以深化农村宅基地"三权分置"改革为突破点，选取一批有条件的乡镇开展"共享农庄"建设试点，盘活农村闲置资源。

5. 统一区域招商政策

第一，研究建立试验区统一的招商引资政策措施，统筹区域内各类要素市场，建立成本分担、利益共享机制，实现区域内抱团招商、一体招商。全市性的重大招商引资活动重点推介试验区。支持瑞兴于平台作为全市招商引资重点平台，在市级以上重大招商引资活动中重点推介宣传，鼓励投资规模大、拥有自主创新核心技术项目落户。

第二，争取将试验区专题招商列入省级重大招商推介活动。《若干政策》提出建设"瑞兴于经济振兴试验区招商网"，实现"招商一网通"。研究制定招商引资异地落户项目管理办法，推进试验区招商引资信息共通、利益共享。

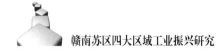

第三，《若干政策》要求推动"一区五园"与发达地区开展国家级园区结对共建，争取中央企业在军民融合等领域开展产业对接。

第二节　瑞兴于"3+2"经济振兴试验区工业振兴分析

一、瑞金工业振兴分析

（一）瑞金工业布局的演变

1. 基础条件

瑞金市位于江西省南部，武夷山脉南段西麓，赣江的东源，贡水的上游。东与福建省长汀交界，南与会昌县毗邻，西连于都县，北接宁都、石城二县。对外交通比较便利，323、319、206 三条国道交会于市区，其中 323 国道零起点就在瑞金的塔下寺。与鹰厦线、京九线接轨的赣龙铁路贯穿瑞金。

劳动力资源丰富。截至 2018 年 12 月 31 日，瑞金市总人口数为 710096 人，80%分布在农村。

工业发展平台较好。瑞金经济技术开发区位于瑞金市西侧，距离瑞金市约 5 千米，创建于 2002 年 5 月，2012 年 4 月被批准为省级经济开发区，2013 年 11 月被批准为国家级经济技术开发区。开发区总规划面积 66 平方千米，其中中期规划面积 25 平方千米、近期规划 11 平方千米。

自然资源丰富。瑞金市的森林覆盖率为 75.6%，动植物种类较多。尤其是地下矿藏丰富，已探明的矿产资源有 13 类 26 种，主要有白云岩、石灰石、萤石、金矿、钽铌、稀土、钨、银、铁、锰、黏土、无烟煤、磷、铀。特别是优质石灰石储量达 9 亿吨以上，氧化钙含量 55.08%，且大部分裸露于地面，易于开采；白云岩储量达 1 亿吨以上，C+D 级为 1900 万吨，其金属镁含量为 20.9%；萤石储量达 134 万吨，品位 65%以上。

2. 工业布局

瑞金市的工业布局经过了探索优化两个阶段。第一阶段的布局。集中体现在《实施意见》。《实施意见》提出支持壮大瑞金电气机械及器材制造加快形成优势产业集群。要加快瑞金石灰石资源集聚，积极发展新型建材产业；加快瑞金萤石资源集聚，积极发展新型氟化工产业；发挥瑞金苏区军工企业发展的传统优势，积极发展军民融合产业。积极建设一批特色产业基地，形成优势产业集群，重点扶持瑞金电线电缆产业基地、绿色食品产业基地、清洁能源产业基地、现代轻纺产业基地、新型建材产业基地。

上述布局呈现三大特点。

第一，基于自身自然资源的布局。如上所述，瑞金森林覆盖率高，动植物资源丰富；石灰石、萤石矿等矿产资源丰富，加之属于传统的农业市，农产品比较丰富。但是，由于加工能力较弱，没有实现产业化，只停留在卖原材料的价值链低端，这些资源优势并没有转化成瑞金的经济优势和发展优势。为了提升这些资源的附加值，瑞金决意发展加工业，不断延长产业链，积极发展新型建材产业、新型氟化工产业，重点打造绿色食品产业基地、新型建材产业基地，努力将自身资源优势转化成新的发展动能。

第二，基于产业转移的布局。随着沿海各种要素成本的不断上升，一些附加值较低的劳动密集型产业陆续离开沿海，向中西部转移。这种趋势在2008年世界经济危机后进一步加速。瑞金与福建接壤，加之交通比较方便，劳动力资源丰富，土地成本较低，自然具备接受沿海工业转移的条件。在此背景下，一些沿海企业陆续迁移到瑞金。由此，《实施意见》提出支持壮大瑞金电气机械及器材制造，重点扶持瑞金电线电缆产业基地、清洁能源产业基地、现代轻纺产业基地、新型建材产业基地，加快形成优势产业集群，不断增强瑞金的"造血机能"。

第三，基于历史渊源的布局。瑞金是中国革命的"红都"，这里当然也蕴含着红军最初的兵工生产。从1931年起，中央根据地开始建立公营的军需工业和厂矿企业，其中"红都"瑞金就建立了中央被服厂等军工企业。当时的军事工业主要是适应反"围剿"斗争的军事需要，发展军工生产，做好部队供应工作，为红军战胜敌人提供军械物资保证。中华人民共和国成立后，瑞金也布局了军工企业，如江西瑞金电线厂始建于1966年，是原机械电子工业部、航空航天部定点生产民用和军用线缆的专业厂。2003年，原江西瑞金电线厂正式重组，由国营企业改为股份制民营企业，并更名为江西瑞金金字电线电缆有限公司。所生产民用电线电缆产品通过国家强制性"CCC"认证，既是国家线缆专业制造厂家之一，也是第一批获得原中华人民共和国国防科学技术工业委员会颁发的《武器装备生产许可证》的企业之一，现为江西省军工产品重点生产企业。正因为瑞金具有军工企业发展的传统，因此，军民融合产业也成为《实施意见》在瑞金工业布局的重要内容。

上述工业布局虽然面面俱到，但是，从赣南中央苏区整体看，该布局至少存在两大缺陷。

第一，资源同质化现象突出，极易导致区域内产业的同质化竞争。如石灰石、萤石矿等不仅瑞金储量丰富，兴国等县的萤石矿储量同样惊人。绿色食品资源中最具特色者莫过于赣南，但是瑞金并非脐橙的主产区，安远县、寻乌县、信丰等地的脐橙知名度、产量都比瑞金大。

第二，比较优势不突出。瑞金虽然邻近福建，但是其区位优势明显劣于信丰、龙南、定南、全南，没有比较优势。因此，在承接沿海产业方面很难与这些县（市、区）竞争。在此情况下，瑞金显然需要缩短战线，缩小招商的行业、领域，防止四面出击，重新调整布局，集中精力，发挥自己的长处。

为避免同质化竞争，发挥比较优势，瑞金2017年调整了工业布局。经过调整，瑞金主导产业为电气机械及器材制造、绿色食品和生物医药，同时重点发展新能源、新材料及其运用、新型建材、现代轻纺等产业。近期以电气机械及器材制造、绿色食品和生物医药、新型建材、现代轻纺制造四大产业为主导。

（二）瑞金促进工业振兴的政策举措及其成效

1. 促进工业振兴的政策

为贯彻落实《若干意见》，实施更加积极主动的开放战略，全面提升开放型经济水平，加快电气机械及器材制造业、农产品（食品药品）和矿产品加工业以及文化、物流等产业发展，瑞金出台了《瑞金市促进产业发展优惠办法》（瑞府发〔2013〕7号）（以下简称《优惠办法》）。《优惠办法》共四条，除给予税收优惠政策、财政奖励政策（包括发展工业主导产业奖励政策、发展总部经济奖励政策、发展高新技术产业奖励政策、发展文化产业奖励政策、发展现代物流业奖励政策、兴建标准厂房奖励政策、创品牌奖励政策）外，还享受其他扶持政策，如土地扶持政策、规费扶持政策、进入规模企业扶持政策、上市扶持政策、推广使用本地产品。并且公开了收费明白卡，以提高透明度，接受社会监督。

为进一步加强企业服务工作，培育规模以上工业企业并纳入规模以上工业统计（以下简称"入规"），促进工业产业转型升级，壮大工业经济总量，增强工业发展后劲，瑞金市出台了《关于进一步加强服务培育规模以上工业企业的通知》，成立瑞金市培育规模以上工业企业工作领导小组，领导小组对有功的政府部门、个人及企业进行各种形式的奖励。为促进瑞金市主导产业发展，培育成长型企业尽快进入规模以上工业企业，鼓励企业创新发展，瑞金市设立工业引导资金（含主导产业发展资金、成长型企业培育资金、创新引领资金），并于2017年出台了《瑞金市工业引导资金管理办法》，就申报条件、补贴标准制定了详细的操作办法。

为引导和鼓励瑞金市企业到境内外证券交易所上市和全国中小企业股份转让系统挂牌，利用资本市场促进企业加快发展、做优做强，2017年出台了《瑞金市加快推进企业上市和挂牌工作实施意见》，提出每年推动至少1家企业在境内外多层次资本市场上市（挂牌），力争到2020年，上市（挂牌）企业达到10家以上，其中境内外证券交易所上市企业5家以上，"新三板"挂牌企业5家以上，上市（挂牌）后备培育企业动态储备保持10家以上。并在2017年，由瑞金市政府与中国工商银行赣州分行共同设立总规模20亿元的瑞金国家级经开区产业发展基金，以缓解企业融资难、融资贵问题。

为推行国土资源供给侧改革，深化土地供应制度改革，进一步降低工业企业用地成本，助力"主攻工业、三年翻番"，鼓励和扶持中小企业租赁园区厂房发展，不断做优做大瑞金市工业经济总量，提高产业配套能力，推进产业集群化发展，瑞金市出台了《瑞金经济技术开发区租赁厂房生产工业企业优惠办法（暂行）》《关于全市工业标准厂房用地试行长期租赁先租后让租让结合供应的指导意见》，力争采取长期租赁、先租后让、租让结合的土地供应新模式，充分保障标准厂房用地需求，为建设标准厂房提供多样化的用地保障，降低企业首期用地成本，建立起覆盖所有工业企业的土地管理新机制。并出台《关于加大对小微企业帮扶力度加快非公有制经济发展的实施意见》《瑞金市 2015 工业发展工作意见》《瑞金市成长型企业培育资金管理办法》《瑞金市主导产业发展资金管理办法》等文件，加大对中小微企业的帮扶力度，进一步激发非公有制经济活力和创造力，加快非公有制经济发展，推动"活力实力魅力瑞金"建设。

为促进瑞金市企业不断创新发展，优化升级产业结构，制定《瑞金市鼓励企业科技创新发展扶持办法（试行）》《瑞金市科学技术奖励办法》《瑞金市知名商标认定和保护办法》等文件。《瑞金市鼓励企业科技创新发展扶持办法（试行）》规定市政府设立"鼓励企业科技创新发展专项资金"，专项支持企业创新发展。《2017 年主攻工业提前翻番工作方案》《瑞金市促进铜铝产业发展扶持办法》《瑞金市促进铜铝产业发展扶持办法实施细则》《瑞金市电线电缆产业发展规划》等一系列主攻工业扶持实体经济发展的政策文件，围绕电气机械及器材制造、绿色食品和生物医药、新型建材、现代轻纺四大主导产业，制定专项政策措施，引进、培育一批有竞争力、有品牌、有市场的龙头企业和成长型企业，加快形成了从铜铝加工、传统线缆到特种电缆的完整产业链，全力促进瑞金市线缆线束产业转型升级。在 2017 年出台的《关于进一步加强工业园区污染防治工作的意见》中，强调在招商引资工作中，不得将降低环境准入门槛作为园区招商引资的优惠条件，不得引进高耗能、高污染、高排放的"三高"企业。入园建设项目必须严格执行国家产业政策，依法进行环境影响评价，落实各项环保要求。

为认真贯彻落实赣州市人民政府《实施意见》文件精神，紧紧抓住重大历史机遇，加快瑞金市推动试验区建设步伐，出台《贯彻落实〈关于加快瑞（金）兴（国）于（都）经济振兴试验区建设的实施意见〉工作方案》，提出壮大电气机械及器材制造产业，积极发展新型建材产业、军民融合产业。在经开区内建设一批特色产业基地，形成优势产业集群，重点扶持瑞金电线电缆产业基地、绿色食品产业基地、清洁能源产业基地、现代轻纺产业基地、新型建材产业基地建设。《瑞金市 2016 年瑞兴于经济振兴试验区建设工作要点》提出夯实主攻工业基础，做好赣闽（台）产业合作区前期工作。为贯彻落实《赣州市人民政府办公厅关于印发〈关于支持瑞兴于"3+2"经济振兴试验区打造一流营商环境的若干政策〉的通知》（赣市府办发〔2018〕35 号）精神，加快打造赣州市"政策最优、成本最低、服务最好、办事最快"的一流营商环境，出台《瑞金市人民政府办公室关于明确支持瑞兴于"3+2"经济振兴试验区打造一流营商环境的若干政策责任分工的通知》，要求各部门各司其职，全力支持试验区建设，打造一流营商环境。

瑞兴于经济振兴试验区的重要平台是瑞金国家级经济技术开发区。为加快推进瑞金国家级经济技术开发区这个省级园区循环化改造试点单位的基础设施建设，切实提升经开区项目承载能力，出台了《瑞金经济技术开发区基础设施建设三年推进计划（2015~2017 年）》《瑞金经济技术开发区 2015 年加快推进基础设施建设实施方案》，按照"拓宽发展空间、完善配套设施、服务项目建设"的总体要求，加快推进经开区道路、土方平整、供水、供电、供气、通信、排水、排污、绿化、亮化等基础设施，建设通畅的交通网络设施和完备的生产、生活性服务设施，着力提升经开区的承载力和竞争力，打造优质的产业发展新平台。力争到 2017 年，经开区投入建设资金约 16.54 亿元（其中基础设施建设投资估算 9.24 亿元、工业综合服务体投资估算 6.1 亿元，物流港投资估算 1.2 亿元），新增建成面积 8.8 平方千米（约 13200 亩），建成区实现"五通一平"。

2015 年，赣州市提出举全市之力主攻工业，力争用三年时间实现工业经济总量和工业固定资产投资"两个翻番"的任务。瑞金市也制定了《瑞金市三年主攻工业推进计划（2016~2018 年）》，其主要内容如下。

第一，发展目标。分成总体目标和产业目标。其中总体目标是两个翻番、三个提升、四个突破。

（1）两个翻番。一是工业经济总量三年翻一番。2018 年全市规模以上工业主营业务收入在 2015 年的基础上翻一番。工业经济总量在赣州排位前移。二是工业固定资产投资三年翻一番。到 2018 年，全市工业固定资产投资额在 2015 年的基础上翻一番。

（2）三个提升。一是园区承载力明显提升。加快园区基础设施建设，完善园区配套设施，力争到 2018 年，经开区新增建成面积 8.8 平方千米（约 13200 亩）。提高园区单位面积产出。提升园区产业集中度，电气机械及器材制造、绿色食品和生物医药两大主导产业集群主营业务收入分别占园区主营业务收入的 30%以上，并建成符合国家有关部委要求的公共服务平台。二是科技贡献率明显提升。以省级企业技术中心、产业检测平台创建为抓手，提高科技对工业增长的贡献率。三是财政贡献率明显提升。

（3）四个突破。一是培育上市企业取得突破。引导中藻生物、拓讯集团、九华药业、好莱克集团、武夷源、绿野轩、华强金源、金字电线 8 家成长性好、发展潜力大的企业进入资本市场。二是培育龙头企业取得突破。三是培育规上企业取得突破。自 2016 年起，每年新增规模以上企业 10 家以上。四是绿色发展取得突破。依托绿色科技，加快推进工业节能减排、清洁生产和资源循环利用。坚持环保优先，建设生态园区、清洁化园区，推进园区循环化改造。

第二，产业目标。一是培育 2 个 50 亿元以上的特色产业集群。将电气机械及器材制造、绿色食品和生物医药产业作为重点产业优先培育，加强规划引导，推进技术进步，优化资源配置，细化产业分工，延伸产业链条，促进产业聚集，逐步发展成为特色鲜明、结构优化、体系完整、市场竞争力强的产业集群。力争培育形成电气机械及器材制造、绿色食品和生物医药 2 个主营业务收入超 50 亿元的产业集群。二是打造 2 个省级产业基地。力争打造江西省绿色食品产业基地、电线电缆产业基地。

第三，主要任务。即完成四个计划。实施主导产业培育计划，加快产业集群发展。按照传统产业新型化、主导产业集群化的思路，引导生产要素向主导产业集中，加快绿色食品和生物医药、电气机械及器材制造、新型建材、现代轻纺四大主导产业集聚集群发展。

（1）绿色食品和生物医药。支持新都食品退城进园、技改扩能，建设鳗鱼养殖基地，新增海鳗、酱油等加工生产线，延伸发展生物制品、饲料，打造鳗鱼全产业链；鼓励绿野轩、中藻生物扩大基地种养规模，加大新产品开发力度；加快大健康食品凉茶、饮料项目建设进度，引进脐橙、蔬菜、畜禽、蜂蜜、茶叶、白酒、米粉等农产品深加工龙头企业，加大中高档旅游食品开发力度。引导九华药业退城进园，大力发展以中成药为主的现代中药和天然优质保健品及医疗器械设备等新兴产业，力促虫草川贝膏生产线达产达标，加快发展生物技术药物、现代中药、化学创新药，积极发展新型生物医药材料等生物医学工程技术和产品。引进战略投资，设立不少于3亿元的绿色食品产业基金。力争创建江西省绿色食品产业基地，成为全省重点培育的产业集群。

（2）电气机械及器材制造。依托国务院赋予中央苏区的差别化产业政策，推动电线电缆项目持续落地。引导安讯集团、盛源金属、金字电线、金一电缆、章乐电缆等企业加强分工协作，打通上下游产业链条，形成铜板、铜杆、铜带、PVC、线缆生产为一体的全产业链；支持企业技术创新，加大研发力度，引导企业向光伏电缆、船舶电缆、军用电缆、核电电缆等特种电缆发展。支持佳华电池完善环保条件，扩大生产规模；引导得邦照明、金富电力、源华电器、新顿电源、明伟电子等企业向LED、光伏、逆变器、输配电及控制设备、电动汽车电池发展；加快电梯项目实施；大力引进横店得邦LED产业链；积极引进关联配套企业，形成绝缘塑料、有色金属、通信、电力等行业应用产品的完整产业链。引进战略投资，设立不少于3亿元的产业基金。力争创建江西省电线电缆产业基地，成为全省重点培育的产业集群。

（3）新型建材。依托资源优势，引进一流企业、一流技术，研发生产重质碳酸钙、活性碳酸钙、轻质碳酸钙、纳米碳酸钙、腻子粉、漂白粉、镁合金等系列产品，并向建材、日化、医药、食品、饲料等行业延伸，做精碳酸钙产业；推进石灰石资源整合，加快日产4800吨熟料生产线建设；深度开发金属镁资源，打造镁产业链；推进萤石资源整合，支持萤石企业做大做强，

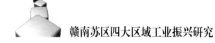

开辟矿产品深加工之路；引导元财管道聚乙烯（PE）、鸿兴实业木塑、佳润玻纤加大品牌推介，扩大增长潜力；支持万年青新型建材、宏锦墙材等企业改造生产流程，推行清洁生产工艺，做强建材产业。

（4）现代轻纺。支持金瑞发、弘冠发等企业开发新产品、实施新项目、打造核心品牌，大力引进关联企业，促进产业集聚和延伸产业链条，壮大发制品产业。支持晶山纸业技改扩能，抓紧新上年产12万吨高强度瓦楞纸生产线；支持好莱克集团、佳惠宝、凯斯特等企业开展技术改造，支持开立包袋等租厂房企业新建厂房扩大生产，大力引进品牌企业、配套产业，用品牌引导市场，以市场带动产业，提高服装鞋帽、电动玩具产业的档次和水平；引导宝元鞋业从来料加工转为进料加工，提高企业对财政增长的贡献率。以红色摇篮、绿色家园、客家文化等为题材，培育引进工艺制品、文化产品、旅游休闲品、旅游纪念品生产企业，加大旅游工艺品和纪念品开发力度。

实施发展后劲储蓄计划，孕育工业增长新动能。主要做好三个方面的工作。

第一，强力招商引资。推行一把手招商责任机制，组织产业招商队、驻点招商队，实行招商常态化。依托现有产业基础，根据产业主攻方向，按照延链、补链、强链的招商思路，深入研究泛珠三角、海西经济产业转移方向及世界500强、国内500强、央企、大型民营企业的投资方向、重点布局以及投资要求，加大走出去、引进来的力度，大力开展产业招商。紧盯意向企业，加强跟踪对接，在用电、用工、用地、物流等方面，打造政策洼地，力促意向企业早签约、签约企业早落地。

第二，加速项目转化。完善落实市领导挂点、部门联动的项目推进机制，进一步创新审批方式，简化工业项目审批流程。在审批立项、环境评估、用地指标、权证办理等方面建立绿色通道。重点抓好大健康食品、西德电梯项目及万年青日产4800吨熟料生产线建设的跟踪服务，力争投产3年内实现主营业务收入35亿元以上；加快瑞谷科技投产；推动双胞胎饲料第二条生产线建设；力促佳润塑胶、开程电气、聚道食品达产达标。

第三，培植企业入规。实施中小企业成长工程。按照"动态管理、扶优汰劣"原则，以两年为一周期，挑选一批有市场、有订单、有潜力的企业纳入入规培养对象，建立培育档案，落实帮扶责任，细化支持政策，加强重点调度。

实施创新驱动计划，加速工业转型升级。具体做好三方面的工作。

第一，引导企业技术创新。贯彻落实《中国制造2025》，促进制造业创新发展。建立以企业为主体、市场为导向、产学研相结合的工业技术创新体系。支持企业开展多元化创新模式，与中关村管委会等战略合作方开展合作，鼓励有实力的企业与省内外知名高等院校、科研院所合作，推进科技成果转化。鼓励金字电线、新都食品、绿野轩等企业创建企业技术中心、工程研究中心、工程技术研究中心、博士后工作站等研发平台；引导安讯实业、明伟电子、得邦照明、金一电缆等企业申报高新技术企业。

第二，大力实施品牌战略。支持企业创建中国名牌产品、中国驰名商标、省级名牌产品和省级著名商标，推进产业品牌化、产品名牌化，全力打造红都品牌。鼓励产业集群内企业积极采用国家标准和国外先进标准，支持绿野轩参与水媒法茶油国家标准制定。加强品牌对外宣传推介，积极组织企业参加国内外产品展览会、出口商品交易会、旅游产品博览会等活动，提高品牌知名度，扩大市场覆盖率。

第三，促进"两化"融合。加快工业化和信息化深度融合。实施"互联网+协同制造"工程，着力推进智能制造、网络化协同制造和服务型制造。加快工业和电子商务的融合。抓住与阿里巴巴合作的机遇，建设电子商务产业示范园区、电子商务培育基地，鼓励产业基地或骨干企业研究创新"线上+线下""制造+服务""产业+金融"等模式。支持江西各专科院校在瑞建立相应的人才培训基地和大学生电子商务创业，加速工业电商化进程，开创大众创业、万众创新新局面。

实施环境提升计划，集聚工业发展合力。具体做好三方面的工作。

第一，夯实发展平台。夯实产业承载平台。统筹园区与城镇建设，促进产城融合。积极推动台商创业园创建省级产业园，加快园区基础设施建设，完善园区配套设施，着力提升园区承载能力；探索园区管理体制创新，向上争取最大限度的管理权限，充分释放国家级平台政策效应，提高园区集约化水平和集群能力，实现园区 2018 年主营业务收入 160 亿元的目标。完善公共服务平台。加快推进经开区"物流港"建设，设立专项资金，促进物流业与工业互动发展。搭建产业公共检测平台，重点支持九华药业加快建设省级中药栓剂工程技术研究中心，争取设立省级电线电缆检测中心、茶油检测中心。搭建融资平台，运用市场化手段，积极引进战略投资，组建瑞金工业投资平台；做强工业担保平台，完善转贷担保运行机制；优化企业上市工作推进机制，畅通直接融资通道。打造市场化用工平台，加强校企对接，订单式培养产业工人。

第二，实施精准帮扶。完善市领导挂点帮扶、责任单位与企业联动协调、工业主管部门全方位对接服务企业的工作机制，利用 96333 信息服务中心，探索建立企业精准帮扶 APP 平台，推进帮扶企业常态化。完善工业现场办公会、专题调度会制度。加强政策引导，对四大主导产业龙头企业、骨干企业实行"一企一策"，引导社会资源向龙头企业集聚，提高龙头企业的核心竞争力。

第三，优化发展环境。加强舆论宣传，营造主攻工业良好氛围。改善政务环境，实行涉企部门权力清单、责任清单、收费清单制度，在工业园区内全面推行项目审批、企业办证等"一站式""一条龙"服务。坚持每半年开展一次"百户企业评部门"活动，严格规范涉企检查，落实涉企检查备案制度。建立地产产品目录，促进地产产品销售。依托市企业联合会平台，加强联谊交流，形成支持企业、关心企业家成长的良好环境，让企业和企业家在政治上有荣誉、社会上有地位、事业上有舞台。

为实现上述目标，瑞金市成立了由市委书记、经开区管委会党工委书记任组长，市长为第一副组长，经开区管委会主任，市委、市政府分管领导为副组长，市直、驻市相关部门主要负责人为成员的市主攻工业工作领导小组。市财政自 2016 年起每年安排不少于 5000 万元的工业发展专项资金，推动金融和社会资本参与，采取债权、股权等权益类滚动投资，支持工业发展。

2. 政策落实情况

第一，为企业解决难题。在融资方面。完善工业信贷奖惩制度，安排

8000 万元工业发展资金，制定出台中小企业借款扶持办法，组建工业投资公司，筹集 2 亿元资金专项用于支持企业，与中国工商银行赣州分行合作设立20 亿元工业发展基金。扩大财园信贷通规模，落实"财园信贷通"；设立 1.6 亿元工业转贷周转资金，举办中小微企业融资对接签约活动，12 家金融机构与 97 家企业签约，签约金额达 20.79 亿元。出台《瑞金市加快推进企业上市和挂牌工作实施意见》，抓住贫困地区上市优惠政策，设立企业挂牌上市培育基金，加快中藻生物科技、武夷源茶业、绿野轩生物科技、九华药业上市步伐，帮助 5 家企业在江西联合股权交易中心挂牌。在物流方面。出台专门的扶持政策，大力引进 1～2 家大型物流企业，加快推进经开区"物流港"、工业物流园、陆路口岸作业区和商贸物流园项目建设，加大物流企业的整合力度，着力建设物流信息平台，力求有效破解物流成本高的难题。

第二，狠抓产业集群。一是抓龙头。确立电气机械和器材制造为重点发展的主导产业，重点培育若干家龙头企业。设立主导产业发展培育资金，盘活存量，选择有发展潜力的企业，加大扶持力度，以中赣金属、金纳铜业、恒吉集团铜加工为龙头的电气机械及器材制造业，发展迅猛，产值占全市规模以上产值比重将近一半，企业达产达标后，将实现年产值 100 亿元、利税超 10 亿元，2017 年形成百亿产业集群。二是补链条。专门出台促进铜铝产业发展的扶持办法，做好补链强链工作，打通全产业链的各个环节，促成一批电线电缆业的上游原材料即铜铝材料加工项目落地，再把电线电缆下游的电气设备和光电照明产业壮大起来，共发展上下游配套企业 44 家，铜板、铜铝杆等铜铝制品逐步应用到民用、特种、军用电缆、电气控制设备、玩具接插件等产品终端。三是促升级。设立 300 万元创新引领资金和 200 万元产学研合作专项资金，建设南昌大学（瑞金）科技园，打造产学研合作平台。帮助20 多家企业与南昌大学、江南大学、哈尔滨工大、上海电线电缆研究所等科研院校（所）开展产学研合作。通过技改扶持推动电线电缆传统产业转型升级，向环保型、智能型线缆及控制设备发展，以金字等优势品牌企业为龙头，加大军工线缆、光伏电缆、船舶电缆的研发力度，提高产品竞争力，实现产业整体升级；扶持金富电力、宝鑫电子等成长型企业，加大产业链上下游延伸，支持金一电缆新上铜箔、铜带等精深加工项目，提高配套协作能力和产业关联度，朝铜加工高新特精产品发展。

第三，创新招商方式。以电线电缆及铜铝产业、黄金珠宝、光电、新能源、绿色食品和生物医药、装配式建筑为主攻方向，明确产业招商定位，调整产业招商思路，梳理产业链关键项目，积极开展招大引强，引进了一批投资超亿元、行业龙头企业及上下游配套企业，延伸了产业链，推动项目集群集聚发展。积极参加国家、江西省、赣州市举办的各类重大招商活动，精心组织本市招商推介活动，大力推介瑞金的优势项目、特殊政策和投资环境。积极组织开展上门招商，加大对闽商企业招商力度，抓好赣闽产业合作区建设。实行产业链招商、市场化招商、资本化招商、轻资产招商，提高招商引资的针对性，吸引一批企业拎包入驻。引进对接了金一文化、中国华融、江铜集团等一批龙头企业、上市公司，实现了一批瑞商回归。

第四，完善平台建设。加快完善经开区"十三五"经济社会发展总体规划、产业发展规划、中期空间发展战略规划和控制性详细规划，完成了经开区"十三五"循环经济发展规划，合理制定了《瑞金经济技术开发区 2017 年征地拆迁推进实施方案》和《2017 年瑞金经济技术开发区基础设施建设投资计划》，明确了全年目标任务和重点攻坚方向；同时，围绕建设资金投入保障，积极与华融赣南产融公司、赣州市发投公司、省工商银行等对接，争取经开区基础设施建设和产业发展扶持资金，并加快创新创业孵化园 PPP 项目招标，争取早日开工建设。仅 2017 年上半年，就建成 7.4 万平方米 LED 标准厂房，2.4 万平方米交付使用；污水处理厂项目已完成土建施工，生产性用电安装已竣工验收；污水管网铺设已完成 9.47 千米；珠宝产业园土方工程项目已完成土方测量报告；食品产业园道路基础设施项目完成立项；共完成土地征收协议签订 5163.81 亩，发放征地款 1400 余亩，拆迁房屋 46 户，签订地上附属物协议 68 份，迁移坟墓 350 余座。

第五，主攻项目建设。实行"一名责任领导、一个牵头单位、一个推进计划、一套调度机制"的"四个一"联动工作机制，实施重大工业项目、重点企业责任领导周调度机制，从立项审批、征地拆迁、要素保障、证照办理等关键环节入手，协调解决共性个性问题。2017年上半年，恒吉铜材、新益经编、瑞谷科技等一批重大项目如期竣工投产，17个赣州市级调度项目已开工14个，开工率82.4%；金字电线、红都水产、双胞胎饲料、万年青水泥、金一电缆、佳惠宝、新都食品、金瑞发、宝元鞋业等13家存量企业稳定增长；加快实施中赣金属、金纳铜业、得邦照明、中藻生物、盛源金属、晶山纸业、全方电声、德科精密等一批扩能技改项目。

第六，优化发展环境。持续开展降成本、优环境专项行动，组建行政审批局，实现一个印章管审批，正全力打造全省乃至全国审批程序最少、办事效率最高、服务质量最好的发展环境。2016年、2017年连续两年分别给予企业享受主导产业发展资金和成长型企业培育资金发放381万元、400万元。组织全市37名副处级以上领导和73个部门入企挂点155家企业，收集汇总问题103个，帮助企业解决问题52个。

3. 主要成效

瑞金市主要工业产品产量、规模以上工业发展情况如表1-1、表1-2所示。

表1-1 瑞金市主要工业产品产量情况

产品名称	2012年	2013年	2014年	2015年	2016年	2017年	2018年
九华痔疮栓（万粒）	1850	—	—	5647	5800	2020	—
干鳗制品（吨）	2022	—	4926	5587	3839	4064	
发制品 万条（套）	246	—	113	134	110	53.9	
水泥（万吨）	242	—	347	327	303	346	
水泥熟料（万吨）	—			402	372	409	
供电量 万千（瓦时）	47040	—	77894	81891	18792	11857	
机制纸及纸板（吨）	40241	—		10505	11539	12800	
服装（万件）	584	—	1223	1211	17900	881	
皮革鞋靴（万双）	582	—	1650	1732	1211	505	
电力电缆（千米）	25337	—	48111	42542	49425	66395	
铜杆（吨）	—		—	—	39662	—	

续表

产品名称	2012 年	2013 年	2014 年	2015 年	2016 年	2017 年	2018 年
啤酒（千升）	—	—	15818	16346	17673	17285	—
玩具（万个）	—	—	—	—	2978	2240	—
点光源（万只）	—	—	3535				

注："—"表示不详。

资料来源：作者根据瑞金市历年发布的国民经济和社会发展统计公报公布的相关数据收集整理。

表 1-2　瑞金市规模以上工业发展情况

年份	企业数量（家）	总产值（万元）	工业增加值（万元）	主营业务收入（万元）	工业产品销售率（%）
2012	38	582640	154071	569759	97
2013	38	730831	187938	—	—
2014	37	953772	236804	901282	98
2015	48	1110227	285922	1083819	99
2016	58	1387624	325339	1287526	—
2017	73	2000000	—	1967000	—
2018	72	—	346000	—	—

注："—"表示不详。

资料来源：作者根据瑞金市历年发布的政府工作报告、国民经济和社会发展统计公报公布的相关数据收集整理。

表 1-1、表 1-2 大致反映了《若干意见》实施以来瑞金工业发展的大致情况。具体来说，2012 年，全市规模以上工业企业 38 家，实现总产值 582640 万元，比 2011 年增长 15.4%；工业增加值 154071 万元，增长 18.2%，增速在赣州各县市位居前列。出口交货值 166148 万元，增长 74.9%；工业产品销售率达 97%；全市规模以上工业实现主营业务收入 569759 万元，比 2011 年增长 15.5%。企业能耗结构改善。规模以上工业企业能耗总量 448548 吨标准煤，下降 6.3%；用电量 40090 万千瓦时，增长 15.8%。在几大主导产业中，电气机械及器材制造业对工业的支撑作用明显增强，规模以上 5 家电气机械及器材制造企业 2012 年对全市规模以上工业总产值增长贡献率达 72%。

经济技术开发区平台作用和集聚效应凸显。全年开发区内有工业企业56户，实现总产值573190万元，增长32.5%；主营业务收入560177万元，增长30%；工业企业从业人员12134人；区内29家规模以上工业企业实现总产值531784万元，占开发区总量的91%。外向型经济保持旺盛发展势头，红都水产、佳惠宝等出口企业形势向好，全年外向型企业实现进出口总额20825.4万美元，同比增长45.8%，其中外贸出口20115.13万美元，增长50.8%。

2013年瑞金工业转型成效初显。全市38家规模以上工业企业实现总产值达730831万元，同比增长25.8%，实现增加值187938万元，增长12.3%。工业产业转型初显成效，重点产业规模以上企业实现总产值达41.68亿元，占规模以上工业总量的57%，对规模以上工业产值增长的贡献率达63%。

2014年，全市规模以上工业企业37家，实现总产值953772万元，比2013年增长29.3%；工业增加值236804万元，增长12.2%；工业产品销售率达98%；全市规模以上工业实现主营业务收入901282万元，比2013年增长19.7%。全市28个工业行业中，有25个行业均实现不同程度的增长，较大行业中水泥制造业增长10.8%，电气机械和器材制造业增长31.3%，农副食品加工业增长53.8%。电气机械和器材制造业，非金属矿物制品业，文教、工美、体育和娱乐用品制造业，农副食品加工业，皮革、毛皮、羽毛及其制品和制鞋业，纺织服装、服饰业等行业，产值居前六位，累计实现总产值72.9亿元，同比增长32.1%，占全市规模以上产值比重达76.4%，拉动全市规模以上工业总产值增长22.3个百分点。龙头企业贡献突出。2014年，江西瑞金万年青水泥有限责任公司实现产值12.6亿元，同比增长6.1%，占全市规模以上产值的比重达13.2%。实现利税3.99亿元，占全市利税总额的31.6%，对利税增长贡献率达29.3%，其中税金0.94亿元，占全市税金总额的27.5%。与此同时，造纸和纸制品业、包装装潢印刷业总产值同比则分别下降85%、19.1%。总体看，企业能耗结构改善。规模以上工业企业能耗总量528197吨标准煤，下降0.4%；用电量57883万千瓦时，增长27.1%。

经济技术开发区平台作用和集聚效应凸显。全年开发区内有工业企业61家，实现总产值848419万元，增长25.7%；主营业务收入797789万元，增长 14.3%；区内 28 家规模以上工业企业实现总产值 654597 万元，占开发区总量的 77.1%，吸纳就业人员 9528 人。

2015 年，瑞金全市规模以上工业企业 48 家，实现总产值 1110227 万元，比上年增长 13.4%；工业增加值 285922 万元，增长 10.3%，增速在赣州排名第 5，分别高于全国、全省、赣州平均水平 4.2 个、1.1 个、1.1 个百分点。工业产品销售率达 99%；全市规模以上工业实现主营业务收入 1083819 万元，比 2014 年增长 15%。重点行业中，电气机械和器材制造业增长 22.7%，农副食品加工业增长 42.1%，但水泥制造业下降 26.9%。企业增效困难，实现利税总额 12.9 亿元，同比小幅回落 1.2%。企业能耗结构改善。规模以上工业企业能耗总量 518568 吨标准煤，下降 1.8%；全部工业用电量 54928 万千瓦时，下降 5.1%。

经济技术开发区平台作用和集聚效应凸显。全年开发区内有工业企业 65 家，实现主营业务收入 878582 万元，增长 6.4%，吸纳就业人员 11686 人。区内拥有 37 家规模以上工业企业，占全市规模以上总数的 77.1%。

2016 年，全市规模以上工业企业 58 家，实现总产值 1387624 万元，比 2015 年增长 25.3%；实现增加值 325339 万元，增长 9.2%，增速在赣州排名第 10，同比回落了 1.1 个百分点、排位后移了 5 位。实现主营业务收入 1287526 万元，增长 21.3%；利润总额 92996 万元，增长 4.5%；实现税金 40876 万元，增长 22%。

分行业看，22 个大类工业行业中 15 个实现不同程度的增长，水泥制造、萤石采选、造纸业、服装制造、皮鞋制造、食品制造等 7 个行业同比下降。分产业看，重点产业电气机械及器材制造业实现主营业务收入 51.2 亿元，同比增长 89.5%，占规模以上总量的四成；绿色食品和生物医药实现主营业务收入 23.6 亿元、增长 48.4%，占总量的 18.3%。培育产值超 15 亿元主导产业企业 2 家，电气机械及器材制造、绿色食品产业规模占工业总量的比重突破 50%。有色金属压延加工业净增 23.2 亿元。水泥制造业实现主营业务收入 8.6 亿元、下降 6%。德邦照明、九华药业等 12 家战略性新兴企业主营业务收入 44.5 亿元，同比增长 34.3%，总量占规模以上工业的 34.6%，比 2015 年提高 3.4 个百分点。企业效益明显改善，规模以上工业企业实现利润总额 9.3 亿元，同比增长 4.5%；税金总额 4.1 亿元、增长 22%。新增纳税千万元以上企业 3 家，净增规模以上企业 10 家、总量达到 58 家，完成工业固投 31.1 亿元，增长 37.2%；实现主营业务收入 128.8 亿元、增长 21.3%。节能降耗成效显著，规模以上工业企业能耗总量 487399 吨标准煤，下降 6%；全部工业用电量 51566 万千瓦时，下降 1.4%。

园区建设步伐加快，经开区新增开发面积 1800 亩，成功创建全省首个省级电线电缆产业基地，台商创业园批准为省级产业园。创新驱动不断增强，获批国家高新技术企业 7 家，省级电线电缆产品质量监督检验中心成功落地，南昌大学产学研合作基地、南昌大学（瑞金）科技园顺利挂牌。全年经开区内落户企业 182 家，其中投产工业企业 72 家，实现主营业务收入 1305694 万元，增长 9.3%，区内拥有 45 家规模以上工业企业，占全市规模以上总数的 77.6%。

2017 年，工业总量加速壮大。瑞金全市规模以上工业企业 73 家，实现总产值 200 亿元，比上年增长 57.5%，增加值增长 9.9%，在赣州排名第二，同比前移 8 位；实现主营业务收入 196.7 亿元，增长 57.7%；利润总额 10.2 亿元，增长 38.5%；实现税金 10.5 亿元，增长 192.5%。净增规模以上企业 15 家，新增产值 10 亿元以上企业 3 家；规模以上工业企业实现利润总额 10 亿元，同比增长 38.5%；税金总额 10.5 亿元、增长 192.5%。

工业结构更趋优化。重点行业中水泥制造业受益于水泥价格回升，实现主营业务收入 11.9 亿元，同比增长 39%。首位产业电气机械及器材制造业（含铜加工）实现主营业务收入 132 亿元，占全市规模以上工业的 66.8%，其中铜加工企业实现主营业务收入 101.6 亿元，占全市规模以上主营收入的 52%；首位产业企业数量也从 2016 年的 13 家增加到 21 家，超 10 亿元的企业由 1 家增加到 4 家，其中超 20 亿元的 2 家。战略性新兴产业快速发展，实现主营业务收入 65 亿元，增长 59.3%，占规模以上工业的 34%。年内新增高新技术企业 5 家，全市共有高新技术企业 17 家，高新技术企业数占比由 2016 年的 20.7% 增加到 23.3%。全市工业售电量同比增长 14.5%，工业增值税增速

超过132%，增速分别在赣州排名第9、第2。

经开区平台作用和链式集群效应凸显，创新能力进一步提升。全年经开区内落户企业257户，其中投产工业企业95家，规模以上工业企业59家，占规模以上总数的81%。完成基础设施投入12.06亿元，同比增长74.7%；工业固定资产投资35.7亿元，增长13.9%；招商签约资金35.9亿元、增长11.8%，实际到位资金17.9亿元、增长59.3%，其中省外资金12.5亿元、增长23.9%；工业增加值增长9.9%，实现主营业务收入1977039万元、增长26.2%，利润总额10.2亿元、增长55.6%；吸纳就业人员15215人。瑞金经开区获批省级循环化改造试点园区，省级电线电缆产品质量监督检验中心挂牌运行。金一电缆、佳惠宝实业和万年青水泥3家企业的3个产品上榜"2017年江西名牌产品"，全市江西名牌产品企业增至4家4个产品，拥有名牌产品企业和名牌产品数量创历史新高。江西九华药业有限公司申报的江西省中药栓剂工程研究中心被江西省发改委认定为"2017年中医药领域省级工程研究中心"，成为瑞金市首家获得"省级研究中心"的企业。

2018年，瑞金规模以上工业增加值34.6亿元。截至2018年11月，瑞金市72家规模以上工业企业实现产值160.8亿元，同比增长5.7%。实现规模以上工业增加值下降0.2%，低于赣州平均水平9.6个百分点，增速在赣州排名第19，排位同比后移了14位。重点企业中，振兴、金纳、恒吉诺康3家铜加工企业共实现产值84.2亿元，占全市规模以上工业总产值的52.3%；万年青公司实现产值13.3亿元，同比增长25.3%；得邦照明实现产值8.7亿元，同比减少0.1%。企业效益明显改善，1~11月实现主营业务收入156.9亿元、同比增长5.2%，实现利润总额6.9亿元、增长22.7%，实现税金总额8.06亿元、减少11.1%。1~11月工业售电量4.4亿度，增长5.6%，增速在赣州排名第13；实现工业税收9.8亿元，同比增长21.5%。

尽管瑞金工业发展取得上述成就，工业投资尽管增速有所提高，但投资总量仍显不足，从而严重制约了工业发展后劲。加之工业产业层次较低，偏重于资源开发和产品初加工，大都处于产业链前端和价值链的低端，产业链短、附加值低，产业关联度不高，特别是生产性服务业支撑能力弱，自主创新能力不强。资金、技术、人才等高端要素积累比较薄弱，支撑工业转型升级的基础条件还不很完善。近年来，国家相继出台了一系列区域发展规划，中部工业经济发展竞争日趋激烈，与此同时省内各区域竞相发展、相互赶超的竞争格局也趋于强化，对资源、资金、人才、产业、企业等要素的争夺加剧。这一竞争局面无疑给瑞金市承接产业转移、推动产业转型升级带来更大压力。

二、兴国工业振兴分析

（一）兴国工业布局的演变

1. 基础条件

兴国位于江西省中南部，赣州市北部，东倚宁都，东南邻于都，南连赣县，西邻万安，西北接泰和，北毗吉安市青原区、永丰，连接吉泰盆地，距赣州市 82 千米、省会南昌 346 千米。兴国县位属赣州市 1 小时城市经济圈，距赣州黄金机场、井冈山机场均 1 小时路程；可通过京九、浙赣铁路与长江三角洲进行经济联系；紧邻广州黄埔港、深圳蛇口、汕头港、厦门港等港口城市，路程均在 550 千米以内，且都有高速公路相连接；境内有 319 国道和泉南高速公路经过，泉南高速在兴国段有三个互通口，距昆厦高速公路 40 千米；兴赣高速建成通车，昌赣客专、兴泉铁路加速推进，兴赣高速北延、瑞兴于快速交通走廊开工建设，"四纵四横"（"四纵"即昌赣客专、京九铁路、兴赣高速及北延、G238 国道；"四横"即兴泉铁路、泉南高速、G356 国道、G319 国道）。综合交通网络初步形成；随着兴国至井冈山红色旅游高速公路的规划建设，交通将更加便捷。

地势由东北西边沿逐渐向中南部倾向，形成以县城为中央的小盆地。地貌以低山、丘陵为主，局部有中山、低山。零山支脉绵延全境，东西北三面环山，中南部丘陵亘绵。南部最低处是龙口乡睦埠村，海拔 127.9 米；北部最高处为枫边乡大乌山，海拔 1204 米；东部、西部高山，海拔均在 1000 米以上。

资源丰富。首先，劳动力资源丰富。全县总人口 85 万，有劳动力 40 万人，而且这些人大都有到沿海经济发达地区务工的经历，积累了一定的技术和管理经验，可以满足县内发展高新技术产业和劳动密集型企业的劳务要求。其次，矿产资源方面，由于兴国县地处南岭成矿带，萤石资源蕴藏丰富，目前探明较大储量的有 4 处，已发现矿床、矿化点 29 处，主要分布在 10 个乡（镇）。现全县萤石保有储量 483 万吨，远景储量 1062 万吨以上，氟化钙最高品位达 91.6%，平均品位 63%，储量和品位在全国居重要地位。境内还富含钨、煤、金、石灰石、稀土等 20 多种矿产资源，石灰石、花岗石储积量居江南之首，瓷土储积量居华东之冠，高岭土储量高达 2000 万吨。农林资源方面，盛产脐橙、茶油、生猪、灰鹅等，是国家命名的"中国油茶之乡""中国灰鹅之乡""中国红鲤鱼之乡"。

在工业发展的平台方面，兴国县有一个省级经济开发区。兴国县工业园于 2001 年 5 月动工建设，是江西省最早动工建设的县办工业园区之一，规划面积 10000 亩。2006 年被省政府批准为省级工业园区。2010 年园区建设加速推进，投入 1260 万元完成了园区水网、路网、电网等基础设施建设及造林绿化生态建设，被列为省级生态工业园区创建试点单位。2010 年，园区投产企业达到 146 家，实现主营业务收入 70.53 亿元，增速列全市第一，成功升类为省级经济开发区。先后被评为全省"十强工业园""招商引资先进工业园""样板工业园"。2010 年 11 月更名为"江西兴国经济开发区"，2014 年 4 月成功申报调区扩区，扩区后园区工业用地面积增至 557.79 公顷。2017 年，赣州市出台了《关于加快推进瑞兴于经济振兴试验区建设的工作方案》，明确将宁都县、石城县纳入瑞兴于经济振兴试验区政策辐射范围，构建"3+2"的战略发展格局，着力构建优惠政策的洼地、制度创新的高地，打造老区中的特区；同时，明确将兴国县、于都县、宁都县、石城县等工业园区资源整合，纳入瑞金国家级经开区，构建"一区多园"管理模式。整合后，各园区共享国家级经开区品牌和政策，并统一开展招商活动。目前，兴国县赣闽产业园已复函同意，并已完成 1000 余亩土地平整，投资 20 亿元的兴国（泉州）五金卫浴产业园成功签约，围绕机电首位产业着力招大引强，联钢电子等一大批项目成功落地。

2. 工业布局

兴国县的工业布局也经历了不断调整优化的过程。十年前，兴国确立了主攻氟化工、新型建材、机械电子、食品加工、现代轻纺及体育运动用品等工业产业的战略，且收效明显。仅以 2008 年为例，当年全县规模以上工业企业达到 32 家，实现工业总产值 229718 万元，同比增长 43.7%；实现工业销售产值 299807 万元，同比增长 42.5%；实现工业增加值 102683 万元，同比增长 27.4%；实现主营业务收入 299286 万元，同比增长 42.8%；实现利税总额 46868 万元，同比增长 34.7%，其中利润总额 19163 万元，同比增长 64.0%。2008 年，全县主要工业产品产量中，萤石精粉产量达到 9.4 万吨，氢氟酸产量达到 1.8 万吨，钨精矿产量达到 570 吨，水泥产量达到 149 万吨，水泥熟料产量达到 114 万吨，服装产量达到 45 万件。2010 年，全县工业增加值占 GDP 比重达 39.6%，工业对经济增长贡献率达 57.8%。氟化工、新型建材、有色金属三大优势产业集群初步形成，其中以氟化工为主的矿产品加工业实现销售收入 9.6 亿元、上缴税收 5981 万元。2011 年，全县规模以上工业企业达到 46 家，实现工业总产值 983041 万元，同比增长 42.8%；实现工业销售产值 981032 万元，同比增长 42.6%；实现工业增加值 224215 万元，按可比价格计算增长 16.7%；实现主营业务收入 982038 万元，同比增长 42.4%；实现利税总额 119421 万元，同比增长 42.4%，其中利润总额 59251 万元，同比增长 47.1%，工业对经济增长的贡献率达 69.6%。

从上述数据明显看出，兴国当时的工业增加值主要得益于其丰富的矿产资源。但是，始于 2008 年的世界性金融危机导致的经济危机造成矿业整体进入萧条，市场需求大幅下滑。高度依赖外部市场的兴国矿业受到重创。外部市场的剧变迫使兴国优化工业布局。《实施意见》中关于兴国产业布局就是这种调整优化的集中反映。

《实施意见》提出支持兴国发展兴国机电制造，加快兴国萤石资源集聚，积极发展新型氟化工产业；发挥兴国苏区军工企业发展的传统优势，积极发展军民融合产业；建设一批特色产业基地，形成优势产业集群，重点扶持兴国机电产业基地、氟化工基地、军工产业基地。显然，兴国机电产业基地、氟化工基地是对原有工业布局的提升，军工产业基地是个新的提法。之所以如此，可能与兴国是我党军工事业的诞生地有关。中央红军兵工厂旧址就位于兴国县的兴莲乡官田村，这里是我党军工业的摇篮。

位于兴国县兴连乡官田村的红军兵工厂，是1931年10月第三次反"围剿"胜利后创建的第一个兵工总厂。它的建立，标志着在我党领导下人民军工的诞生。官田兵工厂由红军总供给部修械处、江西省苏维埃政府修械处和红三军团修械处合并组成，是我党创办最早的综合性兵工厂，直属中革军委领导。当年的中央兵工厂厂址由红军总司令朱德确定，选在了"馨香瑶圃""文体公祠""陈氏祖祠"的万寿宫内。这里依山傍水，后山突兀，便利防空。

红军总部对官田兵工厂的创建特别是对组织架构高度重视。单从人事任免上就可看出，它已经孕育了新中国成立后国有军工企业领导体制的雏形。最重要的标志，是从那时就形成了党政工"三驾马车"的架构，只是"特派员"一职后来变成了"驻厂军代表"。第一任厂长是吴汉杰，党委书记是张健，职工委员会委员长是马文，特派员是陆宗昌。技术力量主要为沈阳和上海的技术工人。

官田兵工厂创建之初，内设枪炮科和弹药科。枪炮科有工人200余人，下设修理股、制造股、木壳股、牛皮股、刺刀股；弹药科有工人百余人，下设炸弹股、子弹股。1932年夏，枪炮厂、杂械厂、弹药厂在枪炮科、弹药科的基础上组建。枪炮厂下设修理股、机器股和机枪股；杂械厂下设红铁股、刺刀股、木壳股和牛皮股；弹药厂下设子弹股和炸药股，成为当时红军最大的兵工厂。

据吴汉杰回忆，在兴国官田时，该厂修配了步枪4万多支、迫击炮100多门、山炮2门、机关枪2000多挺，翻造子弹40多万发，制造手榴弹6万多枚、地雷5000多个。官田兵工厂生产的弹药、修配的枪支在反"围剿"斗争中发挥了很大作用。

职是之故，兴国设立了军工产业园，希望通过中国兵器集团和兵装集团等为主的军工企业，做大做强军工产业项目。

在兴国县第十八届人民代表大会第一次会议上兴国县人民政府县长陈黎

所做的《政府工作报告》中，提出了未来五年（2016～2020年）兴国工业发展的目标是打造工业发展高地。为此，应该促进资源优化配置，推动以汽车零配件、电子设备制造为主的机电制造首位产业茁壮成长。提档升级传统企业，重点推动三美化工加强技术改造研发及搬迁，加快发展六氟丙烯、四氟乙烯等含氟精细化学品；支持江西广蓝技改扩建，着力打造全省汽车零配件集散基地；鼓励百丈泉等食品加工企业与科研机构合作研发地方特色食品，增强企业核心竞争力。《兴国县国民经济和社会发展第十三个五年（2016～2020年）规划纲要》（以下简称《纲要》）对此进行了更系统的表述。《纲要》强调要做大做强优势主导产业、积极培育战略性新兴产业，力争到2020年，规模以上工业企业突破150家，规模以上工业总产值突破450亿元、增加值突破110亿元、主营业务收入突破450亿元、工业固定资产投资突破100亿元，工业贡献率达42%，工业增加值占GDP比重达55%。

第一，做大做强优势主导产业。实施传统产业改造升级行动和新兴产业倍增、精准帮扶企业计划，鼓励企业靠大联强、兼并重组、技改创优，采用新技术、新工艺、新装备改造现有产业，加快淘汰落后工艺及产能，加快产业转型升级。一是大力发展机电产业，鼓励企业加大技术改造力度，加大研发平台投入，加快智能制造发展，培育企业自主创新能力，以发展轿车变速器、自动变速器和替代进口的高档制动系统齿轮为核心，大力发展新能源汽车、汽车零部件、新能源动力锂电池等上下游配套产业，组建以汽车零配件制造、电子设备制造为主体的机电产业园。二是做大做强氟化工产业，引导氟化工企业加强与国内外科研院所及高等院校的合作，加大技术改造和关键技术研发力度，努力向含氟聚合物、含氟中间体、ODS（消耗臭氧层物质）替代物等终端产品延伸产业链，引进氟化工产业上下游配套项目。三是改造提升食品加工产业，实施质量提升和品牌战略，鼓励企业加快科技创新成果商品化、产业化，推动名牌产品和驰名商标创建，以先进设备、技术和工艺改造提升传统食品加工产业。力争到2020年，打造机电制造、氟化工、食品加工3个超百亿产业集群，着力培育一批在全国、全省具有核心竞争力的行业龙头企业，实现龙头企业倍增、新三板挂牌企业倍增。

第二，积极培育战略性新兴产业。围绕全省十大战略性新兴产业规划，建立战略性新兴产业发展专项资金，加强政策性支持和规划引导，积极培育结构优化、技术先进、清洁安全、附加值高、辐射带动和吸纳就业能力强、发展符合区域性规划、适应县域实际的战略性新兴产业。主攻新能源、新能源汽车及配套、新材料、节能环保、先进装备制造等产业，努力在新能源、半导体（LED）照明、装备制造等产业发展方面取得新突破。深度开发萤石、铜、钼、钨等矿产资源，大力发展金属新材料、含氟化学新材料，推动军民融合、军地两用产业发展，将兴国县深厚的军工文化底蕴转变为促进县域经济发展的产业优势。力争到2020年，风力发电规模达300兆瓦，战略性新兴产业主营业务收入超100亿元，打造新的经济增长极。

综上，机电产业、氟化工、食品加工业三大主导产业是兴国近期主攻的领域，其中机电产业成为首位产业。新能源、新能源汽车及配套、新材料、节能环保、先进装备制造等产业是其主攻的战略性新兴产业。其生产力布局则着力于构建"一核双翼"工业发展格局。"一核"，即以兴国经济开发区为龙头，辐射江背的工业发展核心区；"双翼"，即依托兴泉铁路和兴赣高速，在龙口、埠头选址建设瑞兴于经济试验区发展先导区，重点发展新材料、生物、现代物流、机械制造等产业，打造国家级承接产业转移基地、回乡创业园。依托泉南高速、兴赣高速北延，将梅窖、古龙岗、良村建设成分工合作、互联互通、各具特色的新型工业镇。

（二）兴国县促进工业振兴的政策及其成效

1. 促进工业振兴的主要政策举措

兴国县把工业作为强县之本，抓住"培植产业、壮大企业、做强园区"三个关键，进一步优化增量、调整存量、提升质量，推动工业经济量效双增。先后出台了《兴国县关于加快推进机电制造产业发展的实施意见》《兴国县鼓励和扶持企业挂牌上市若干政策》《兴国县鼓励投资促进加快发展转型发展的优惠政策》《兴国县经济开发区标准厂房项目准入管理办法》《兴国县鼓励现代服务业发展的若干优惠政策》等文件，扶持培育首位产业，提档升级传统企业。围绕"小升规、规转股、股上市"工作思路，建立产业引导基金，鼓励企业开展投资合作、股份制改造，加速新旧动能的有效转换。鼓励企业自主创新。建立企业主导产业技术研发创新的体制机制，促进创新资源高效配置和综合集成，全面提升企业创新能力。发挥政府主导作用，鼓励引导企业自主创新。推进产学研紧密结合，依托高等学校、科研院所开展产学研合作，组建产业技术创新战略联盟，促进创新要素向园区企业集聚。加快创新平台建设，加快组建一批工程研究中心、企业技术中心，培育一批有创新能力的科技中小微企业，引导企业加强知识产权保护，提高企业和产品的核心竞争力。

第一，培育壮大首位产业。为进一步促进兴国县机电制造首位产业发展壮大，尤其是对装备制造和电子信息智能终端产品项目的引进和扶持，特修订《兴国县扶持机电制造首位产业发展的优惠办法》，并出台了《扶持机电制造首位产业发展优惠政策的补充办法》。根据这两个文件，兴国县受到扶持的机电制造项目主要包括：以零部件制造、智能制造、轨道交通、民用航空、自动化等为主的装备制造项目；以数据光纤、电子显示屏、手机零部件及整机制造、AI 智能机器人等为主的电子信息智能终端产品项目。《兴国县扶持机电制造首位产业发展的优惠办法》主要有 15 条，涵盖用地优惠、税收优惠、财政补贴与奖励、用电用气优惠等多个方面。《扶持机电制造首位产业发展优惠政策的补充办法》则根据机电制造首位产业发展的需要，进一步明确相关项目的补助标准及要求。

第二，打造军民融合产业基地。为加快兴国县军民融合产业基地建设，打造军民融合创新示范区，探索欠发达革命老区军民融合发展新路径，兴国县 2018 年特制定了《兴国县军民融合产业发展扶持政策》（以下简称《扶持政策》）。《扶持政策》要求引进企业（单位）或项目应属于军民融合领域，其产品或服务可用于"军转民"或"民参军"领域，具体包括：国内军工集团及下属单位投资的企业或项目；直接承接军方采购合同的企业（单位）或项目；承担武器装备科研生产协作配套任务的企业（单位）或项目；从事军民两用技术研发的企业（单位）或项目；从事民用爆破器材科研生产、国防文化教育产业的企业（单位）或项目；为军地双方培养人才的企业（单位）或项目；为军方提供装备维修服务、后勤保障、信息服务的企业（单位）或项目。享受的扶持政策包括 6 个方面，即供地及厂房租赁扶持、税收优惠扶持、设备购置补贴扶持、用水用电扶持、产品销售扶持、人才引进扶持、其他扶持。

第三，实施返乡创业三年行动计划。大力实施"赣商回归"工程，充分发挥好兴国在外商协会、联谊会的作用，通过乡贤丰富人脉关系，吸引介绍更多客商来兴创业。出台《关于支持农民工等人员返乡创业的实施意见》（以下简称《实施意见》），计划到 2020 年，力争县级以上创业孵化园（示范园）达到 6 个以上；每年新增个体工商户 3500 家以上、私营企业 1000 家以上；不断提升创新能力，逐步增强科技成果转化率；加快形成一批有效满足大众创新创业需求、具有较强专业服务能力的众创空间等新型创业服务平台。《实施意见》要求依托工业园区，盘活闲置厂房等存量资源，对返乡创业园区、基地建设作出具体规划布局，加快提升返乡创业园区、基地的水、电、路、物流、通信等基础设施水平。制定返乡创业园区和孵化示范基地建设标准和管理办法，对符合条件的驻园（基地）企业主体享受小微企业、返乡创业等相关扶持政策予以补助。分行业、分领域加大对可利用资源的排查梳理力度，对闲置房舍、土地及其他资源结合产业发展项目实施盘活，以出租、抵押、入股等形式支持返乡人员开展创业项目，提供租金、用水、用电、供暖、网络信息服务等方面的便利条件，大力支持返乡人员依托现有资源实现创业。着力推进工业园区新型建材、食品加工、油茶产品深加工基地建设，更好发挥带动创业、吸纳创业、孵化创业的综合作用。

第四，优化营商环境。为全面落实《赣州市人民政府办公厅关于支持瑞兴于"3+2"经济振兴试验区打造一流营商环境的若干政策》（赣市府办发〔2018〕35 号）精神，进一步深化"放管服"改革、优化营商环境，打造"政策最优、成本最低、服务最好、办事最快"的一流营商环境，兴国县制定了《兴国县贯彻落实〈关于支持瑞兴于"3+2"经济振兴试验区打造一流营商环境的若干政策〉的实施意见》，着力打造五大环境。一是打造便捷优质的政务环境：推进相对集中行政许可权改革试点，全面实施行政审批"一网通办"，深化商事制度改革，试行商事登记试验区全通办。二是打造服务灵活的投资环境：推进投资项目审批改革，试行企业投资项目"多评合一"，推进"一张蓝图"统筹项目实施、"一个系统"实施统一管理、"一个窗口"提供综合服务、"一张表单"整合申报材料、"一套机制"规范审批运行，实现工程项目审批时间全市最短。在"一区五园"试点投资项目承诺制，实行无审批管理。三是打造竞争有序的市场环境：鼓励和引导社会投资、推进综合执法改革。四是打造内外双向的开放环境：提升招商引资水平。积极配合做好"瑞兴于经济振兴试验区招商网"建设，实现"招商一网通"。研究制定招商引资异地落户项目管理办法，推进试验区招商引资信息共通、利益共享。推动"一区五园"与发达地区开展国家级园区结对共建，争取中央企业在军民融合等领域开展产业对接。五是打造配置高效的要素环境：深入推进企业降本减负。切实降低制度性交易成本，建立动态涉企收费目录清单，严禁清单外收费。有效压减用电成本，推动实施以"一区五园"为单位直供电交易模式。持续降低企业物流成本，鼓励进出口企业在赣州港报关进出口，享受赣州港口岸物流发展补助政策。提高金融要素供给能力。倾斜支持金融机构信贷投放力度，确保贷款增速持续高于全市平均水平，存贷比逐步提高。积极开展县域金融工程试点。加强用地要素保障。争取上级用地计划倾斜，争取一定额度的城乡建设用地增减挂钩节余指标跨省流转。开展"亩均论英雄"改革，开展工业企业"亩产效益"综合评价，探索工业用地弹性出让年限制度，探索企业投资项目"标准地"改革试点，深入推进土地要素市场化配置。以深化农村宅基地"三权分置"改革为突破点，选取一批有条件的乡镇开展"共享农庄"建设试点，盘活农村闲置资源。促进各类人才集聚。

第五，加大产业招商力度，完善招商政策。围绕首位产业精准招商，以"央企入赣""民企入赣""赣商回归、赣人兴赣"工程为契机，瞄准央企、民企、外企等资本集中区域，加大专业招商、代理招商、组团招商力度，力争引进石墨烯应用、锂电池生产、智能装备制造等附加值高、带动能力强、财税贡献大的亿元项目。突出招大引强选优，北上南下，对接国企、央企、大型民企，大力实施专业招商、产业招商、以商招商；围绕机电制造、氟化工、食品加工等主导产业和新材料、新能源、战略性新兴产业，开展"建链、强链、补链"式招商活动，引进一批带动能力强、产业延伸长、财税贡献大、无污染的企业和项目。结合"央企入赣""民企入赣""赣商回归"，盯住国内知名民企、在外杰出乡贤，开展招商大会战。充分发挥各地商会桥梁纽带作用，鼓励引导本土能人乡贤回乡创业。在"引进来"的同时，加大"走出去"力度，积极加强区域合作，主动融入"一带一路"等，鼓励企业扩大外贸出口、拓展境外市场，支持有条件的企业开展对外劳务合作等。为规范和推进兴国县招商引资项目投资协议及时履约，确保招商引资优惠政策兑现到位，全力构建良好的营商环境，兴国县出台了《兴国县招商引资优惠政策兑现管理办法》。

2. 政策落实情况

兴国县大力实施"工业强县"战略，在发展工业过程中，有三大典型做法。

第一，高度重视工业园区的聚集作用，一直以工业园区为载体发展工业。工业园区是主攻工业的主战场、产业集聚的主平台、公民就业的主阵地，是县域经济发展的"大引擎"。为了建好"园区"，优化发展平台，兴国县不断完善提升园区功能，全面加快园区建设步伐。一方面，进一步理顺开发区管理体制和运行机制。创新开发区管理体制机制，围绕权责统一，最大限度赋予开发区相应管理权限，建设企业服务中心，打造体系完备、功能齐全、服务完善的工业服务平台。2017年，立足瑞金国家级经开区"一园五区"模式，瑞金经济技术开发区（兴国园区）挂牌成立，实现与瑞金国家级经开发品牌共用、政策共享、规划共编、园区共建的目标，同时依托IPO上市绿色通道，组建了上市综合服务产业园，全力支持园区企业IPO上市，园区企业发展迎来前所未有的大好机遇。另一方面，加快扩区调区工程建设，创新融资方式，拓宽融资渠道，围绕项目推进，完善产业发展规划，加大基础设施建设。2016年底以来，在开发区规划建设12000亩的赣闽产业园，已完成了项目选址和功能布局规划，其中规划预留工业、商贸物流、商住文体服务等配套用地，并尽量保留原有生态，依托两个水库规划了约1200亩的公园绿地，当前，市级层面已批复同意赣闽产业园项目，正在进行项目省级申报工作，已启动实施了 5000 亩赣闽产业园一期征地和"三通一平"，11.4 千米道路建设，架设供电线路约 11.8 千米，铺设供水管道 11.8 千米。

按照主导产业、基础设施、公共服务"三配套"思路，做到项目建到哪里，基础设施就延伸到哪里，公共服务就跟进到哪里，不断提升园区的集聚力和承载力。重点抓好园区环境整治和配套设施项目建设。近年来，建成了 A、B、C、D、猫岭沿江路和新区主道、支道以及南区三条支道等水泥路面大道，总长 33.2 千米，形成了北园、南园"一区两园"的框架。同时供水、供电、教育、医疗、商业、物流等服务配套功能逐步完善，目前建有日供水达 2 万吨的自来水厂 1 座、日供水 10 万吨的自来水厂 1 座；110 千伏变电站 1 座、35 千伏变电站 1 座；全省重点中学、九年一贯制学校一所、全县重点小学各一所；二级甲等医院一所；处理 1 万吨、远期处理 2 万吨的污水处理厂已投入运行；占地约 20 亩集农副产品、小商品、家电产品交易于一体的大型综合农贸市场已投入运营；同时交通区位优势进一步凸显，兴赣高速已竣工通车且所设的两个连接口均离园区不到 3 千米，兴泉铁路已开工建设，园区对外交通更加便捷。

在园区建设过程中，重视发展开发区生产性服务业，立足构建产业集聚规模大、专业化协作水平高、功能配套完善的产业集聚区，大力发展产业研发中心、物流、电子商务等生产性服务业，完善产业支撑体系。与此同时，健全开发区土地管理制度，全面清理整顿老区闲置厂房、土地，盘活闲置土地，激活存量要素，不断提升开发区产业集中度、单位面积产出。为规范管理兴国县经济开发区标准厂房租赁行为，实现标准厂房经济效益和社会效益合理化，根据《关于印发兴国县开发区标准厂房项目准入管理办法的通知》（兴府办字〔2017〕23 号）、《关于印发兴国县扶持机电制造首位产业发展的优惠办法（修订）的通知》（兴府办〔2018〕37 号）等精神，兴国县出台了《兴国经济开发区标准厂房租赁管理实施办法》（以下简称《实施办法》）适用兴国经济开发区范围内由政府投资建设的标准厂房对外租赁时执行。规定开发区内的标准厂房及配套设施对外租赁，必须经兴国县开放型经济工作领导小组会议决定，统一由兴国县工业投资有限责任公司（以下简称工投公司）

进行租赁管理。标准厂房区域内的公共物业管理由工投公司组织的物业部门统一按市场化经营方式管理。《实施办法》对租赁期限及费用、租金支付方式、租赁限制均进行了详细规定，具有很强的操作性。

兴国集中资源建设开发区，其目标是力争到 2020 年，把开发区打造成"投资成本低、经营环境优、服务效能高、创业活力强"的国家级经济技术开发区，力争实现开发区工业总产值占全县工业总产值的 85% 以上。

第二，紧紧抓住六大攻坚战的机遇全力主攻工业。兴国县利用承接长珠闽产业转移，建设赣闽产业园的发展契机，以工业项目建设为主抓手、工业平台建设为主阵地、工业企业创新发展为突破口、机电制造首位产业发展为首要任务，大力实施"主攻工业、三年翻番"计划，出台《兴国县三年主攻工业推进计划（2016~2018 年）》《兴国县国民经济和社会发展第十三个五年规划纲要》，推进工业发展"十大工程"①，积极培育新动能、发展新业态，努力形成传统优势产业、战略性新兴产业协调发展的新格局，实现主攻工业强势突破。

为确保主攻工业工作顺利进行，县六大攻坚办除每年制定工作计划，开列主攻工业攻坚战重大项目清单，除明确工作重点内容外，还对项目倒排工期，每月公布项目进展情况，并建立"重大项目问题台账"，而且每半个月就进行一次项目进展情况分析，并在县政府官网公开，从而极大地推动了项目进展。

第三，紧紧抓住瑞兴于经济振兴试验区建设的机遇大力发展工业。瑞兴于经济振兴试验区是赣州市人民政府在《关于加快瑞兴于经济振兴试验区建设的实施意见》中提出的试验区，赣州市人民政府于 2016 年 5 月 18 日发布，自 2016 年 5 月 18 日起实行。试验区建设正式启动后，兴国县紧抓这个千载难逢的历史机遇，及时出台工作要点，推动工业发展。试验区启动的当年，即出台了《兴国县瑞（金）兴（国）于（都）经济振兴试验区建设 2016 年工作要点》，加快建设瑞兴于平台，夯实主攻工业基础，争取试验区产业发展基金向兴国县倾斜。开工建设兴国经济技术开发区机电产业园。启动兴国氟化

---

① 工业发展"十大工程"：精准帮扶工程、技术创新工程、中小微企业孵化工程、"互联网+产业"工程、强力招商工程、工业项目推进工程、经济开发区提升工程、政务环境优化工程、人才引培工程、绿色发展工程。

工基地选址工作。对试验区建设涉及兴国县的重大基础设施和重大产业项目，争取纳入省、市有关发展规划；对具备条件的项目，争取加盖"绿色通道"专用章，进入审批绿色通道，优先申报和省、市优先安排项目资金。《兴国县瑞兴于经济振兴试验区 2018 年工作要点》提出要夯实产业基础，积极改造提升传统工业、培育战略性新兴产业，切实壮大工业经济。积极开展"产业集群提升年"活动，做大做强首位产业，加速形成特色优势产业集群。继续推动机电制造产业做大做强，力争机电产业进入省级重点产业集群。推动兴氟化工，加强技术改造研发及搬迁，加快发展六氟丙烯、四氟乙烯等含氟精细化学品；支持江西广蓝技改升级，鼓励百丈泉等食品加工企业与科研机构合作研发地方特色食品，增强企业核心竞争力。加强与军工企业的沟通对接，力争促成 1~2 个军工项目或企业落地，加快推进兴国军民融合产业基地建设，创建第二批全国军民融合产业示范基地，办好军民融合发展（兴国）高峰论坛暨军民融合产业招商会。为此，需要积极推进园区一体化改革创新。加大资源整合力度，积极推进瑞金经开区园区体制机制一体化，推动品牌共用、政策共享、规划共编、园区共建、数据并表。提升对外开放合作水平。设立兴泉铁路港保税仓，建设开放合作先行区。推动试验区园区与泉州、龙岩、昆山、宁波经开区合作共建。推动赣闽产业合作区建设取得实质性突破。加大统一招商推介力度，开展 2018 瑞兴于"3+2"经济振兴试验区产业合作推介活动，提升"瑞兴于"品牌对外影响力。

3. 主要成效

2012~2018 年兴国县规模以上工业发展（见表 1-3、图 1-2）具体情况如下。

表 1-3　兴国县规模以上工业发展情况

年份	企业数量（家）	总产值（万元）	工业增加值（万元）	主营业务收入（万元）	工业产品销售率（%）
2012	46	1116384.46	273349.6	1112583.5	99.8
2013	53	1416278	346949	1404270	99.2

续表

年份	企业数量（家）	总产值（万元）	工业增加值（万元）	主营业务收入（万元）	工业产品销售率（%）
2014	60	1647300	417800	1645900	99.6
2015	63	—	476300	1896400	—
2016	75	1950000	490000	1946200	—
2017	95	—	532140	1663200	—
2018	89	—	—	—	—

注：①"—"表示不详；②关于2016年规模以上企业数量，兴国县统计局的口径为75家，其他口径为92家，本处以统计局数据为准；③兴国县统计局无2017年规模以上工业企业数量，根据县政府工作报告"新增规模以上工业企业20家"，加上2016年的75家，得出2017年规模以上企业数量为95家；该年工业增加值也采取同样方法，依据县政府工作报告"规模以上工业增加值增幅8.6%"得出；④2018年规模以上企业系根据兴国县统计局2018年前三季度数据得出。

资料来源：作者根据兴国县历年发布的政府工作报告、国民经济和社会发展统计公报公布的相关数据收集整理。

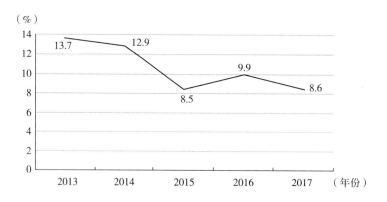

图1-2　2013～2017年全县规模以上工业增加值比上年增长

资料来源：兴国县2017年国民经济和社会发展统计公报。

　　2012年，成功举办了兴国（深圳）招商引资推介会、兴国（呼和浩特）投资环境暨脐橙营销推介会，中国建材集团以14.85亿元顺利收购宝华山集团水泥板块，全省唯一的省级氟化工产业基地落户兴国。全县规模以上工业企业达到46家，实现工业总产值1116384.46万元，同比增长17.9%；实现工业销售产值 1114546.8 万元，同比增长 18%；实现工业增加值 273349.6 万元，按可比价格计算增长 13.6%；实现主营业务收入 1112583.5 万元，同比增长 14.2%；实现利税总额 121331 万元，同比增长 24.5%，其中利润总额 58760.7 万元，同比增长 0.8%。

2013 年扎实开展"百日招商大会战"，全年引进投资 5000 万元以上项目 23 个、亿元以上项目 19 个。启动实施了总投资 18 亿元、占地 9500 亩的开发区扩区调区工程，完成南区一期 2000 亩土地平整，"两园两基地"产业格局初步形成。全县规模以上工业企业达到 53 家，实现工业总产值 1416278 万元，同比增长 24.9%；实现工业销售产值 1404295 万元，同比增长 24.1%；实现工业增加值 346949 万元，按可比价格计算增长 13.68%；实现主营业务收入 1404270 万元，同比增长 24.8%；实现利税总额 207058 万元，同比增长 67.8%，其中利润总额 85522 万元，同比增长 43.2%。工业对经济增长的贡献率达 54.5%。

2014 年兴国扎实开展了招商引资项目落地年活动，江西广蓝成为赣州市首家"新三板"上市企业，单户企业外贸出口首次突破千万美元大关，全年净增规模以上工业企业 7 家。全县规模以上工业企业达到 60 家，实现工业总产值 164.73 亿元，同比增长 12.8%；实现工业销售产值 164.14 亿元，同比增长 13.4%；实现工业增加值 41.78 亿元，按可比价格计算增长 13.68%；实现主营业务收入 164.59 亿元，同比增长 14.0%；实现利税总额 24.47 亿元，同比增长 15.86%。

2015 年"主攻工业、三年翻番"开局良好，金电电子、天翔机电、长裕工贸等 7 个项目顺利落地开工，江西广蓝年产 300 万件压铸铝、国泰特种化工异地搬迁技改项目竣工投产。全县规模以上工业企业达到 63 家，实现工业增加值 47.63 亿元，按可比价格计算增长 8.5%；实现主营业务收入 189.64 亿元，同比增长 13.4%；实现利税总额 26.45 亿元，同比增长 7.4%。

2016 年开发区南区二期土地平整及路网建设、标准厂房、综合农贸市场、开发区污水处理厂及配套管网、思源学校等基础设施、配套设施加快推进，并挂牌成立兴国县上市综合服务产业园。围绕机电首位产业，大力推行行业招商、协会招商、代理招商，引进投资 5000 万元以上项目 22 个、亿元以上项目 13 个，新开工、投产项目 13 个，完成 500 万元以上工业固定资产投资 45.91 亿元、增长 36.7%。机电产业发展快速。机电产业园落户企业 22 家，金电电子、雄鼎电子投产运行，中能光电、天翔机电、长裕工贸、智能家居、奥奇工贸等项目相继开工。全县实现工业增加值 55.3 亿元，增长 9.6%，占地区生产总值的 39.1%，直接拉动经济增长 3.8 个百分点，对经济增长的贡献率达 41.1%。规模以上工业企业实现增加值 49 亿元，同比增长 9.9%，对经济增长的贡献率为 11.4%。全县 75 家规模以上工业企业，实现主营业务收入 194.62 亿元，同比增长 2.9%，比上年同期提高 5.1 个百分点；实现利润总额 12.4 亿元，同比增长 8.83%；实现利税 26.5 亿元，同比增长 5.5%。

2017 年兴国赣闽产业园获赣州市发改委函复支持；瑞金经济技术开发区（兴国园区）挂牌成立，同等享受国家级经济开发区政策；基本完成赣闽产业园一期 5000 亩"三通一平"，建成标准厂房 22.28 万平方米，启动实施 2000 亩综合物流园一期工程。招商引资氛围浓厚，全年举办招商推介会 12 场，接待来兴考察企业 500 多批次，武晓风电装备、目田电子等机电首位产业项目竣工投产。完成工业固投 56.51 亿元、增长 23.1%。铁心硬手降成本优环境，为企业减负 4.2 亿元，工业增加值 762409 万元，增长 8.0%；全年新增规模以上工业企业 20 家，规模以上工业增加值按可比价格计算增长 8.6%；实现主营业务收入 166.32 亿元；实现利润总额 9.36 亿元。

根据 2018 年前三季度的数据，全县规模以上工业企业 89 家，新增规模以上企业 8 家，完成年度目标任务的 88.9%。前三季度，全县规模以上工业增加值增长 8.5%；完成主营业务收入 87.79 亿元，同比增长 24.9%。工业固定资产投资同比增长 25.5%。前三季度，全县实现生产总值 120.23 亿元，按可比价格计算，同比增长 9.3%。其中第一产业增加值 14.58 亿元，增长 3.8%；第二产业实现增加值 64.78 亿元，增长 8.2%；第三产业实现增加值 40.86 亿元，增长 14.2%。三次产业结构比由 2017 年同期的 16：52.3：31.7 调整为 12.1：53.9：34。

经过发展，兴国经开区园区初步发展形成了机电制造、食品加工、氟化工、新型建材及矿产品深加工、现代轻纺五大主导产业雏形。一是机械电子制造产业。当前以江西广蓝传动、锐兴通讯设备、联纲电子、金电电子等为代表的机电类龙头企业的集聚效应正逐步凸显。二是食品加工产业。经过多年发展，园区食品产业基本形成了与农产品资源相适应的加工制造体系，已形成以百丈泉食品为龙头的食品产业集群雏形。三是氟化工产业。主要有以江西三美化工、中莹矿业、金莹氟业、东方华玉、鑫谷生物农药等为代表的龙头企业，主要产品为无水氢氟酸、有水氢氟酸、R22 制冷剂、三氟甲烷（R23）。四是新型建材产业。骨干企业有兴国南方水泥、南方万年青水泥、万年青商砼、宝华山商砼、建安商砼、兴旺商砼、闽兴实业、人和建材、锦利陶瓷。五是现代轻纺产业。代表企业有威保（江西）运动器材公司、沈氏服装、荣兴鞋业等。

尽管兴国主攻工业成效显著，但是，经济总量小，支柱产业和骨干企业少，工业"短板"问题较为突出，缺乏发展的内生动力，欠发达、后发展的县情仍然没有根本改变。

三、于都工业振兴分析

（一）于都工业布局的优化

1. 工业振兴的基础条件

于都县地处赣州东部，距赣州 65 千米，距南昌 422 千米；东邻瑞金，南接安远县，西连赣县，北毗兴国和宁都。公元前 201 年（西汉高祖六年）建县时幅员辽阔，所辖地域含今宁都、石城、安远县、瑞金、会昌县、寻乌县诸县，故有"六县之母"和"闽、粤、湘三省往来之冲"之称，是赣南的政治、经济、文化、交通中心和军事要地。于都县境内地貌复杂，有盆地、丘陵和绵延的山地，也有宽广的山间河谷堆积平原及岗地。

交通便利。于都地处赣州 1 小时经济圈赣龙铁路、瑞赣高速公路穿境而过，厦蓉高速公路于都段通车，宁都—于都—定南（赣粤界）高速公路正在规划，可全程高速直达广州、深圳、厦门等大城市。县域内基本形成了以县城为中心，以国道 323 线、319 线、省道于银线为主骨架，县道为支架，乡村

道为延伸的公路运输网络。

资源大县、生态大县。一是人口众多、劳动力资源丰富。于都是百万人口大县,是赣州唯一一个人口超百万的县。于都还曾以"三锤三匠"而获得"民间手艺之乡"的美誉(三锤:打铁的铁锤、补缸补锅锤、弹棉花的弹棉槌;三匠:木匠、泥匠、篾匠)。二是自然资源禀赋丰厚。全县森林覆盖率高达71.68%,有江南第二大天然草场——屏山牧场。土壤类型主要为红壤,占全县总面积的67.8%,水稻土占11%。境内地下资源丰富,有钨、锡、铋、锌、金、银、铜、铁、锰、稀土、灰石、透闪石、耐火黏土等28种矿藏,是赣州市重要的矿产品基地。其中钨矿有大、中型矿区7处;煤、石灰石储量大,分布广,被苏联专家誉为"东方乌拉尔"。特别是钨、铅锌、金银储量具有明显的比较优势,其中钨的保有储量为4.34万吨,铅锌5.49万吨,金25吨,银800吨,稀土5.16万吨;水泥用石灰岩资源储量12733千吨,累计查明资源储量20576吨;煤储量9944千吨,累计查明储量20576吨。

于都县工业园属于省级重点工业园区。该园区于2001年7月经赣州市人民政府批准设立,原名为楂林工业园,2006年3月经江西省人民政府批准设立并经国家发改委审核公告的省级开发区,同时更名为江西于都工业园区。2003年后,每年都被省评为省级重点工业园区。2010年被列为省级生态工业园区试点,省级半导体照明产业配套基地、省级小企业创业基地。率先在全国启动省级开发区扩区和调整区位工作,并于2013年成为第一个获省政府批准扩区和调整区位的省级开发区。扩区后的园区总体规划面积由533.3公顷扩大至1037.21公顷,扩区面积503.91公顷,其中上欧片区扩区面积329.84公顷,罗坳片区扩区面积174.07公顷。该园区重点发展矿产品精深加工、机械制造、现代轻纺等主导产业。2017年入选省级园区循环化改造试点,在安排国家和省级各类专项资金时将给予倾斜,并对基础条件好、改造潜力大、工作措施到位的地方优先推荐申报国家级试点示范。目前主要分为楂林工业园区(北区)、上欧工业新区(南区)和规划中的内弟轻纺产业区(东区)、罗坳工业小区(西区)四大区。2013年12月以来,于都工业园区加快了国家级经济技术开发区的创建进度。

2008 年 8 月，于都县与赣州海关商检签订了备忘录，成立了于都县人民政府海关事务联络员办公室和赣州检验检疫于都协检员办公室。2010 年 7 月组建了正科级事业单位县口岸办公室。

比较其他地区，于都工业发展的软环境还有差距。一是政策。该县涉及工业发展的政策性文件主要是于发〔2013〕4 号于都县招商引资优惠政策，该文件与以往相比有了很大的完善，首次提出对不同产业实行差别化的财政奖励政策，并且对外贸出口企业也给予了一定的奖励。项目引进的政策有了，但鼓励现有企业做大做强的政策却还不多。此外，部分现有的政策由于部门宣传不到位、服务不到位，也没有产生应有的效应。二是服务。最突出的问题就是大工业的服务管理机制还不够完善，责、奖、罚没有配套到位，主攻工业的氛围还有待进一步强化。从工作机构来看，于都县工业由工信局、工业园区管委会、民营企业局、商务局等多个部门分块管理，缺少总的调度和服务中心，工信局虽然是工业的第一牵头单位，但由于受级别、人力等方面的限制，主牵头作用难以充分发挥。这种管理体制不仅导致行政管理的综合成本较高，还导致工业发展信息沟通不畅，部门工作相互脱节，县委、县政府部署的有些工作不能及时落实。

2. 工业布局的演变

于都县的工业布局同样经历了不断调整优化的过程。早在 21 世纪初，于都工业以矿业、机械工业为主，其中矿业占据主导地位。除了机械工业外，无论是钨精矿还是水泥、原煤，均属于资源型产业。由于高度依赖于都自身的资源禀赋，虽然其资源比较丰富，但是毕竟储量有限，终有枯竭之时。如盘古山钨矿，从 1921 年发现和开采到现在已近百年，2014 年时开挖深度已至海拔 35 米，矿产资源接近枯竭，而且其销售受外部市场环境影响较大，如2014 年 1~10 月，于都县规模以上工业上缴税金同比下降 11.94%，其中矿业下降 32.88%。加之附加值较低、环境保护压力不断加大，需要逐渐降低这些产业在整个工业中的比重。于都调整工业产业布局的努力充分体现在于都工业园的定位中。

建园之初，于都县就致力于将于都工业园重点打造成承接产业转移、引

领科技创新、实现工业强县的主阵地。先后引进了德国格特拉克公司、以泰电子公司、中国兴乐集团、国药华利医疗器械以及台湾台达电子集团、上晴电子公司、海峡制衣有限公司、大田鞋业有限公司、上联鞋业有限公司、奥科特照明科技有限公司等企业，形成了机械电子业、矿产品深加工业、绿色照明产业、轻纺食品加工业四大主导产业。2010年，工业园区共有入园企业148家，规模以上企业48家，园区主营业务收入也在2010年首次突破"百亿"大关，达103.9亿元，完成工业增加值28.5亿元，上缴税收5.3亿元，安排就业2.3万人。获得了亚洲最大留置针生产基地、全国最大齿轮生产基地、全省重要机械电子生产基地、省级半导体照明产业配套基地、全省生态工业园5张"名片"。

于都调整工业产业布局成果显现，初步形成了以于都工业园区为主载体，以矿产业、机械电子业和轻纺食品业为主导的工业经济发展新格局。

第一，矿产业。于都地处我国重要的金属成矿带——南岭成矿带东段，矿产资源十分丰富，目前已发现的矿种有28种，其中查明储量的矿种23种，主要矿种为钨、银、铅、锌、水泥用石灰岩和煤等。截至2011年底，全县共有各类矿山企业134个，主要产品是钨精矿、仲钨酸铵、铅锌矿、水泥、煤矸石和页岩砖等，矿产业成为于都工业税源的主导产业。

第二，机械电子业。主要产品是汽车（摩托车）齿轮、照明灯具、电缆、音箱、耳机、电脑电路板、电脑连接线、手机插件、汽车（摩托车）防盗器、小型变压器等。

第三，轻纺食品业。主要产品是服装、针织品、鞋、卫生制品、饼干、牛奶等。其中服装纺织业是于都县二产中从业人数最多的行业，据不完全统计，全县共有各类轻纺企业（含小作坊）近2000家，从业人员近4万人，生产形式主要为来料加工和来样加工。

可以看出，于都工业布局已经实现了比较大的转变。具体表现在三个方面。

第一，在空间布局上，实现了比较大的转变。原来的于都工业企业主要是资源型、支农型企业，主要位于资源集中地或农产品主产地，布局较为分散，2001年7月后于都工业园区成为于都工业企业的主载体，并形成了以于都工业园区为主要载体的工业经济新布局。

第二，在产业结构上，形成了传统产业与新兴产业共同发展的工业经济新格局。于都在加快发展矿产、建材、食品、机械等传统产业的同时，大力培育发展电子、半导体材料、新动力、风电等新兴产业。电子产业成为于都县工业的一大亮点，于都工业园区被列为江西省绿色半导体照明产业配套基地，已投产的半导体照明产品生产企业达8家。

第三，在企业结构上，形成以外商投资企业为主导的工业经济新格局。原来的于都工业主要以于都化肥厂、糖厂、水泥厂、齿轮箱厂为龙头，以国有经济为主导，经过多年的企业改制，地方国有资本已基本退出，同时通过大力发展开放型工业，外商投资企业在于都工业经济中已占据主要份额。在59家规模以上工业企业中，外商投资企业有47家，占74%。

于都工业布局虽然实现了比较大的转变，但是仍然没有摆脱痼疾，工业发展面临不少困难。

第一，龙头企业仍然以原地方国有企业或国有改制企业为主。于都工业的几个主要龙头企业都是原来的国有老企业或国有老企业改制的企业，如格特拉克于都分公司前身是于都齿轮箱厂，于都南方万年青水泥公司前身是东方红实业股份有限公司，江西铁山垅钨业有限公司、江西盘古山钨业有限公司前身分别是铁山垅钨矿和盘古山钨矿，以上4家企业合计的年税收占于都规模以上工业的60%以上。

第二，产业结构不合理，工业税源仍然以资源型企业为主。一是轻、重工业比重明显失衡。全县工业80%以上的税源集中在有色金属开采加工、水泥、机械等重工业上，导致于都工业能耗高、交通运输量大、生产和销售成本高，利税率相对偏低。二是对财政的贡献率偏低，资源型、原材料型、粗加工型的传统产业比重大。大部分企业停留在对资源的简单开采加工水平，资源精深加工企业没有一家，资源开发利用水平非常低，一直沿用原始的落后工艺，综合回收率低，初级产品、中低档产品比重大，对资源深度开发的高科技、高附加值、高利税的产业产品比重小，加上长期以来无序开采、采

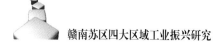

富弃贫等原因，导致于都工业对资源的消耗浪费大，对生态破坏大，对环境污染大。三是对国家宏观调控和安全生产政策依存度高的产业产品比重大。占工业税收主导份额的矿产业中的水泥行业依存于基础设施建设，因受国家宏观调控政策的影响而大起大落、大喜大悲；矿产采掘业受国家安全生产等政策的影响而难以正常生产。钨和石灰石是该县的两大优势矿种，但钨属于国家战略性资源，不仅新办采矿许可证非常困难，现有的采矿许可证也只能按照计划开采，目前只有 5 本钨采矿许可证，钨开采企业 4 家，每年的开采指标只有 3000 吨左右，其中能为本地所用的不超过 200 吨。石灰石只能加工为建材产品，建材产品市场又受销售半径限制，建材企业要做大做强较难。

第三，新引进企业仍然以劳动密集型企业为主。于都是赣州第一人口大县，大部分新引进企业都是沿海发达地区向内地迁移的劳动密集型企业，这类企业科技开发、技术创新能力差，普遍缺乏研发机构和研发队伍，产品销售收入中用于科技创新的费用比重极低，产品科技含量低，大路货多，仿制品多，缺乏核心竞争力，企业发展后劲不足。企业产品缺少自己的品牌，科技含量较低，缺乏核心竞争力。国家驰名商标只有"万年青"，省名牌产品也只有"万年青"，省著名商标 6 个（港嘉兴、爽期、高山青草、天坤、盘古、康宇），有的通过了名牌认定，有效期满后也没能延续。于都县虽是赣南第一、江西第四的人口大县，在外务工人员 40 余万人，但该县企业的工资和福利待遇整体水平不高，企业普遍存在招工难的问题。

第四，在企业规模上仍然以小型企业为主。于都大部分企业当时都是年主营业务收入 3 亿元以下或职工人数 300 人以下的小型企业，中型企业也只有 10 家，大型企业没有一家。中型企业中年主营业务收入 5 亿元以上企业没有一家，税收 1000 万元以上企业只有 4 家，90% 以上企业年税收在 100 万元以下。

第五，主导产业发展不明晰的问题也越来越突出，特别是没有集中培育一个主导产业，促进优势产业集群培植壮大的目标任务和方法措施没有细化，在产业配套政策上也比较乏力。

因此，可以说，于都工业布局仍然处于不断优化的过程。2013 年，于都县根据《若干意见》（国发〔2012〕21号）、《国务院办公厅关于印发中央国家机关及有关单位对口支援赣南等原中央苏区实施方案的通知》（国办发〔2013〕90号）等文件精神，结合于都县实际，公布了《罗霄山连片特困地区区域发展与扶贫攻坚规划（加工制造业）》《于都县工业和信息化发展八年构想（2013～2020年）》，对其工业现状进行了分析，并且提出了新的发展目标、方向和重点。

第一，打造以钨、稀土、铅锌、金银、石灰石等矿产资源应用产品为主的省级金属和非金属新材料产业基地。以罗坳工业小区为平台，充分发挥于都钨、稀土、铅锌、金银、石灰石等矿产资源丰富、产业技术成熟的优势，发展以钨粉、硬质合金和稀土永磁、发光、储氢等高端稀土为主的特种新材料和应用产业以及铅酸电池、镀锌板、金银稀贵金属加工等金属新材料产业，以水泥及制品、新型墙体材料为主的非金属新材料产业，打造在全省乃至全国具有重要影响的金属和非金属新材料产业基地。

第二，打造以半导体照明、电脑、液晶显示器等配套应用电子产品为主的省级新兴电子科技产业基地。在上欧工业小区规划建设高新技术产业园，加快长珠闽地区以半导体照明、电脑、液晶显示器等配套应用电子为主的新兴电子科技产业承接转移，重点引进集成芯片、集成电路、PC机制造类核心企业，加大科技研发力度，提高企业自主创新能力，打造在全省乃至全国具有一定影响力的新兴电子科技产业基地。

第三，打造以现代针纺、休闲体育服饰用品等为主的国家级现代轻纺产业基地。在工业园区规划建设现代轻纺城，按统一标准规划设计厂房，大力引导园外针织轻纺企业"退城进园"，加快现有轻纺企业技术改造升级，提升产品附加值，鼓励外出务工人员返乡创业，大力引进应税能力强、就业岗位多、具有一定品牌价值的现代轻纺企业，建设集自主设计研发、来样生产、来料加工、批发贸易、运输物流为一体，以现代针纺、休闲体育用品为特色的现代轻纺产业城。

第四，打造以汽车传动、制动、转弯等系统为主的国家级汽车关键零部件产业基地。以格特拉克于都分公司为龙头，建设中国轻型车、轿车及工程

机械变速器的研究生产基地，重点发展轿车变速器、高档车用变速器和替代进口的高档次制动系统齿轮，积极开发环保、节能的汽车（摩托车）零部件，大力引进适合变速箱的锻件项目、铸件项目、生产锻模和压铸模的模具加工项目、齿坯加工项目、变速箱操纵机构和同步器项目，完善汽车零部件产业配套体系，加大铸、锻件专业配套厂产能建设，解决赣州本地铸、锻件供应不足的工序瓶颈问题。

在此基础上，《实施意见》对于都工业产业布局进一步优化。《实施意见》着眼工业发展全局，对瑞兴于各县产业进行了优化，其中将服装服饰定位为于都的首位产业，要求加快形成优势产业集群。希望加快于都石灰石资源集聚，积极发展新型建材产业；发挥瑞金、兴国、于都苏区军工企业发展的传统优势，积极发展军民融合产业。支持建设一批特色产业基地，形成优势产业集群，重点支持于都女装制造基地、机械电子信息产业基地、金银（铅锌）产业基地建设。

随着于都服装服饰产业的不断发展，产业集聚优势明显显现，因此《实施意见》将服装服饰产业作为于都的首位产业，其依据是比较充分的。

第一，区位优势比较明显。于都县地处江西南部赣州市，毗邻长三角、珠三角地区，国道、省道、高速、机场等交通便利，各项基础设施相对完备，区位优势明显。

第二，人力资源优势明显。服装业是典型的劳动密集型产业，在生产要素方面的优势很大程度上取决于劳动力的供给和劳动力的成本。国内大多服装品牌企业的生产和管理人员中都有于都籍员工。无论是在技术、管理人才队伍上，还是在招商引资人脉资源上，于都县都具有明显的比较优势。近年来随着本地纺织服装产业的快速壮大，返乡创业就业人员不断增加，于都县纺织服装行业在外影响力也日益增强。

第三，工业园区平台完善。2001年，于都工业园区建设以来，就将现代轻纺业作为四大主导产业之一进行布局。工业园区建设初期，吸引前来投资的企业有：兴立制衣、伟盛针织、永嘉盛针织、兴华制衣等。通过着力引进和培育出口创汇型的大企业，于都被授予"江西省服装服饰产业基地"称号。

第四，政策优势明显。《新十年中部崛起规划》侧重中部特色战略和对外开放，《若干意见》营造新政策高地，在"一带一路"倡议和互联网发展的背景下，于都服装业可抓住新市场和新消费方式带来的发展机遇，承接沿海服装服饰产业转移。

第五，产业升级新机遇。2010年工信部出台了《关于推进纺织产业转移的指导意见》，提出中部地区完善纺织产业制造体系，利用紧邻东部沿海的区位优势和劳动力充裕优势发展服装、家纺等终端产品制造业。《若干意见》也支持赣南苏区大力发展现代轻纺业。

从《实施意见》看，与瑞金、兴国一样，于都也希望在军民融合产业上有所斩获。中央苏区时期，在于都铁山垄成立的"中华钨砂公司"是第一个大型国有企业，对苏区经济的繁荣、支援革命战争起到了重要作用。中华人民共和国成立后，铁山垄钨矿也成为江西省的知名企业。早在2012年，于都就决心引进军工企业，对其钨矿等矿产品进行深加工。2017年，省工信委认定了2个于都县第一批"军民融合"企业，分别为亚星电子科技有限公司和奥科特照明科技有限公司。

2017年，赣州出台了《关于加快推进瑞兴于经济振兴试验区建设的工作方案》，赣州将在瑞兴于经济振兴试验区开发和启动一批具有牵引力的重大项目。其中，在工业项目上将规划建设于都医药健康产业园。由此，除了上述产业外，医药健康产业又成为于都希望打造的重要产业。至此，于都县形成了"服装服饰产业集群，矿业、机械电子、食品医药三大主导产业，绿色食品、生物和新医药、新能源、节能环保、锂电与电动车5个战略性新兴产业方向"的工业布局。

（二）于都县促进工业振兴的政策及其成效

1. 促进工业振兴的主要政策举措

第一，构建了工业发展的政策支持体系。自赣州市委、市政府"主攻工业，三年翻番"部署以来，于都县完善了各项推进机制，先后出台了《于都县三年主攻工业推进计划（2016~2018年）》《于都县关于精准帮扶企业若干政策措施的实施意见（2016~2018年）》《2016年于都县主攻工业工作要点》《2016 年主攻工业考核细则》《于都县 2016 年主攻工业攻坚战工作方案》等文件，同时整理汇编了《于都县主攻工业攻坚战推进机制》和《于都县主攻工业攻坚战政策汇编》。针对产业集群、特色产业和战略性新兴产业制定不同的政策，提高分类指导的效率，促使产业发展方向明确、推动有力。其中，产业集群的关键在全产业链及配套，既保质，更要增量；主导产业的关键在重大项目引进及建设，要突出质；战略性新兴产业的关键在合理布局和导向，与现在基础相适应；同时，适度发展与产业相适应的服务业。系列政策的陆续出台，使于都县进一步明确了"重点发展服装服饰产业集群，优先发展矿业、机械电子、食品医药三大主导产业，大力培育绿色食品、生物和新医药、新能源、节能环保、锂电与电动汽车五个战略性新兴产业"的目标定位，做到了重点突出、协调推进、精准施策。

为充分发挥政策导向作用，集中工业优势资源，促进优势产业集约发展，于都县制定了差别化的财政奖扶政策，对新引进的矿产品精深加工、现代轻纺、电子信息、机械制造产业及配套等传统产业改造升级项目和引进绿色食品、生物和新医药、新能源、节能环保、锂电与电动汽车等战略性新兴产业项目以及引进的总部经济项目实行差别化扶持。每年由县财政安排 2000 万元资金设立工业发展专项基金，重点用于主导产业公共服务平台建设、战略性新兴产业项目和传统产业转型升级项目贷款贴息。同时，制定了《于都县推进商标品牌战略规划（2012~2015）》，建立以品牌商标为主导的经济增长和品牌经济模式，为此，提高了品牌创建的财政奖励标准，对当年获得中国驰名商标、省著名商标和市知名商标的企业，分别一次性给予 2 万元、10 万元、20 万元奖励；对当年新达到规模以上企业标准的，奖励 3 万元；对购买设备总额超过 100 万元、300 万元的服装企业，分别给予设备额的 1%、2% 作为奖励。此外，于都县还对重点服装企业参加全国服装服饰博览会、展销会和在省级以上媒体进行广告宣传的行为，分别给予每户每年最高 3 万元、5 万元的补贴。对外贸出口型企业依据出口创汇额给予专项资金补贴，进一步强化了工业发展导向。

第二，推动企业转型升级，扶持企业做大做强，不断提升企业家地位。

一是出台《于都县 2012 年整治违法排污企业保障群众健康环保专项行动实施方案》《于都县"小散乱污"企业整治专项行动方案》，对县域内"小散乱污"企业按照关停取缔、停产整改、限期搬迁的类别，逐一确定"一厂一策"整治措施，深入整治重点行业特别是重金属排放企业环境污染问题，严厉查处违法建设、违法排污、违法倾倒危险废物等环境违法行为，加大产业结构调整力度，加速推进经济发展方式转变。二是于都县立足矿业、机械电子、轻纺食品和战略性新兴产业基础，对列入上市规划的企业，切实加强协调服务，创优企业融资与资本市场发展环境，切实加大企业上市的政策扶持力度，鼓励和引导更多企业利用资本市场直接融资做大做强，实现发展规模、发展层次和发展水平的新跨越，出台《于都县扶持企业上市实施办法》《于都县扶持企业上市专项引导资金管理办法（试行）》，设立企业上市扶持专项引导资金 300 万元，引导和鼓励更多企业通过上市发行股票募集发展资金，扩大企业规模，完善公司治理，建立现代企业制度，增强企业内生动力和可持续发展能力。三是为更好地激发企业的积极性和创造性，鼓励企业加强管理，增加投入，提高企业对县域经济社会发展的贡献率，出台《于都县工信局质量兴县工作实施方案》《企业上台阶奖、优秀企业家奖和企业入规奖评选奖励办法（2013 年）》《于都县优秀企业和优秀企业经营者评选办法》，开展年度"优秀企业""优秀企业经营者"评选表彰活动，对在上缴税金、技改项目投入、新产品开发、品牌创建等方面做出贡献的企业家进行物质奖励；组织评选"于都经济人物""于都创业先锋"和创新创业（招商引资）特别贡献奖。

第三，推动传统矿产业转型升级，强化矿产品精深加工。为进一步规范炭质页岩开采秩序，有效保护矿产资源，先后出台了《于都县 2012 ~ 2015 年金属非金属矿山整顿关闭工作实施方案》《关于进一步严格炭质页岩开发利用管理工作意见》《于都县铜铝有色金属产业发展目标及方案》《于都县绿色矿山建设工作方案》，关闭金属非金属小型矿山，加快绿色矿山建设进程，引领和带动传统矿业转型升级。针对有色金属产业发展，精心谋划，重点抓好"三个一"工作，即打造一个工业小区，重点打造罗坳工业小区，重点引进有色金属冶炼和有色金属新型材料加工项目；打造一个龙头企业——润鹏矿业。引进一批金属产业，积极引进和发展铅锌产品精深加工项目和铅锌产品加工企业。加强与国内外有实力、有技术的企业、集团合作，积极引进外来资金、技术，更新工艺流程，扩大生产规模和产品加工水平，提高企业市场竞争能力。立足赣州核心区的产业配套基地，积极参与区域分工，发展壮大钨、铅锌银等资源型产业，积极培育壮大钨硬质合金、铅锌板材、新能源汽车和动力电池、铜铝有色金属循环经济等新兴产业，利用现代生产技术和管理技术改造提升传统优势产业。

第四，出台系列支持政策，打造首位产业。经过多年发展，于都县服装服饰产业发展思路愈显清晰，即以服装服饰产业基地建设为目标，以招大引强、重点扶持、品牌培育为重点，发挥龙头企业引领作用，提升于都服装服饰产业区域品牌影响力，把于都县打造成"中国纺织服装时尚名城"。为此，专门出台了《于都县扶持纺织服装产业集群发展若干政策（2017～2020年）》《于都县服装产业发展规划（2015～2020年）》《于都县扶持纺织服装产业集群发展若干政策（2018～2020年）》等相关文件，对新签约固定资产投资总额1亿元或1500万美元以上的纺织服装产业项目、总部经济项目、行业龙头企业项目等，实行"一事一议""一企一策"；鼓励企业争取"强"位，对县内首次入选国内行业百强、全国500强的企业，分别给予一次性500万元、300万元的奖励。对获得国际一、二线名牌服装生产授权书并有海关备案的企业，给予一次性奖励150万元。出台《于都县出口服装质量安全示范区建设工作方案》，启动出口服装质量安全示范区建设工作，推动服装产业结构调整和转型升级，构建具有产业优势、集聚效应和辐射带动作用的出口服装质量安全示范区。为转变服装行业的生产方式，在工业发展专项资金中每年安排1000万元，用来引导企业大力应用新科技，改良服装生产链，支持服装企业购置先进设备、实施"机器代人"示范、智能化改造等，对设备购置金额达100万元的企业给予一定补助，对单台价值在200万元及以上的"机器换人"设备，再加1个百分点的奖励。

2. 政策落实情况

主攻工业攻坚战实施以来，于都按照"立足基础、发挥优势、融入周边、凸显特色"的原则，以产业培育、企业帮扶、平台打造和项目建设为主抓手，做好工业产业"建链、补链、强链"文章，把传统产业改造升级和战略性新兴产业培育引进相结合，重点培育壮大服装服饰产业集群，矿业、机械电子、食品医药三个主导产业，绿色食品、生物和新医药、新能源、节能环保、锂电与电动车五个战略性新兴产业。

第一，抓重大项目。大力实施项目带动战略，一切工作围绕项目建设开展，一切力量向项目建设集中。一是谋划项目。策划包装一批工业项目，对有发展前景的重大工业项目提前做好项目的规划、可研、立项、环评、用地等前期工作，包装一批、储备一批、推介一批。二是抓项目落地。为了确保重点工程建设项目的顺利实施，于都县将重点建设项目责任进行分解，每个重点项目都明确了责任领导、责任单位和具体责任人，实行"定项目、定任务、定进度、定措施"的项目建设"四定"责任制，完善了"六个一"工作推进机制，即"一个工作班子、一个工作计划、一批调度项目、一套支持政策、一套考核办法、一个调度机制"。建立完善了生产要素整合重点倾斜支持机制、开辟前置性审批、环评、用地、规划等绿色审批通道。仅在 2017 年，于都就成立 10 个产业专项工作推进小组，并由县领导挂帅，研究和制定产业发展规划、政策，给企业最大的实惠、最优的环境、最好的服务，帮助企业实现利益最大化。同时，建立招商引资项目台账，加大督查调度力度，确保项目从引进到落地都有人协调服务、跟踪落实。

第二，大力促进工业企业转型升级。

（1）实施绿色制造工程。一是对县域内"小散乱污"企业进行整治，淘汰落后产能，鼓励技改。引导鼓励现有企业加大技改力度，新上技改项目，向上争取项目资金，加大扶持力度。充分发挥资源优势，大力发展钨、金银铅锌、萤石、稀土深加工及其应用产品，提高产品附加值，延长产业链，扩大产业规模和增加综合竞争力，使资源优势真正转化为产业优势，把于都县建成国内重要的钨深加工基地。抓住时机，引进金银铅锌深加工项目。积极推动予捷矿业、盘古山钨矿、铁山垅钨矿开展钨精深加工项目，加大高附加值钨产品项目研发、生产的投入。二是紧盯赣州新能源汽车整车生产项目，充分发挥于都产业基础优势、交通区位优势，在引进和落地汽车零部件项目上做足功课。大力扶持汽车生零部件生产企业，加快技术改造步伐，提高高档数控机床和机器人的应用水平，促使于都县在赣州新能源汽车领域中占据一席之地。三是以国家卫计委、粮食局对口支援为契机，加快医药健康产业发展，建设医药健康产业园，以油茶、脐橙、茶叶种植加工等为重点，大力培育食品产业。以绿中源、天琢药业、港嘉兴等企业为代表，加快医药健康产业发展。

（2）抓好"个转企、企上规、规上市"工作。一是推动经营规模较大、从业人数较多、行业特色显著的个体工商户转型升级为企业，做大做强，规范发展。二是建立拟入规企业培育库，及时部署做好企业"入规"工作，全面实施"企业成长工程"，对成长较好的小型工业企业，积极帮助企业解决生产过程的困难和问题，促其尽快成长、尽快入规。为促进中小微企业发展壮大，鼓励大集团企业带动中小微企业，建立生产经营协作关系，突出协作配套，为小企业服务，促进小微企业上规模上总量，上档次，共同发展。三是加大扶持一批行业领军或龙头企业。坚持"扶优、扶大、扶强"的原则，通过兼并重组、扩大规模、上市融资、向产业高端产品推进和向上下游产品延伸等方式加快培育一批行业领军或领头企业。重点培育赢家时装、金王子服饰、格特拉克、天键电声、奥科特照明、以泰电子、润鹏矿业、万年青水泥、港嘉兴食品等现有产业龙头企业，在招商引资中重点招引其上下游配套企业，将各产业龙头企业打造成有核心竞争力、产业带动力的行业领军企业。

（3）引导企业创新升级，进一步提高企业质量基础设施建设。支持企业技术中心建设，鼓励企业实施技术创新和技术改造，不断延伸产业链条、创新管理方式，筹建科技创新创业服务中心，积极创建省级电子产品检测中心、省级纺织服饰检测中心、省级重点实验室等，力争省级技术（研发）中心实现零的突破。设立了工业发展引导基金和工业发展专项资金及科技人才贡献奖，支持传统产业转型升级改造，扶持企业科技成果转化等项目建设，激励中小企业改进生产工艺和产品结构，创建自主品牌，提升企业综合竞争能力。完善技术创新机制，支持企业与大专院校、科研单位"联姻"，采取技术入股、技术转让、联合开发、建立试验基地等方式，建立紧密的技术协作联系，提升企业创新能力。以企业为主体，市场为导向，加强产学研联合，建立健全和完善技术创新体系。2017年，赢家时装（赣州）有限公司的"高端女装智能制造工程技术研究中心"和于都海瑞密封防腐科技有限公司的"赣州市密封防腐工程技术研究中心"获赣州市科技局批准，同意组建市级工程技术研究中心。最后，加大品牌工作创建力度。加快工业企业诚信体系建设步伐。结合省级"三品"示范城市创建，全力培植具有发展潜力大、品牌意识强的企业走品牌化发展道路。

第三，积极打造良好的营商环境。

（1）加快推进行政审批制度改革，建立审批一站式机制，优化政务环境。涉及企业审批的有关事项集中在行政服务中心（企业服务中心）审批，实行"开放式办公、一个窗口受理、一条龙服务、一站式办结、一次性收费"的一站式审批。设立了于都县行政服务中心企业服务大厅，以"部门领办、干部代办"方式为重大投资项目、招商引资项目及入园企业提供全程服务。

（2）改良招商手法。印发《于都县2018年招商引资安商服务工作方案》，在招商工作中"走出去、请进来"。一是完善招商机制。完善以"政府为主导、产业为主线、专业队伍为骨干、小分队出击为主要形式"的招商体系，落实一把手招商责任制，探索了"飞地"园区建设，严格招商奖惩，研究出台了乡镇引进项目落户园区利益分成机制。二是高位推动产业招商。优选招商项目，着力引进和壮大"龙头型""基地型""旗舰型"企业。重点突出产业招商、资源招商、园区招商、以商招产业链招商和区域招商，实现工业项目引进"四个一批"（即苏区振兴、"十三五"规划对接一批，产业转移承接一批，企业技改新上一批，园区建设配套一批）。为此，组建了39支招商队，由县四套班子领导分别带队，赴长三角、珠三角、闽西等地招商推介、上门招商。为突出实效，于都专门制定了专项督查考核制度，实行"半月一调度、一月一排位、百日一总结",让领导干部到招商一线"赛马",确保出有目标、回有成果。仅 2018 年,于都全县外出招商就达到 149 批次。着重围绕纺织服装、灯饰照明、矿产品深度开发等产业,举办了大型招商推介会,瞄准全国 500 强、国企、外企等知名企业、高新技术产业,有针对性地开展招商。三是建立政府协调引导、企业主动出击、全民广泛参与的投资促进机制,利用好驻外办、商会、协会等组织的桥梁作用,形成大招商、招大商的格局。策应"赣商回归"工程,深入推进返乡创业工程。积极推行"互联网+大数据""互联网+商务"的招商模式,打造特色返乡创业平台,加强创业服务,开发建设了返乡创业园、返乡创业服装产业园、返乡创业电子商务孵化园、返乡创业一条街、返乡创业培训基地、返乡创业一站式服务窗口、返乡创业公寓等特色返乡创业平台。2017 年共签约项目 86 个,投资总额达 149.93 亿元,其中首位纺织服装产业项目 55 个,总部经济项目 21 个。于都县 2018 年主攻工业 37 个重点项目中,首位产业项目共 29 个,总投资 181.7 亿元,占总投资比重 87.31%。

(3) 全力营造重商、亲商、爱商、安商、富商的良好环境与氛围。出台了《关于进一步优化经济发展环境、支持企业发展的若干意见》《于都县关于精准帮扶企业若干政策措施的意见 (2016~2018 年)》《关于印发 2018 年于都县主攻工业工作要点的通知》《关于做好 2018 年招商引资项目安商服务工作的通知》等文件,把商人当客人、把业主当家人、把老板当贵宾,建立了服务一体化机制。除一站式审批外的其他所有服务集中到一个平台解决,建立"五个一"机制,即"一个平台(企业精准帮扶平台)、一个机构(县主攻工业攻坚战领导小组)、一个流程(企业服务一体化流程)、一个会议(精准帮扶企业联席会议)、一批人员(每户企业一名专职帮扶人员)",确保重点项目和企业帮扶机制顺畅。在此基础上,2018 年又建立了"一个企业、一个挂点县领导、一个帮扶部门、一名专职副科级领导、一个帮扶方案"的"五个一"帮扶机制,每个企业明确一名副科级领导为"店小二",实施"一对一""保姆式"服务,实现了县领导、单位和规模以上企业双向全覆盖,全体县领导挂点帮扶 190 户企业。建立了热线受理机制,开通了热线电话,受理企业投诉和意见建议。建立了"于都县工业"微信公众号和精准帮扶企业"店小二"服务微信群，加强信息传递和反馈。于都县对企业的帮扶主要体现在以下 5 个方面。

1）畅通沟通渠道。除了建立一体化的服务机制外，于都县还成立了企业家联合会，提升企业组织化程度，畅通政府与企业的沟通渠道。2012 年 5 月开始，于都县企联开通了于都企联网，在信息传递、合法经营、沟通了解等方面起到了积极作用。企业家联合会积极作为，紧紧围绕全面加快推进于都振兴发展，实施主攻"三区"建设、推进"四化"发展战略，牢牢把握企联工作的宗旨，完善内部机构，为企业服务，撰写了《关于我县学习宣传、贯彻落实〈江西省企业权益保护条例〉情况的调研报告》，积极反映企业呼声，摆出问题，提出对策，为企业排忧解难。

2）开展金融帮扶。为破解企业融资难题，灵活运用再贷款、再贴现和差别存款准备金率动态调整等货币政策工具，于都县实施帮扶企业金融扶持工程，陆续出台了《于都县中小微企业贷款贴息资金管理办法》《于都县鼓励银行业金融机构支持县域经济发展奖励方案》《于都县 2015 年鼓励银行业金融机构支持县域经济发展考核方案》《于都县金融支持于都籍企业家及农民工返乡创业实施方案》《于都县"财园信贷通"贷后管理办法》等文件，鼓励驻县各银行业金融机构加大对地方经济发展的信贷资金投入，扩大信贷总量，保障全县工业等行业资金需要。通过"财园信贷通""创业信贷通""财政惠农信贷通""小微信贷通""油茶贷""光伏贷""助农保""产业扶贫信贷通""电商信贷通"等融资模式，加大了企业金融扶持力度，同时建立银行抽贷定期报告制度、问题企业贷款协调处置制度、金融诉讼案件快速处置机制等四项机制，充分保障了企业融资合法权益。

3）大力推进标准厂房建设，积极破解项目供地不足的难题。大力推进工业新区建设，不断提高工业承载能力和产业集聚水平。按照"企业集中布局、产业集群发展、资源集约利用、功能集合构建"的思路，重点推进龚杏产业城、灯饰产业园、返乡创业园、服装服饰产业综合体、牛仔产业园、时尚女装产业园等项目建设。为实现"招引"与"落地"的同频共振，于都县启动了百万平方米标准厂房建设，为企业入驻标准厂房提供了一系列优惠政策，使标准厂房成为推进主攻工业的"加速器"。在建设标准上，分为普通标准厂房和为对厂房有特殊要求的企业定制的标准厂房。在功能设置上，建设了支持"大众创业、万众创新""于商回归"工程的返乡创业园和纺织服装产业孵化园，同时把纺织服装和电子企业相对集中在一起，实现延链、补链、强链"集群式"发展的目的。2018年基本建成102万平方米装配式钢结构标准厂房，一批纺织服装企业实现"拎包入驻"。

4）加快电力建设，切实提高能源保障能力。2013年，项目总投资150亿元中国电力投资集团公司火力发电项目落户于都县。项目建成并网发电后将形成总装机容量4×1000兆瓦的火力发电厂，预计年发电量可达到200亿千瓦时。项目的建设对于缓解全省用电紧张局面，切实提高赣南苏区的能源保障能力，保障项目区周边群众用电具有积极意义。

5）多举措解企业招工难题。于都县加强企业与院校的对接服务，与高校联合设立实训生产中心、合作共建实训车间，帮助企业解决技术难题、培养技术人才。丰富了县职业中专相关专业，加大人才培训与引进力度，进一步完善招工服务体系。针对于都县部分企业用工紧缺、招工难等问题，于都县工信局联合各乡镇政府、用工企业等部门单位，通过举办专场招聘会、深入村镇走访和村镇干部推荐等方式为企业招聘员工。搭建劳务平台，开通劳务供需对接快捷通道。运用手机短信、电视台、广告公司、招聘网站、微信等现代媒体渠道，广泛进行宣传动员，及时发布企业招工信息，让务工人员第一时间了解企业用工情况。充分利用节假日等，积极引导企业、务工人员参加全县的大型企业招聘会，动员各乡（镇）组织有就业意向的劳动力到公司参观、应聘。同时引导企业适当提高工资待遇，创造舒适的上班环境，让广大员工有"家"的感觉，安心在企业上班，在家乡就业。以产城整合理念加快工业园教育、医疗等生活配套建设，使员工能安心、舒心在园区生活。

第四，大力发展首位产业。着力将于都县服装服饰产业打造成为省级示范产业集群和国家级产业基地，使于都成为全国知名时尚女装制造基地。依托现有产业基础和丰富的服装人力资源，因地制宜，因势利导，将纺织服装定位为"主攻工业、三年翻番"的首位产业，集中资源大力扶持。紧紧围绕"三个一"：建好一个 300 万平方米标准厂房的纺织服装产业城，让企业"拎机入驻"；高标准建设好一个纺织服装产业综合体，为纺织服装企业提供集市场、展示展览、电商与金融等功能于一体的综合服务大平台；建好一套集通关、检验检疫和质量检测等功能完善的优质服务体系，从而形成了配套齐全的服装产业链公共服务平台，完善了质检、培育、面辅料、机械、印刷包装等上下游配套产业，进一步完善服装服饰产业链。

大力发展传统纺织服装服饰产业，推动产业转型升级。一是成立于都县服装服饰行业协会，强化于都服装的影响力。协会的成立将充分发挥自身组织的桥梁作用，增进企业、院校以及政府间的联系，加强与县外知名服装服饰企业的联系，满足企业的诉求，促进企业在技术、质量、标准、品牌等方面的不断提高和商贸流通、信用建设、统计信息、专业市场等工作的进一步深化。二是积极对接市场需求，制定服装针织企业标准体系，对原材料入厂、产品出厂、售后服务，以及质量管理的全过程进行了标准化规范。三是主动承接沿海纺织服装产业转移，实施智能制造工程。先后引进赢家服饰、鼎晟服饰、东来服饰等品牌企业，引领服装服饰产业不断向高端延伸，推进轻纺服装业规模化、品牌化、集约化发展。2018 年，于都县被中国纺织工业联合会认定为"全国纺织产业转移示范园区"。

作为于都县的工业首位产业，必须倾斜资源力量、发挥一切优势，做大做强、唱响品牌。为了充分发挥"服装十条"政策优势，招引更多服装企业和总部经济在于都投资，2018 年 12 月，于都县兑现服装十条智能制造资金 309.11 万元，惠及 15 家企业和组织。这是该县为扶持服装首位产业的发展，首次在服装智能制造领域对县域内服装企业智能设备进行奖励，奖励范围包括企业年度新购和通过融资租赁模式购入的生产性智能设备，补贴标准为对购买新智能设备，设备购置价在 4000 万元以内的，按购置价格 20% 并按不高于 500 万元补贴，购置价在 4000 万元以上的，按购置价格 20% 给予不封顶补贴；对融资租赁设备，第一年按融资租赁费用的 100%，第二、第三年按融资费用的 50% 补贴。

3. 主要成效

于都县规模以上工业发展情况具体如表1-4所示。

表1-4　于都县规模以上工业发展情况

年份	企业数量（家）	总产值（万元）	工业增加值（万元）	主营业务收入（万元）	工业产品销售率（%）
2012	63	—	475500	—	—
2013	66	—	521000	2000000	—
2014	65	—	632000	2255933	—
2015	75	2316900	625713	2299626	—
2016	83	2537700	642000	2536000	—
2017	111	1020100	883100	2881500	—
2018	112	—	—	1281800	—

注：①"—"表示不详；②关于2018年的数据，只截至9月。

资料来源：作者根据于都县历年发布的政府工作报告、国民经济和社会发展统计公报、县工信局公布的相关数据收集整理。

第一，于都工业获得了长足发展。其中，2012年，于都县第二产业621703万元，其中工业554629万元，规模以上工业增加值达47.55亿元，增长13.3%。新增规模以上工业企业9家，新增税收超百万元企业5家、超千万元企业2家。矿业、机械电子业、轻纺食品业分别完成主营业务收入33.9亿元、57.7亿元和57.6亿元。

2013年，规模以上工业完成工业增加值52.1亿元，同比增长15.5%，实现主营业务收入200亿元，同比增长21%，利税总额20亿元，同比增长19%；特别是上缴税金首次突破3亿元大关，同比增长40%。工业企业外贸出口实现大幅增长，19家外贸出口企业累计实现出口额7657.8万美元，同比增长37.26%，完成全年目标的102.2%，提前2个月完成全年目标，矿产业领跑于都县税收增长，上缴税收总额16982万元，同比增长45.2%，居该县全行业增速之首；制造业上缴税收15173万元，同比增长37.7%。全县新增规模以上企业3家，规模以上工业企业总户数达66家。

2014 年，于都县规模以上工业新增鑫辰矿业、合璐盛针织、万年青商砼、湛卢锰业、鑫华服装织造、大信电线电缆、华鑫针织、海升伟通制衣、赢家服饰 9 家企业，企业总户数 65 家。主营业务收入 2255933 万元，工业增加值 632000 万元。

2015 年，于都县规模以上工业企业完成工业总产值 231.69 亿元，同比增长 4.0%；规模以上工业增加值 62.57 亿元，增长 10.8%，比市增幅高 1.6 个百分点。重工业实现工业总产值 125.93 亿元，占比为 54.4%；轻工业实现工业总产值 105.76 亿元，占比为 45.6%。新增规模以上工业企业 13 户，总数达 75 家。工业用电量达 5.19 亿千瓦时，增长 14.5%；综合能源消费量 284882 吨标准煤，同比增长 59.2%；规模以上工业企业万元产值单耗为 0.1229 吨标准煤/万元，同比增长 71.4%。大力推进服装服饰产业集群发展，服装服饰企业发展到 474 家，实现产值 199.6 亿元，增长 25%。

2016 年，于都县规模以上工业企业完成工业总产值 253.77 亿元，同比增长 11.4%；全部工业增加值完成 77.56 亿元，规模以上工业增加值 64.2 亿元，同比增长 9.2%。综合能源消费量 283589 吨标准煤，同比增长 2.8%；规模以上工业企业万元产值单耗为 0.1118 吨标准煤/万元，同比增长 -9.1%。

2017 年 11 月，县工信局对于都县机械电子业情况进行了全面摸底，全县现有规模以上机械电子企业 16 家。2017 年 1~8 月规模以上机械电子企业实现工业总产值 53 亿元，同比增长 17.28%，实现主营业务收入 52.9 亿元，同比增长 18.30%。

2017 年，于都县经济总量站上新的台阶，地区生产总值突破 200 亿元，达到 211.15 亿元，按可比价格计算，比 2016 年增长 9.7%，较 2016 年同期提高 0.2 个百分点，高于年度目标 0.4 个百分点。总量列全市第 3 位，增速列全市第 5 位，增速较 2016 年同期前移 1 位。增速分别高于全省、全市 0.8、0.2 个百分点。

（1）从结构上看，第一、第二、第三产业增加值分别增长 4.6%、8.5%、13.2%，三产结构比由 2016 年同期的 14.5∶48.1∶37.4 调整为 13.3∶48.3∶38.4，第三产业比重同比提升 1 个百分点，经济结构趋于优化。

（2）从产业对 GDP 的贡献率看，第一产业对 GDP 的贡献率为 6.3%，拉动 GDP 增长 0.6 个百分点；第二产业对 GDP 的贡献率为 43.6%，拉动 GDP 增长 4.2 个百分点；第三产业对 GDP 的贡献率高达 50.1%，拉动 GDP 增长 4.9 个百分点，拉动经济增长主动力将继续向第三产业转换。

（3）工业支撑作用明显减弱。2017 年，于都县工业增值税可持续性不强、工业用电量增长持续低迷，受评估指标增速在全市排位靠后的影响，工业下行压力较大，支撑 GDP 增长动力不足。2017 年，规模以上工业增加值增速由 2016 年的 9.2% 回落至 8.8%。全县规模以上工业企业主营业务收入完成 288.15 亿元，同比增长 12.2%，呈平稳增长态势；工业实现增加值 88.31 亿元，同比增长 8.6%，比 2016 年回落 0.1 个百分点，对 GDP 的贡献率由 2016 年的 40.1% 回落至 38.7%，说明工业对经济拉动作用明显减弱。

（4）从经济类型看，非公企业占主导。国有企业实现主营业务收入 1.56 亿元，同比增长 413.1%；集体企业实现主营业务收入 3.86 亿元，同比下降 41.9%。在非公企业中，股份制企业实现主营业务收入 66.00 亿元，同比增长 51.3%；私营企业实现主营业务收入 135.97 亿元，同比增长 4.9%；外商及港澳台商投资实现主营业务收入 80.76 亿元，同比增长 5.4%。

（5）从企业规模看，中、小微型企业是拉动收入增长的主力。2017 年中型企业实现主营业务收入 126.48 亿元，同比增长 18.7%；小微企业实现主营业务收入 149.80 亿元，同比增长 6.8%，中、小微型企业占规模以上主营业务收入的 95.9%。

（6）从轻重工业看，轻工业增速快于重工业。2017 年轻工业实现主营业务收入 159.27 亿元，同比增长 21.9%；重工业实现主营业务收入 128.88 亿元，同比增长 2.1%。

2017 年于都县工业园区增加值同比增长 8.5%，比 2016 年提升 2.7 个百分点；实现主营业务收入 236.66 亿元，同比增长 10.4%，比 2016 年提升 4.5 个百分点；实现利润总额 18.05 亿，同比增长 13.8%，比 2016 年提升 3.5 个百分点。聚集了一批全国有影响力的纺织服装品牌企业落户，代表性企业有赢家服饰、鼎晟服饰（欧时力）、东来服饰（哥弟）等高端女装品牌企业，这些龙头企业的入驻，为于都县纺织服装产业树立了"标杆"，也极大地推动了该县纺织服装产业的发展。

2018 年 1~9 月，全县 112 家规模以上工业企业主营业务收入、利润总额分别达 128.18 亿元、9.51 亿元，分别增长 21.6%、41.8%，增速较 2017 年上半年分别提高 2.8 个、下降 23.1 个百分点；亏损企业 1 家、亏损企业亏损总额 0.05 亿元，较 2017 家上半年分别减少 1 家、0.05 亿元；规模以上工业企业百元主营业务收入中的成本 89.66 元，同比下降 2.2%，较 2017 年上半年下降 0.1 个百分点。

第二，工业园区成为于都工业发展的主要平台。2013 年，工业园区通过加快征地拆迁力度，推进园区规模扩张，加强入园项目建设管理，提升园区发展质量，工业经济实现平稳较快发展。全年园区企业固定资产投资达 11.8 亿元，占计划的 108%，同比增长 11.8%，规模以上投产企业达到 50 家，比 2012 年增加 4 家，全年主营业务收入达 180 亿元，占计划的 100%，同比增长 28.5%，工业增加值达 42 亿元，占计划的 105%，同比增长 5%，实现税收 7.2 亿元，占计划的 108%，同比增长 26.5%。出口创汇达 43.5 亿元，占计划的 110%，同比增长 10%。

于都县工业园区扩区调区 2013 年率先获得批复，面积从 5.3 平方千米扩展到 10.4 平方千米，园区建设不断提速增效。一是标准厂房建设提速。围绕确保全年新建成标准厂房面积 100 万平方米，企业入驻率达 30% 以上目标，县委、县政府进一步加大了调度力度，在资金、政策、力量等方面给予全方位支持。二是产城融合发展提速。推动园区与城区融合发展，建设一批交通、教育、医疗、购物、文体等配套设施，工业新区农贸市场即将投入使用，新增了上欧工业小区公交线路，形成了"一园三区"工业发展布局，成为省级服装服饰产业基地、省级新型电子产业基地、省级新能源汽车及动力电池配套产业基地、省级民营科技园，形成了以服装服饰为首位产业的产业集群。2017 年，于都工业园区被省工信委认定为省级重点工业产业集群园区，服装服饰产业集群成为省级重点工业产业集群。2016 年全县纺织服装产业实现产值达 199.58 亿，主营业务收入 260 亿元，利税总额达 12.5 亿元，出口创汇

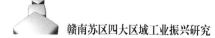

5000万美元。全县有纺织服装行业从业人员5万余人，其中工业园区纺织服装企业从业人员3万余人，占园区总务工人员的40%以上。全县共有各类纺织服装企业（含作坊）近2000家（户），其中工业园区纺织服装规模以上企业44家，占全县规模以上企业数的46.8%。2017年全县纺织服装规模以上企业53家，占全县规模以上企业数的52.48%；全县纺织服装产业实现主营业务收入超300亿元，首位产业集群效应日益凸显。

四、宁都工业振兴分析

（一）宁都工业布局的优化

1. 工业振兴的基础条件

宁都县位于江西省东南部、赣州市北部，地处贡江上游，东、西、北三面环山，自北向南倾斜。东与石城、广昌为邻，南与瑞金、于都接壤，西连兴国、永丰县，北毗乐安、宜黄、南丰县。全县总面积4049平方千米，为江西第三，占江西省面积的2.43%，赣州市第一，占赣州市面积的10.3%。

宁都县位于沿海的腹地、内陆的前沿，距省会南昌324千米，距赣州市区162千米。北与长江三角洲相望，南与珠江三角洲紧邻，东与闽东南三角洲对接。距上海、广州、深圳、厦门等城市均为大约4小时车程。在现代交通布局中，宁都日益成为苏、浙、赣三省通往闽粤的重要通道和赣东南重要交通枢纽（见图1-3）。济广、泉南、昌宁、宁定、广吉、兴赣高速在宁都交会成纵横东西南北的高速公路网；京九铁路赣龙铁路傍境而过，兴泉铁路宁都段已开工建设，南丰至宁都至瑞金城际铁路、宁都通用机场已列入"十三五"规划；分别距离170千米的赣州黄金机场和井冈山机场为宁都插上迈向世界的翅膀。

宁都资源禀赋丰富。全县总人口85万，常年在外务工人员约25万人，其中轻纺服装产业工人近10万人。全县森林覆盖率71.3%，活立木蓄积量784.8万立方米，林地450余万亩，居全省第二。自然资源丰富，有植物、动物、矿物、太阳能、地热等主要自然资源。县内已发现的矿物资源有钨、煤、石灰石、硫铁矿、萤石矿、高岭土、云母、稀土、钴土、铀、锰、绿柱石、重晶石、铅、锌、钛、磷、铜、钾长石、钼、锡 21 种，其中硫铁矿储量与开采价值居华东地区之首，锂辉矿为全国三大采矿点之一，铀矿储量大，稀土资源非常丰富。宁都是赣南粮仓，现有耕地 76 万亩，年产粮食 8 亿斤以上，占赣南总产量的 1/5，自古就有"纵使三年两不收，仍有米谷下赣州"的说法，是国家首批商品粮基地县，形成了水稻、黄鸡、果业、蘑菇、油茶等农业主导产业和茶叶、烟叶、席草、白莲、花卉、苗木等区域特色产业。

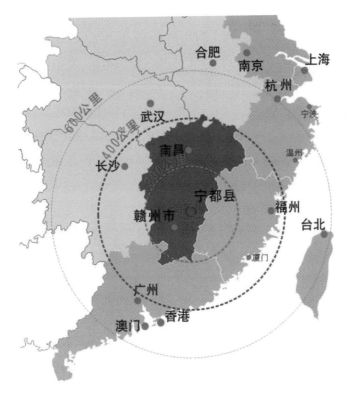

图 1-3 宁都县的区位

资料来源：宁都县政府官网。

宁都工业园成立于 2001 年 7 月，是全省首批工业园之一，2006 年经省政府批准成为省级开发区，先后开发建设水东工业园区和新中胜产业基地。2010 年，在不断完善工业园北区的基础上，新中胜产业基地被批准为省级产业基地并启动高标准建设，已完成征地 3793 亩，突破建园 10 年已征地面积总和；完成基础设施投入近 3 亿元，创历史新高。园区承载能力的增强带动了项目引入，项目建设取得突破，拼牌（中国）、顺德产业园、温州产业园等大项目相继签订入园，园区招商签约资金超过 130 亿元；艾炜特电子、三进漆包线、永通科技、宝华山水泥等超亿元重大项目全面或部分建成投产；首批进驻基地的凯尔农机、恒森投资、欧克迩体育用品等项目全部开工建设。园区 2010 年新增投产企业达 13 家，完成主营业务收入 29.36 亿元，同比增长 71%，实现工业增加值 7.6 亿元，同比增长 39%。园区建设成效和产业集聚效应逐步显现，实现工业增加值 22.4 亿元，同比增长 20%，占 GDP 比重达 30.7%，比上年提高 6.8 个百分点，其中规模以上工业增加值实现 8.8 亿元，同比增长 29.9%，对 GDP 增长的贡献率达到 26.15%。工业园区开发面积达到 6000 亩，是"十五"计划期末的 3.75 倍，"一园两区"格局基本形成。2016 年 6 月，经江西省政府批准，宁都工业园区完成扩区调区 490.33 公顷，面积增加了 2.6 倍，总规划面积近 2 万亩。

2. 工业布局的演变

宁都经济一向以农业为主，有"赣南粮仓"之称，年产粮食 30 万吨以上，2004 年被评为全省粮食生产大县。21 世纪初，宁都依托工业园区大力发展工业，积极承接长珠闽和海西经济区产业转移，且成效初显。2007 年，宁都规模以上工业完成总产值 106727 万元，同比增长 77.12%；出口交货值 17151 万元，同比增长 104.13%；实现增加值 30180 万元，同比增长（可比价）53.47%，完成销售收入 104950 万元，同比增长 75.29%；实现利润 1545 万元，同比增长 198%，上缴税金 3733 万元，同比增长 56%。2009 年 12 月，赣州市龙树实业有限公司落户宁都工业园，投资人为"全国钢木行业二十强"之一的广州市龙树门业有限公司，总投资 2.2 亿元人民币，购地 200 亩，投资项目为利用县内丰富的林木资源和充足的植物秸秆、甘蔗渣、树枝作原料生产高密度板。产品广泛应用在家具、建筑装修、交通、家电、地板等建材领域。该公司是当时宁都工业园区建设规模最大的企业。

2010 年，宁都县围绕矿产品深加工、电子信息、食品加工、轻纺服装四大主导产业，文化创意、门业、物流三大特色产业，加大招商引资力度，全年共引进外资项目8个，5000万元以上内资项目10个。尤其是2011年9月落户园区的江西易富科技有限公司，5条年产30万套西服的国际先进科技水平的生产流水线建成投产，年产男士西服300万套、休闲装200万件、衬衫500万件，员工从刚建厂时的400人增长到1700人，年主营业务收入突破4亿元，纳税2000万元，成为宁都工业园首个纳税突破千万元的工业企业。2011年，全县规模以上工业增加值11.9亿元。水东工业园基础设施建设基本完成；新中胜产业基地三条主干道建成贯通，万亩工业园区框架基本成型；新规划的锂电新材料产业基地和青塘化工园区征地拆迁、场地平整工作正式启动。主要依托新中胜、锂电新材料两个省级产业基地，全力发展矿产加工、电子家电、轻纺服装、食品加工和门业、文化创意、物流"4+3"产业，致力打造5个年产值超50亿元的产业集群。其中，门业产业基地于2013年被确定为省级产业基地，其他几个主要集群的情况如下：

（1）矿产加工集群利用萤石、硫铁矿、锂辉矿、石灰石、稀土等矿产资源，依托朝盛矿业、江西西部锂业、宝华山水泥等重点企业，新建氢氟酸、锂电池材料生产、干法水泥生产等重大工业项目，打造矿产品深加工产业。

（2）电子家电集群依托艾炜特电子、三进漆包线等高科技企业，加强上下游企业配套，打造电子信息产业。

（3）食品加工集群则立足雄厚的农业基础和丰富的农产品资源优势，依托翠微实业、丰泽米业等农业龙头企业，大力引进深加工项目，打造食品加工产业。

（4）轻纺服装集群借助宁都丰富的劳动力资源，依托拼牌集团、海澜之家等全国知名服装企业，打造轻纺服装产业。该集群占地约1500亩，以易富科技、鸿业制衣、卡迪奴旅游用品等一批产业龙头企业为主，构成了以服装、鞋、帽、手套、箱包、毛绒饰品等为主导的轻纺服装产业，规模以上企业达到47家，产值占全县规模以上工业总量51.1%。

《宁都县国民经济和社会发展第十三个五年规划纲要》提出了"十三五"时期的工业布局：全力主攻工业，构筑新型工业体系。

第一,打造特色产业集群。立足资源特色和产业基础,调整优化工业产业体系,重点发展轻纺服装、矿产品精深加工2个核心产业和食品加工、门业、新能源新材料3个特色产业。大力实行企业入园化、产业基地化发展模式,推动土地集约化使用、产业链式化延伸、企业集群式组合、资源循环式利用,引导关联产业集中布局,促进产业集群发展,打造1~2个年产值过百亿元、3~4个年产值超50亿元的产业集群。立足劳动力资源优势,以水东工业园、新中胜产业基地为依托,积极承接沿海劳动密集型产业转移,以易富科技、鸿业制衣、卡迪奴包装为龙头,重点发展服装、鞋帽、箱包、皮具、玩具、塑编等生产及配套、配件加工,注重知名品牌培育和推广,力争轻纺服务业成为首个产值过百亿元的产业集群。具体而言:

一是做强矿产品精深加工业。以省级锂电新材料产业基地为主平台,以赣锋锂业建设为契机,重点推进硫铁矿、萤石、锂辉石精深加工,同步推进硫酸生产、氢氟酸、新型建材生产等其他矿产品采选加工,发展电池级碳酸锂、六氟磷酸锂等锂电基础和应用材料加工,适时发展动力及储能电池等锂电终端开发应用产业,力争把锂电新材料产业打造成赣州市继稀土、钨之后第三个在全国有重要影响力的矿产品加工业。

二是做优食品加工业。立足农副产品资源优势,依托食品产业园,推广"公司+基地"发展模式,重点发展大米、脐橙、宁都黄鸡、油茶等农特产品深加工,争取创建省级食品产业基地。

三是做响门业产业。依托省级门业产业基地,以防火门、防盗门为生产重点,大力发展高密度板材、线材、五金、塑胶等配套产业,形成全产业链,把宁都建成全国重要的门业产业基地,打造"中国门都"。

第二,改造提升传统优势产业。扶优扶强产业龙头。综合运用招大引强、兼并重组、技改创新、挂牌上市等手段,扶持和做强做大一批具有较强竞争力和影响力的产业龙头,形成5家以上主营业务收入过10亿元的龙头企业、4家以上在境内外上市及新三板挂牌企业。大力引进知名央企、民企或上市公司落户宁都,加快签约落地企业建设投产步伐,培育新生龙头企业。延伸拉长产业链条。推进稀土、钨、锂等资源型加工产业提高技术含量和加工深度,提升发展矿产品加工产业。推进轻纺服装产业在线协同设计、个性化大规模定制和电子商务等应用，加快产品和技术升级换代，提升产品附加值和品牌形象。推动门业、电子信息等制造业向研发设计、创新制造和营销环节延伸，巩固提升市场占有率。推动食品产业链条向农业延伸，提高绿色食品、有机产品、功能特色食品所占比重。开发引进建材新产品、新技术、新工艺，推广绿色建筑、绿色施工，促进建筑业转型升级。

第三，培育发展新兴产业。以国家、省、市产业规划为导向，积极发展锂电及电动汽车、新能源、新材料、新医药、新一代信息技术、先进装备制造、节能环保等战略性新兴产业，培育县域经济新的增长点。着力发展氢氟酸、碳酸锂、磷酸铁锂、六氟磷酸锂、隔膜等动力及储能锂电池基础和应用材料。大力发展光伏发电、风力发电、清洁煤电、核能发电等新能源产业。培育发展稀土永磁发光材料、半导体照明材料、钨粉及硬质合金、生物、化工等新材料产业。推动新型平板显示、集成电路、高端软件、智能电器等新兴信息产业发展。以开发高效节能技术装备及产品、废物综合利用为重点，积极发展节能环保产业。

近年来，宁都县委、县政府坚持以工业化为核心、以园区建设为主战场，大力实施"主攻项目、决战两区、壮大总量、集聚发展"战略。从空间结构看，宁都工业园分成两个片区——水东工业园区、新中胜产业基地。宁都工业园为工业主战场。其中，水东工业园区位于梅江镇水东村、庵边村境内，区内水电、公交、通信、银行、学校、医疗、商贸等服务配套设施功能较完善，主要布局有食品加工、轻纺服装、电子家电、矿产建材等产业。新中胜产业基地位于竹笮乡九塘、赤坎等村境内，于2010年5月由江西省发改委批准为省级产业基地，规划布局轻纺服装、电子家电、新能源新材料、电子商务和物流产业。

2017年赣州出台的《关于加快推进战略目标瑞兴于经济振兴试验区建设的工作方案》不仅明确将宁都、石城纳入瑞兴于经济振兴试验区政策辐射范围，而且优化了区内各县的产业布局。在宁都的工业项目上，规划建设赣闽产业合作区，打造宁都省级锂电新材料产业基地，加快推进宁都轻纺服装产业集群建设。其中，宁都轻纺服装产业历经十几年的发展，已经具备比较好的基础，作为新能源之一的锂电是未来动力能源的发展方向，既是高新技术产业又是我国七大战略性新兴产业之一，发展前景广阔，潜力十分巨大。宁都确实具备锂电新材料产业发展的现实基础和可行性，主要体现在以下三个方面：

一是产业配套能力强。与锂电新材料产业相关的锂辉石、硫铁矿、萤石、稀土等矿产资源丰富，产业发展所需配套资源完全可以就地就近解决。据初步估测，锂辉矿储量资源居全国第二、华东第一，初步查明资源储量 575 万吨，远景储量在 1000 万吨以上，可以说宁都是锂辉石资源大县。

二是有一定的产业发展基础。宁都有以上市公司西部资源所属的宁都锂业公司、朝盛矿业、中矿同发、万隆萤石、天诚氟化工等为龙头的锂矿、氟化采选企业，在锂电新材料产业前端的矿产品原料加工方面有一定的人才与技术优势。

三是有良好的产业平台支撑。宁都省级锂电新材料产业基地早在 2012 年就获得省级批复，基地总规划面积 1 万亩，近期规划征用 5000 亩，相关的基础设施正在建设之中，为产业发展提供了良好的平台和招商引资的"名片"。

因此，锂电新材料产业作为矿产品精深加工产业，是一项符合宁都县情、符合国家产业政策，市场前景广阔，能够迅速做大经济总量的高新技术产业。宁都可利用丰富的锂电矿产资源和产业基地平台优势，以锂辉石、萤石、硫铁矿等为原材料加工无水氟化氢、电子级氢氟酸、电池级碳酸锂、磷酸铁锂、六氟磷酸锂等一系列的锂电池材料，形成锂电与氟化工既独立又交叉发展的产业链，并进一步拓展锂电池和电动汽车等终端产品制造业，有效实现宁都锂资源和氟化资源的综合开发利用和价值的最大化。

经过不断优化，宁都根据新情况，立足资源禀赋，逐步形成了以现代轻纺为首位产业，矿产品精深加工、食品加工等主导产业的"1+2"产业发展格局，不断推动产业提层次、强实力、快成长、上规模。2018 年，全县工业产业集中度明显提升，打造多个产业链完整、产业协作度集中、年产值超 50 亿的主导和特色工业产业集群。

（二）宁都县促进工业振兴的政策及其成效

1. 促进工业振兴的主要政策举措

宁都是原中央苏区核心县、国家扶贫开发工作重点县、西部大开发政策延伸县、罗霄山特困片区县和海峡西岸经济核心区县，执行西部大开发政策，其中"鼓励类产业企业减按 15% 的税率征收企业所得税"。仅此一项，涵盖内外资鼓励类产业 880 个子行业，将大幅度减轻企业税负，降低经营成本。为了促进工业发展，宁都与赣南其他县（市、区）一样，根据自身的县情，出台了不少具有竞争力的政策。

第一，谋划建设县域经济科学发展体制创新试验区。2015 年为贯彻落实《国务院关于支持赣南等原中央苏区振兴发展的若干意见》和《赣闽粤原中央苏区振兴发展规划》，努力探索贫困地区科学发展、跨越发展的新途径，宁都提出了建设"县域经济科学发展体制创新试验区"的战略。为加快推进战略目标，于 2015 年制定了《宁都县域经济科学发展体制创新试验区实施方案》（以下简称《实施方案》）。《实施方案》提出了近期目标和中期目标，其中，近期目标是到 2017 年，人均主要经济指标进入全省第二方阵；地区生产总值年均增长 10% 以上，财政收入年均增长 15% 以上，城镇化率达到 45%，森林覆盖率 73%，贫困人口减少 60% 以上，人民生活质量有较大提高。中期目标是到 2020 年，综合交通运输体系和能源保障体系基本形成，现代产业体系基本建立，城镇化水平明显提升，综合经济实力显著增强，人均主要经济指标达到全省平均水平，发展质量明显提升，人民生活水平明显改善，与全省同步实现全面建成小康社会目标。

为实现上述目标，《实施方案》提出打造支柱工业产业集群。一是提升工业园区综合承载能力，加强工业园区供水、供电、供气、通信、道路、标准厂房和污水处理等设施建设，推动宁都工业园扩区调区。二是强化产业规划、政策和资金引导，发挥劳动力资源和综合成本优势，以新中胜、门业、锂电三个省级产业基地为依托，积极承接沿海劳动密集型产业，大力发展门业、轻纺服装、电子电器、矿产加工、锂电、食品加工六大支柱产业集群，力争2018 年六大产业主营业务收入均超 50 亿元。

第二，出台系列文件，着力优化企业发展环境。为做大做强工业经济，加快工业强县步伐，切实解决工业发展环境中存在的问题，推动全县工业经济振兴发展，宁都出台了《关于进一步优化全县工业发展环境的实施意见》（以下简称《实施意见》）。一是打造高效务实的政务环境，出台了《关于建立宁都县工商登记制度改革工作联席会议制度的通知》，提高行政审批效率，清理涉企收费项目、不得实行垄断干预、实行工业议题例会制度。二是优化企业生产经营环境，奖励规模以下企业转型升级，政府采购向企业倾斜，规范入企检查程序，加大效能监测力度，加强园区治安环境管理。三是改善企业金融服务环境，落实企业融资服务政策，开展金融环境专项治理，完善政银企对接机制，加大金融支持力度，鼓励企业挂牌上市。四是创优工业园区发展环境，进一步完善了县工业园产业布局规划，编制了《青塘化工园区安全发展规划》，出台《宁都工业园区项目入园办事规则》和《宁都县批而未用土地处置整改工作方案》，强化平台支撑，加大财政投入力度，争资争项向园区集中，加快配套设施建设；制定《宁都县工业园区标准厂房项目准入及管理办法》，提高土地集约利用水平，优化园区工业生产布局，规范标准化厂房管理，发挥标准厂房筑巢引凤作用，形成产业快速集聚效应；提升服务水平，强化制度建设，强化服务责任，营造浓厚氛围，强化督查考核。

第三，出台支持扶持、服务政策，千方百计促进投资。为贯彻落实赣州市委、市政府"主攻工业、三年翻番"的决策部署，更好促进投资，宁都县于2016年3月颁布了《宁都县促进投资优惠办法》（以下简称《办法》）。《办法》主要在两个方面进行优惠。一是扶持政策，包括用地基础设施建设扶持、税收扶持、工业主导产业扶持、外资外贸发展扶持、商务成本扶持、专项扶持。二是提供优质服务，包括审批服务、融资服务、用工服务、生产和生活保障服务等。2018年，又出台了《宁都县促进投资优惠办法（试行）》，进一步增加了扶持项目：企业购地建厂扶持、企业租购政府标准厂房扶持、无尘车间装修补贴、企业租赁其他厂房扶持、企业购买智能化新设备补贴、物流补贴、税收扶持、上市扶持、人才激励。

第四，出台专门文件，支持锂电新材料产业发展。2012年9月，宁都申报的"江西省锂电新材料产业基地"获得江西省工信委批准，为加快推进省级产业基地建设，尽快做大锂电新材料产业，宁都出台了《关于推进江西省锂电新材料产业基地建设的意见》（以下简称《意见》）。《意见》要求充分利用宁都锂及氟化矿产资源比较优势，以锂电新材料产业作为该县工业经济赶超发展的突破口，大力实施锂电新材料产业优先发展战略，不断延伸锂电产业链，力争把锂电新材料产业培育成赣州继钨、稀土产业后第三个有重要影响力的矿产业。《意见》提出锂电新材料产业的发展重点是锂电基础和深加工材料，包括无水氟化氢、电子级氢氟酸、电池级碳酸锂、钴酸锂、磷酸铁锂、六氟磷酸锂等锂基础和深加工材料。同时，根据国内外市场、技术等条件和水平程度，适时发展锂电下游终端如储能及动力电池的组装、电机、电动汽车、锂医药材料等应用产业，打造锂矿及氟化资源开发—锂电新材料—锂电终端开发应用的锂电全产业链。为此，要求整合青塘化工园区和长胜锂电基地资源，统筹建设好锂电新材料产业基地平台，基地基础设施及各类服务和研发等支撑体系基本建成，锂电新材料产业相关企业配套齐全、关联紧密，形成基地总面积达 1 万亩、产业工人 5000 人以上、基础设施齐全、功能完善的生态产业园区。

2. 政策落实情况

宁都围绕现代轻纺首位产业，矿产品精深加工和食品加工两大主导产业，强化龙头引领和创新驱动，突出扩增量、抓平台、优服务，推动上下游产业集聚发展，推动工业经济总量壮大、结构优化。

第一，紧推工业载体建设，推动工业园区实现从"一园两区"向"一园三区"转变。一是拓展园区规模。工业园区是工业发展的平台。宁都园区建设走过了初期草创、中期以创建省级开发区为目标以及近期成为国家级园区（属于瑞金经开区"一园五区"）的三个阶段。在早中期，主要着力建设三大省级产业基地，加快推进新中胜产业基地三横道路、一纵道路延伸段、瑶下段道路等路网工程建设，完成 35 千伏水岗线、水富岗线和宁都大道 C 段 10 千伏电力线路迁移工程，加快推进污水处理厂及管网、排洪渠工程等项目建设；启动锂电新材料产业基地长胜小区主干道路等基础设施建设；抓好青塘

小区征地拆迁和基础设施建设。随着工业项目的不断落地，园区土地资源日趋紧张，为此，宁都一方面注重提高园区产出效益，科学安排项目落地，对批而未建项目进行清理，加大标准厂房供给力度，提高园区投资强度、容积率和产出率，提升集约化水平，切实提高园区土地利用率；另一方面，积极进行工业园扩区调区工作，扩大园区发展规模，优化县工业园区产业布局。以创建省级重点工业园为目标，高标准建设长胜省级锂电新材料产业基地，推进青塘化工园区建设完善，规划建设中小企业孵化基地、战略性新兴产业基地，推进黄陂工业发展试验区建设，加快构建以县工业园为龙头，青塘、长胜、黄陂工业小区为辅助的"一园三区十基地"工业发展格局。

二是着力完善园区配套，提升园区品位。按照"产城融合"思路，使园区建设与城市建设规划同步，功能配套同步，基础设施建设同步。加强工业园区供水、供电、道路、通信、标准厂房等基础设施建设，建设园区污水处理厂，配套布局建设学校、幼儿园、园区工会职工活动中心、医院、商场、住宅区等公共服务设施建设，健全园区综合服务中心、金融平台、交易市场、研发中心等生产性服务设施，不断完善功能配套，提升园区综合承载能力和服务功能，实现由单一建园向综合造城转变，不断提升园区承载能力。发挥好瑞金经开区宁都园区平台作用，加快形成品牌共用、政策共享、规划共编、园区共建的"一区多园"发展格局。

第二，转变招商方式，强化工业招大引强。一是转变招商理念，变"招商引资"为"择商选资"。坚持择商选资理念，完善引进项目考察评审制度，突出引进产业关联度强、投资强度大、财税贡献率高、环境污染小的大项目。

二是突出重点招商，重点围绕工业支柱产业和特色产业招商，大力引进产业核心项目和配套项目。用足用活贫困县企业上市政策，优化鼓励企业上市办法，瞄准重点区域，紧盯重点企业，引进一批拟上市、拟转板企业。突出招大引强选优，注重产业导向、投资强度和科技含量，突出引进一批投资规模大、带动能力强的龙头型、骨干型、科技型项目。

三是创新招商方式。借力各种商会、财团和已落户的企业，大力开展以商招商；借助宁都在外务工人员的穿针引线，大力主打亲情招商；围绕现有优势产业、产业基地成龙配套，聚焦轻纺、矿产加工、食品加工、新能源等产业招商，集中开展"链条"招商；发挥独特的矿产、文化、人力、农副产品等资源优势，大力实施资源招商；拓展新思维，寻找新商机，利用产业转移的时空地缘，大力推进错位招商；创新招商方式，推行代理招商和委托招商等专业招商。加大"走出去、请进来"力度，开展多形式的招商推介活动，有针对性地在泉州、东莞、嘉兴等产业转移核心城市召开招商引资专题推介会。

四是注重招商效果。既要加大招商引资力度，更要确保招商效果。积极加强与战略投资者接触；强化职能部门和产业招商队伍建设，完善创新招商引资工作考评考核机制，以企业投产后对财政的实际贡献和对经济社会发展的影响，作为主要考核标准，做到实实在在招商、招实实在在的客商。搞好部门协调联动，抓好项目入库和企业入规；抓好在谈项目的跟踪对接，提高招商引资合同履约率、资金到位率、项目开工率和投产率，促进企业投产见效。

第三，着力攻坚破难，优化工业发展环境。积极向上争取用地指标，盘活闲置用地，创新征地拆迁机制，有效破解企业用地难的问题；跟踪企业用工需求，加强就业市场与就业人员的对接，抓好就业培训、劳动保障等服务，有效破解企业用工难问题；完善政银企对接机制，发展小额贷款公司和贷款担保公司，积极推进有条件的企业上市，有效破解企业融资难问题；严厉打击强行承揽工程、无理阻挠施工、强卖地材建材等行为，有效破解工程施工难问题；健全县领导和部门挂点联系工业企业制度，落实专人紧贴企业，有效解决服务不优的问题。

一是突出抓好项目建设。坚持"抓大不放小"的原则，破解影响企业落地的征地拆迁、排水排污、配套服务等节点问题，着力破解项目供地难、资金到位率低的症结，紧盯一批重大工业项目，确保上级或县本级发改部门已批复的重大投资项目早开工建设、早投产增效。尽快建成一批、投产一批，形成"做强一个项目、带动一个产业、打造一个集群"效应。

二是突出抓好环境优化。坚持"亲商、安商、扶商"的理念，完善县领导挂点帮扶、单位部门具体服务企业机制，实现结对帮扶常态化和全覆盖。持续深入开展"降成本优环境"专项行动，严格落实100条政策措施，扎实开展政策落实"回头看"，确保各项惠企政策落实到位。进一步优化政务环境，实行工业企业项目告知备案、审批事项限时办结制，大幅提高办事效率。大力开展专项行动，清理整顿和规范涉企收费，让投资者安心投资、放心发展。

第四，培植支柱产业，加速形成产业集群。围绕加快将门业、矿产加工、轻纺服装、电子电器、食品加工打造成年产值分别超50亿元工业产业的目标，宁都在继续做大总量中调优结构，不断促进主导产业优化升级，精心培育支柱产业，着力帮扶易富科技、鸿业制衣、荣都鞋业、龙树实业、朝盛矿业、恒丰矿冶、艾炜特电子等一批产业龙头企业发展壮大。加大招商引资力度，强化招大引新，加强产业链的对接、延伸、补充，促进同类产业和上下游企业集聚发展，推动政策、资源和要素保障向产业聚集，集中力量打造产业集群。坚持以易富科技为龙头，加快引进轻纺服装配套企业，尽快形成超百亿元的产业集群；以赣锋锂业为依托，重点引进锰酸锂、六氟磷酸锂等关联企业，壮大矿产品精深加工产业集群，加快打造锂电新材料产业集群；以赣商创业园为载体，建设箱包产业园，形成首位产业新亮点；以乳制品加工、黄鸡加工为重点，着力引进一批食品深加工龙头骨干企业，全力培育食品加工产业集群，培育一批特色产业集群。

3. 主要成效

宁都县规模以上工业发展情况如表1-5所示。

表1-5 宁都县规模以上工业发展情况

年份	企业户数（家）	总产值	工业增加值（万元）	主营业务收入（万元）	工业产品销售率（%）
2012	—	—	154800	579000	—
2013	64	—	194000	750000	—
2014	71	—	256000	872000	99.3

年份	企业户数（家）	总产值	工业增加值（万元）	主营业务收入（万元）	工业产品销售率（%）
2015	80	—	266500	950000	—
2016	90	—	290100	1067500	—
2017	100	—	325000	1290000	—
2018	—	—	—	—	—

注：①"—"表示不详；②关于2014年规模以上企业数据，一说为65家；2016年规模以上工业企业数一说为80家。

资料来源：作者根据宁都历年发布的政府工作报告、国民经济和社会发展统计公报公布的相关数据收集整理。

从表1-5可以看出，宁都工业进步明显。具体从两点分析。

第一，工业获得了长足发展。2012年，宁都县积极抓好规模以下企业"入规"工作，全年新增规模以上工业企业6家，企业队伍进一步壮大。针对现有规模以上工业企业，以新产品生产研发、科技改革和人才引进为着力点，不断提高企业生产效益。全县生产总值突破百亿元大关，达到101.5亿元，按可比价计算增长10.4%。三次产业结构调整为24.18：39.71：36.11，其中工业占GDP比重达32.7%，规模以上工业增加值占GDP比重达15.18%，比2011年提高2.68个百分点，主导地位日益加强，矿产加工、电子信息、轻纺服装、食品加工以及门业、文化创意、物流业"4+3"产业发展格局进一步巩固，全县规模以上工业实现主营业务收入57.9亿元、增加值15.4亿元、利税2.3亿元，分别同比增长18.4%、13.7%、47.1%；矿产加工、电子电器、轻纺服装、食品加工四大支柱产业总产值占同口径工业总产值的80%；年纳税超500万元的工业企业新增5家，达到6家。在产业转型带动下，发展效益得到提升，全县财政总收入达到6.7亿元，同比增长11.5%；税收收入5.6亿元，占财政总收入比重为83.5%，比2011年提高9.2个百分点；工业税收实现1.1亿元，同比增长55%。

2013年，宁都以园区为主战场，确立了以矿产品加工、门业、轻纺服装、电子电器、农副食品加工、文化创意和物流为主导的"4+3"工业产业发展体系，加快推进园区基础设施和企业承载平台建设。引进了恒丰矿冶、中矿电气、禹恒五金等一批大项目，实际利用外资 4407.6 万美元，增长 10.1%；实际引进内资 19.1 亿元，增长 17.3%；实现外贸出口 2815.3 万美元，增长 12.1%。产业集聚凸显新成效。门业产业基地被省发改委确定为省级产业基地，抱团引进企业 23 家，初步形成了以门业企业为主、门业配套为辅的产业发展新格局。朝盛矿业二期土建工程已完成，恒丰矿冶矿粉项目推进顺利；轻纺产业园内鸿业制衣一期竣工投产，易富科技一期厂房竣工验收；电子电器产业园内艾炜特电子新厂区厂房建设完工。全年规模以上工业企业增至 64 家，其中纳入战略性新兴产业范畴的企业较 2012 年明显增多。全部规模工业实现主营业务收入 75 亿元，同比增长 25%；实现增加值 19.4 亿元，同比增长 11.1%；利税总额 6.6 亿元，同比增长 174.6%。工业园区企业实现主营业务收入 62.2 亿元，同比增长 21.8%，实现增加值 17.7 亿元，同比增长 19.4%；园区企业实现税收 7038 万元。全部规模工业增加值占 GDP 比重为 17.4%，比 2012 年提高 2.2 个百分点。

2014 年，日产 4500 吨新型干法熟料水泥、100 兆瓦光伏电站等重大项目落户宁都。全年实际引进内资 21.5 亿元，增长 12.9%；实际利用外资 5258 万美元，增长 6.5%；实现外贸出口 2577.5 万美元。易富科技新厂区、龙树防火门、恒丰矿冶矿粉等重大项目竣工投产，易富科技成为宁都首个纳税超千万元的工业制造企业。永通科技成功在"新三板"挂牌上市，成为赣州市第二家在"新三板"挂牌的企业。2014 年，全县 65 家规模以上工业企业增加值比 2013 年增长 10.8%，规模以上工业企业产销率为 99.3%，比 2013 年提高 0.2 个百分点。分行业看，制造业占主导，电力业增长较快。全县规模工业中制造业实现产值 79.17 亿元、电力业实现产值 3.28 亿元，同比分别增长 10%、21.9%。制造业产值占比 90.23%，居行业之首；电力业产值增长最快。分轻重工业看，轻工业占主导，增长快于重工业。全县规模工业中，轻工业实现产值 53.71 亿元，占比 61.2%，同比增长 12.1%，分别高于全部规模工业、重工业产值增速 2.8 个、6.0 个百分点；园区企业增长快于园外企业。工业园区企业实现产值 77.64 亿元，占比 88.4%，同比增长 10.5%，高于园外企业 9.4 个百分点。从工业利润看，2014 年宁都规模以上工业企业利润总额为 4.86 亿元，比 2013 年增长 11.3%，比赣州市增幅高 0.8 个百分点。三次产业结构由 2013 年同期的 23.67∶40.21∶36.12 调整优化为 23.06∶40.46∶36.48，第一产业比重下降 0.6 个百分点，第二、第三产业所占比重均有上升。

2015 年工业加速崛起。易富科技新厂区、朝盛矿业二期、鑫腾木业等项目建成投产，宝华山青塘水泥、宁盛皮塑制品等项目加速推进，赣锋锂业电池级碳酸锂加工等重大项目落户宁都，全县 500 万元以上固定资产投资完成 67.99 亿元，同比增长 18.2%，增幅比全市平均水平高 0.6 个百分点。第二产业完成增加值 52.1 亿元，增长 11.8%，位居全市之首，对全县经济增长的贡献率为 57.2%，拉动全县经济增长 5.15 个百分点；其中工业增加值为 42 亿元，增长 11.3%，对全县 GDP 增长的贡献率为 46%，拉动 GDP 增长 4.14 个百分点。全县规模以上工业企业新增 9 家，达到 80 家。全年实现规模以上工业增加值 26.65 亿元，主营业务收入 95 亿元，利税总额 10.1 亿元，分别增长 9%、6.4%、8.3%。全年工业用电量达 2.54 亿千瓦时。继易富科技之后，新增永通科技、亚美达两家企业实现税收超千万元，赣州龙树门业进入全省民营企业制造业百强认定"专精特新"企业 3 家。继永通科技在"新三板"成功上市后，绿缘环保袋有限公司在上海股权托管交易中心 Q 板市场挂牌。

2015 年宁都规模以上工业增加值总量位居赣州市第 11 名，排位较后。从行业类别看，其工业增加值中以制造业占主导，全县规模工业中制造业实现产值 86.2 亿元，同比增长 6.44%，制造业产值占比 90.1%，居行业之首。从轻重工业看，轻工业占主导，增长快于重工业。全县规模工业中，轻工业实现产值 63.0 亿元，占比 65.87%，同比增长 12.17%，分别高于全部规模工业、重工业产值增速 5.8 个、15.92 个百分点。园区的规模以上工业企业全年实现产值 84.17 亿元，占全部规模以上工业产值的 87.98%，同比增长 5.43%。

2016 年工业规模做大做强。工业项目加快推进，鑫腾木业竣工投产，众立达、朝辉氟塑等 14 家企业开工建设，赣锋锂业、蒙山乳业等项目有序推进。完成工业固定资产投资 29 亿元，增长 31.9%。全年实际利用外资 6418 万美元，引进内资 27.2 亿元，外贸出口 3494 万美元，分别增长 10.5%、12.1%、46.5%。规模以上企业新增 14 家，总数达 90 家，实现规模以上工业增加值 29.01 亿元，增长 8.5%；主营业务收入 106.75 亿元，增长 10.5%；利税总额达 11.27 亿元，增长 12.14%；完成工业固定资产投资 28.97 亿元，增长 31.9%。全年售电量完成 5.34 亿千瓦时，增长 8.53%，其中工业用电量 1.61 亿千瓦时。轻纺服装产业支撑作用明显。轻纺产业完成工业总产值 54.5 亿元，占规模以上工业总产值的 51.2%。企业规模不断扩大。主营业务收入过亿元的企业达到 30 家，占全县规模以上工业总数的 33%；易富科技纳税突破 2000 万元，江西绿缘环保袋有限公司与长城证券"新三板"业务签约。从企业规模看，中型企业是拉动收入增长的主力。1～12 月中型企业实现主营业务收入 32.92 亿元，同比增长 17.79%；小型企业实现主营业务收入 73.83 亿元，同比增长 11.35%。分轻重工业看，轻工业占较大比重。1～12 月轻工业实现主营业务收入 71.76 亿元，同比增长 12.79%，占规模以上主营业务收入的 67.22%；重工业实现主营业务收入 34.99 亿元，同比增长 14.22%，占规模以上主营业务收入的 32.78%。园区的工业企业 93 个，增长 14.8%，实现总产值 100.16 亿元、工业增加值 26.31 亿元，分别增长 13.64%、8.6%。

2017 年工业量质齐升。着力抓好"3+18"个重大项目推进，蒙山乳业、众立达光电、朝晖氟塑等项目竣工投产，赣锋锂业、恒丰矿冶、黄鸡冷链屠宰加工等项目加快推进。工业投资增速小幅上升，比重有所提高。1～12 月，全县工业投资完成 37.26 亿元，同比增长 28.6%。增幅比 2016 年同期回落 3.3 个百分点，比重较 2016 年同期提高 4.5 个百分点。全年净增规模以上工业企业 20 家，总数达 100 家；实现主营业务收入 129 亿元，增长 20.8%；增加值 32.5 亿元，增长 9.8%；500 万元以上固定资产投资 37.3 亿元，增长 28.6%；工业用电量 8650 万千瓦时，增长 37.5%。强力推进工业项目建设，扎实开展"降成本优环境"专项行动，真心帮扶企业。蒙山乳业、众立达光电、朝晖氟塑等项目竣工投产，赣锋锂业项目进展加快，朝盛矿业恢复生产。强力推进园区平台完善，完成基础设施投资 7.2 亿元，新建标准厂房 50 万平方米，建成 13 万平方米，完成 6 条园区主干道路升级改造。强力推进招大引强，召开省外招商引资推介会 13 场，实际引进内资 30.2 亿元，增长 11.1%；利用外资 7060 万美元，增长 10.1%；外贸出口 3922 万美元，增长 12.3%。

2018 年上半年，宁都实现地区生产总值（GDP）74.7 亿元，按不变价计算（下同），同比增长 10.0%，较一季度提高 0.3 个百分点，增速位列全市第四位进入全市"第一方阵"。从结构看，全县三次产业结构由 2017 年的 9.9：45.0：45.1 调整为 9.4：45.0：45.6，第一产业比重回落 0.5 个百分点，第三产业比重提高 0.5 个百分点，第二产业比重持平。从产业看，全县第一产业实现增加值 7.0 亿元，增长 3.9%；第二产业实现增加值 33.6 亿元，增长 8.0%；第三产业实现增加值 34.1 亿元，增长 13.4%。从贡献率看，第一产业拉动 GDP 增长 3.9 个百分点，对经济贡献率为 4.5%；第二产业拉动 GDP 增长 8.0 个百分点，对经济贡献率为 35.8%；第三产业拉动 GDP 增长 13.38 个百分点，对经济贡献率为 59.7%。1～10 月，宁都规模以上工业增加值同比增长 9.5%，较 2017 年同期下降 0.6 个百分点，高于全市 0.2 个百分点，增速位列全市第八。分工业行业看，酒、饮料和精制茶制造业发展迅猛。1～10 月，同比增长 103.7%，高于全县 94.2 个百分点。分企业规模看，大型企业增速加快。1～10 月，同比增长 3.44%，比同期高出 2.87 个百分点。分企业性质看，非公有工业企业增幅较大。1～10 月，同比增长 11.3%，高于国有控股企业 6.35 个百分点。

第二，决战园区成效显著，经济效益稳步提高。围绕"4+3"工业产业发展拓平台、上项目，决战园区成效显著。水东工业园基础设施建设基本完成；新中胜产业基地三条主干道建成贯通，万亩工业园区框架基本成型；新规划的锂电新材料产业基地和青塘化工园区征地拆迁、场地平整工作正式启动。被确定为省级锂电新材料产业基地，县工业园区被批准为省级生态工业园区。门业产业园、文化创意产业园、天诚氟化工等一批重大项目相继签约入园。园区全部企业累计实现主营业务收入 50.58 亿元、工业增加值 11.91 亿元，分别同比增长 20.25%、15.25%（可比价增长）；工业园区企业纳税 6500 万元，同比增长 71%。

宁都围绕"4+3"工业产业布局，重点打造轻纺服装、矿产品精深加工、门业产业集群，做大做优"一园三区"发展平台。2014年工业园扩区调区工作进展顺利，总规划面积达692.5公顷，是之前的3.8倍。园区企业实现税收9236.5万元，增长21.7%。永通科技在"新三板"成功挂牌，易富科技年纳税超千万元，实现上市企业、年纳税千万元以上企业"零"的突破。轻纺服装产业年产值率先突破50亿元。

做强园区，筑牢发展平台。2015年工业园扩区调区工作通过终审，小微创业园启动建设，青塘新型建材产业园"三通一平"加快推进。易富科技北侧道路已完成路基工程，三横路建设进程加快。水东园区新建占地3800平方米集贸市场，统筹城乡示范区保障性住房正在加紧装修。2016年，工业园区扩区调区顺利完成，面积扩大至490.33公顷，园区主营业务收入突破100亿元。完善园区管网、集贸市场等基础设施建设，启动了新中胜产业基地总体规划编制及小微企业创业园建设，园区承载能力显著增强。16个纳入市重点调度项目完成投资16.44亿元，占年度计划的108%。赣锋锂业年产6.6万吨锂辉石矿项目复产，鑫腾木业年产100万立方米生态板项目投产，蒙山乳业乳制品加工项目加快推进，众立达、朝晖氟塑等14家企业开工建设。

园区配套设施建设加强。2017年新建标准厂房50万平方米、建成13万平方米，完成6条园区主干道路升级改造，建成园区就业和社会保障服务中心、派出所、水东卫生院等配套设施。

近20年，宁都主攻工业，不断强化园区建设，工业发展取得长足进步，但是，由于宁都是传统的农业大县，工业发展一直缺少大型企业作为支柱，总量不够大，规模以上工业规模较小，快速增长动力不足。虽然规模工业企业数量不少，但多数企业规模小、竞争力不强，抗市场风险能力较差。

五、石城工业振兴分析

（一）石城工业布局的优化

1. 工业振兴的基础条件

石城县位于江西省东南部、赣州市东北部，地处江西赣州、吉安、抚州和福建三明、龙岩五地市交会处，距赣州市 220 千米，距省会南昌市 330 千米。建县于南唐保大十一年（公元 953 年），因"环山多石，耸峙如城"而得名。

石城作为东南部屏障、赣江源头，在省内生态格局中处于重要地位。全县总面积 1581.53 平方千米，总人口 33.3 万。为武夷山脉内部的山间盆地，四周山地耸峙。其中山地面积 2111347 亩，耕地面积 192646 亩，水面面积 57794 亩，分别约占总面积的 89%、10% 和 3%。此外，道路、城镇、村落、厂矿共 237230 亩，约占总面积的 10%，是个典型的东南丘陵低山地区。东北部群山林立，西南部丘陵连绵，中部地势平坦。武夷山主脉呈北东至南西绵延石城东部，形成了一道天然屏障。石城县地处江西省"母亲河"赣江主源区，其东南部的石寮崬是其直接发源地，其余广大地区亦与赣江上游主源贡江（以下简称贡江源区）主要水系梅江的支流琴江流域同域，水源涵养功能地位突出，生态系统服务功能非常重要。

石城交通顺畅、区位优势不断凸显。石城位于鄱阳湖生态经济区、海峡西岸经济区、珠江三角洲经济区交融的重要节点，自古素有"闽粤通衢"之称，但是直到 2010 年才有高速公路，G72 泉南高速公路横穿东西、G35 济广高速纵贯南北，此前仅靠 1 条国道、1 条省道与外地沟通联系。目前，206 国道、356 国道两条国道纵横交会，动工兴建的兴泉铁路横穿东西，规划中的南丰至瑞金城际铁路拟途经石城，纵贯南北。截至 2017 年，全县公路通车里程 1489.2 千米（含高速、国道）。行政村通公路比重达 100%，其中通客车的村 127 个，占 96.95%。2018 年 206 国道官桥至水庙段一级公路沥青路面全线通车。新建、改建农村公路 156.7 千米，4 个县道升级项目、33 座危桥改造基本完成主体建设。祥跃通用机场项目有序推进。全县初步形成以"一横一纵"高速公路、"十字形"国道为主骨架，"8"字形县乡主干道、四通八达通村公路为支线的路网格局。全县农村公路基本列入养护范围，县、乡（镇）养公路列养率均达 100%，村养公路列养率 98.6%；1 条公路入选"100 条中国最美乡村公路"，2 条公路获评"江西最美乡村路"。农村公路养护管理质量连续三年名列全市第一。全县共有客运线路 51 条，其中跨省线路 13 条，跨

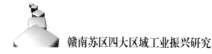

设区市线路 3 条，跨县线路 5 条，县内客运线路 30 条。

自然资源丰富。森林覆盖率 75.1%，空气质量优良率稳定在 99.4% 以上；有高等植物 2582 种，野生陆生脊椎动物 360 种，大型真菌 155 种。石城属山区县，境内水系发达，河网密布，平均河网密度为每平方千米 0.6 千米。多年平均地表水径流量为 17.36 亿立方米，人均年占有水量 7290 立方米，亩均耕地占有水量 7295 立方米，略高于全国、全省及全市平均水平。石城县处于全国 19 个重要成矿区带之一的武夷山成矿带中南段西侧，成矿条件良好，目前已发现钽铌、钨、锡、钼、铜、铅、锌、锂、锆、铷、稀土、煤、铁、磷、萤石、高岭土、长石、硅石、花岗岩、砚石、火山岩、地热、矿泉水、云母、电气石等 26 种矿产。其中钽铌、萤石、硅石、地热资源和特色矿产砚石比较突出，开发利用程度较高。石城县温泉资源十分丰富。现已探明，全县有九寨、通天寨（大畲）、楂山里、木兰烧水湖、丰山沿沙、高田上温寮等 7 处温泉点，可开采量达 10000 立方米/天。石城有海拔千米以上的山峰十多座，风能资源相对较为丰富。太阳能资源极为丰富，年太阳辐射量全省最高，达到 4736.6 兆焦/平方米，年日照小时数为 1918.76 小时，年标准日照小时数为 1315 小时，光照条件在全省最好，发展光伏发电产业前景无限。

传统工业历史较久。白莲食品、矿山机械、南金纸制品（传统工艺）、广播电子设备、轴瓦等是石城的优势工业。石城食品工业原料丰富，且有钽铌、萤石等 20 余种矿产资源，矿山机械设备生产已有 30 多年历史，产品已覆盖全国同类矿山设备市场的 15%。南金纸制品历史悠久，是一项传统工艺，制作精美，在国内外具有较强的竞争力。中华人民共和国成立后，石城工业经历了由传统手工业向现代工业、由家庭作坊式工业向国营和集体工业再到多种经济成分共同发展工业格局的转变过程，工业经济逐步发展。1949～1978 年全县工业累计实现总产值 11865 万元，年均增速为 14.5%。随着改革开放的深入，工业经济逐步发展。1980～1989 年全县工业累计实现总产值 25857 万元，是 1949～1978 年的 2.2 倍，年均增速为 21.3%。1990～1999 年全县工业累计实现总产值 226413 万元，是 1980～1989 年的 9 倍，年均增速为 22.5%。近年来，全县上下全力推进招商引资工作，工业经济有所发展。2000～2008 年全县工业累计实现总产值 350177 万元，比 1990~1999 年增长 54.7%，占 1979~2008 年实现总产值的 58.0%，占 1949~2008 年实现总产值的 56.9%。2008 年全县实现工业增加值 25761 万元，比 1978 年增长 94 倍，年均增长 16.4%。2008 年末规模以上工业企业从 2006 年的 10 家增加到 12 家，完成产值 25659 万元，同比增长 81.7%；实现增加值 8212 万元，可比价同比增长 60.7%。2009 年规模以上工业企业 13 家，实现增加值 1.17 亿元、主营业务收入 3.63 亿元、利税总额 2343 万元，分别增长 26.3%、45.3%、11.5%。工业用电量达 2865 万度，增长 29.5%。2010 年，初步形成以新型矿山机械、矿产品精深加工、现代轻纺电子、生态食品加工为主的四大主导产业。其中新型矿山机械产业有企业 88 家，产品品种由当时主要生产摇床发展到能够生产 30 余种近百个型号的矿山设备，相继引进了杜氏高科硅产业项目、中航供销钽铌矿综合开发项目等投资超亿元的大项目；现代轻纺电子业有企业 40 余家，以毛织、针织、鞋、休闲服等为主；生态食品加工业有各类食品加工企业 20 余家，从事食品行业的个体户 80 余家，主要产品有白莲、茵陈、翻秋花生、手工粉干、矿泉水、石城酒娘等。四大主导产业共实现增加值 2 亿元，占全部工业增加值的比重为 48%，比 2009 年提高了 9 个百分点；工业实现增加值 4.5 亿元，同比增长 26.5%；其中规模以上工业企业已发展到 16 家，实现工业总产值 5.82 亿元；实现主营业务收入 5.72 亿元；实现增加值 1.54 亿元，增速达 36.59%，全市排位第二；实现利润总额 0.22 亿元。2011 年规模以上工业企业累计达 15 家，实现增加值 15918 万元，同比增长 26.3%，增速列全市第二位。全县实现工业增加值 59218 万元，比 1978 年增长 218 倍。机械电子、矿产品精深加工、轻纺服装、食品加工等优势产业培植力度加大。

工业小区快速成长，成为新的经济增长极。工业小区经过资源整合，小区面积不断扩大，企业数量迅速上升，2007 年末进小区企业数达到 35 家，完成工业总产值 11078 万元，占全县工业总产值的 25.7%。工业小区从业人员大幅增加，2007 年底，工业小区吸纳从业人员 1085 人，占全县工业从业人数的 18.1%。2008 年，在原有温坊工业小区基础上新开工建设古樟工业园区，进一步优化工业布局。2009 年，通用机械制造、华辉矿山机械制造、宏盛彩印包装、盛威针织等项目进入园区建成投产,铭鑫废旧家电回收处理、恒兴机械铸钢、海崴服装生产等项目进入园区开工建设。古樟工业园建成标准厂房1.22万平方米,入园企业达8家;二期工程完成征地640余亩,"五通一平"顺利推进;小松、屏山特色创业园开工建设。2011年。针对山多地少现状,石城县掀起开山大行动,通过"推山、填谷",建起"一园两区",已完成开发面积1750亩。实施投资超亿元重大工业项目5个,万年青水泥一期建成投产,钽铌矿综合开发、典金服饰、电子触摸屏生产、无水氟化氢项目开工在建。全年完成工业项目固定资产投资3.6亿元,同比增长222%。成功申报并获批江西省绿色食品(白莲)产业基地、台商创业园。其中,古樟工业园以新型矿山机械、现代轻纺电子为主;屏山创业园以建材、矿产品精深加工产业为主;小松创业园以生态、绿色食品加工业为主。

尽管石城县工业已形成了矿产机械、服装轻纺、食品加工和矿产品深加工四大支柱产业,但总体来看,仍然是企业数量少、规模小、结构散乱、发展缓慢。从企业规模看,全县没有大型企业和中型企业,只有小型企业16家,小型企业所占全县规模以上工业企业总数的比重为100%。从企业类型看,全县轻工业企业只有一家,重工业15家,重工业所占全县规模以上工业企业总数的比重是94%。在重工业企业中矿山机械企业有13家。从产业层级看,石城产业结构层次偏低,传统产业比重过高,新兴产业特别是高新技术产业发展缓慢。全县有重点工业污染源66家,废水排放总量为32.26万吨/年,其中,化学需氧量77.22吨,氨氮4.71吨,石油类3.77吨,生化需氧量8.27吨。产业结构内部行业高级化演进的趋势尚不明显,传统的劳动密集型产业多,资金和技术密集型产业少,工业附加值低。从产品结构看,产品结构不合理,初级产品多,精深加工、附加值高的产品少。矿山机械技术应用与创新水平低,产品缺乏竞争力。石城县的矿山机械制造业主要是以引进消化吸收国内生产技术为主,制造设备相对比较落后,缺少自主开发新产品及改造的能力,研究开发投入低,科技人才力量弱,技术装备水平低,企业引进技术方面等科研经费投入不足,导致企业主要产品比较单一,制约了企业的发展。

2. 工业布局的演变

自 2007 年进入西部大开发政策比照县以来，石城县在西部大开发比照县政策推动下，经济社会发展速度有所加快。石城县的基础设施建设得到提速，固定资产投资快速增长。2000～2006 年，石城县全社会固定资产投资累计完成 20 亿元。2007～2011 年，全社会固定资产投资累计完成 60 亿元，是前一阶段的 3 倍。2011 年，石城县最终资本形成总额占 GDP 的 41%，比 2006 年提高了 9.3 个百分点；最终资本形成总额拉动 GDP 增长 6.3 个百分点，比 2006 年最终资本形成总额对 GDP 的拉动力加强了 3.2 个百分点。2011 年，石城县 500 万元以上固定资产投资为 101398 万元，同比增长 27.4%。2000～2006 年，石城县 GDP 增速一直处在全市倒数第一或者倒数第二。到 2011 年，石城县 GDP 增速前移了 5 位，居全市第 13 位。然而，自 1996 年石城县取消贫困县以后，长期贫困落后的状况更加难以改变，同时受交通不便、资源贫乏等各方面因素影响，经济内生动力薄弱。2011 年，石城县规模以上工业增加值为 15918 万元，全县实现工业增加值 5.92 亿元，仅占 GDP 的 21.7%，第二产业比重分别比全国、全省、全市低 17.7%、25.1% 和 18.1%，其中规模以上工业增加值为全省倒数第一，工业企业上缴税收仅占财政总收入的 11.9%。发展制约因素突出。到 2012 年，石城县仍未被批准设立省级工业园，供地有限，缺乏存量土地，电力保障能力差，且只有一个电源点，企业停电、居民停电、农村停电情况司空见惯，发展后劲严重不足。再者，石城县位于赣江源头，生态功能区与主体功能区受到严控，赣江源生态保护与经济发展的矛盾凸显。同时，发展工业与节能减排压力较大。作为赣都源头县，被列入限制发展功能区域，许多工业项目因节能减排要求而"限批"，工业发展面临新的极大挑战。

石城县经济社会发展尚处于农业化向工业化转型阶段，但是工业发展却受到自然资源、资金和知识三重约束。在此情况下，石城县委、县政府审时度势，变劣势为优势，提出建设生态县的目标，制定了《石城县生态县建设规划（2010～2020）》。以退耕还林还草、控制水土流失、建设生态工业和旅游业为突破口，着力把生态建设与区域经济、绿色产业开发、提高人民生活水平、社会文明进步紧密结合，积极促进经济、社会与生态环境之间的良性循环。

石城县的生态功能定位是：生态系统的主要服务功能是为水土保持和水质保护，其他功能还有水源涵养、农业环境保护和生物多样性保护，综合服务功能极重要。区域经济的发展应该严格按照生态功能区的主导生态功能，明确各区域的产业发展方向，未来发展趋势和环境保护要求，基于不同介质，划分不同级别的控制区，如禁止开发区、限制开发区、重点开发区和优化发展区，并作为调控和指导未来产业发展布局基础框架和发展导引。

根据石城县生态县的建设定位，石城确立了工业发展的路径，即基于自身资源禀赋的工业发展战略。

第一，积极发展特色农产品深加工。基于特色农副产品深加工工业仍处于初级发展状态，且与周围宁化、建宁、广昌等存在资源同构现象，竞争十分激烈。应加强对特色农产品在种植种类、种植质量、种植品种、产品开发、市场营销等方面的研发，形成产业化发展模式，创出石城特色农产品深加工业的自身特色和品牌效应，真正成为实现石城经济跨越式发展的动力。

第二，建设工业园区。石城县加快工业化进程关键是抓好工业区建设，工业区是发展工业经济的重要平台，是促进企业向工业区集中形成"聚集效应"、提高工业经济总量、实现区域经济跨越式发展的重要途径。为此，需要在县城西南面进行古樟工业区扩建、改建工程，建设屏山、小松创业园区，发展矿业加工业、食品加工业、机械类等多种门类的工业，使石城县工业的发展形成一定的规模经济和集聚经济。

"十一五"期间，石城县积极实施"生态立县、旅游兴县、工业强县"发展战略，按照"中心强化，轴带集聚，两翼拓展"的要求，加快区域功能完善和产业支撑建设，形成"一个中心，一条发展轴，南北两翼经济区"，全力推进石城经济转型。"一个中心"，即以县城为中心；"一条发展轴"，即沿206国道的产业集聚带发展轴；"南北两翼经济区"，即县域南部经济区和县域北部经济区。

2011年，在"十一五"的基础上，提出了《石城县国民经济和社会发展第十二个五年规划纲要》。从工业发展内容看，《石城县国民经济和社会发展第十二个五年规划纲要》与《石城县生态县建设规划（2010～2020）》高度重合，前后一致。

"十二五"时期，石城强调建设赣闽产业走廊生态工业区。依托泉南高速公路直通闽三角核心区的地域优势，以技术提升、资源开发、环境保护有机统一的发展理念，注重工业与环境和谐发展，坚持走资源节约、循环利用、无污染清洁化发展之路，把矿山采选基地打造成集生态型、科技型和成长型为一体的工业产业基地，成为赣闽产业走廊生态工业示范区。其工业布局在"十一五"基础上进行了丰富和完善，既充分考虑不同区域的生态功能要求，又利用生态环境的差异发展地方特色生态产业，符合生态县建设要求。具体如下：

第一，空间布局。按照"一核二区"的发展格局，展开区域空间布局。"一核"即以县城为中心，包括泉南、济广两条高速公路出口的屏山、小松创业园。"两区"即南部经济区和北部经济区。南部经济区包括珠坑、横江、屏山、大由、龙岗五个乡镇，北部经济区包括小松、木兰、丰山、高田四个乡镇。"一核两区"以县城为龙头，通过206国道、"8"字形县道与"两区"联系，形成功能互补、资源共享、结构合理的区域布局。

第二，产业布局。根据地理特征、资源分布、比较优势等情况，县城（包括小松、屏山两个创业园）主要发展工业、服务业，南部主要发展旅游、油茶、香料产业，北部主要发展烟叶、白莲产业，形成较为合理的区域产业布局。县城以古樟工业园、小松和屏山创业园为龙头，重点发展环保设备制造、矿产品深加工、食品加工三大产业，调整优化产业结构，提高企业集聚程度，增强对县域经济的经济支撑能力。加快发展科技教育、医疗卫生、文化体育和现代服务业，完善城市功能，打造赣闽边际山水生态明珠城。

南部经济区以横江、屏山为龙头，重点发展旅游业、油茶、香料、有机蔬菜产业，加快生态景区、红色景区、农业观光景区建设，形成生态旅游产业体系。发展油茶、香料、有机蔬菜，打造闽三角生态油茶、香料和有机蔬菜供应基地。

北部经济区以小松、高田为龙头，重点发展白莲、烟叶产业，打造成全省乃至全国知名的白莲、烟叶示范基地。

第三，主体功能划分。根据发展基础、资源环境承载能力，将全县国土空间划分为鼓励开发、限制开发、禁止开发区域。其中县城（含小松、屏山创业园）、乡镇（圩镇）规划区为鼓励开发区域，做大做强县城区和小松、高田、屏山、横江四个中心镇。行政村、自然村为限制开发区域，各类自然保护区、森林公园、旅游景区、水源保护区、生态保护区为禁止开发区。

第四，实施强攻工业战略，打造赣闽产业走廊生态工业区。以新型工业化为先导，以工业园区为平台，坚持工业的经济效益和生态效益并重的发展原则，达到资源的集约利用和循环使用，做大做强机械制造、矿产品精深加工、食品加工三大工业主导产业。整合内生型要素资源，转方式，拓领域，提质量，扩总量，不断提升企业核心竞争力、产业的集聚力和全县工业的整体实力，努力把石城建设成"赣闽产业走廊"生态工业区。力争全县规模以上工业企业增加值、主营业务收入、利税总额年均增长30%以上，"十二五"期末全县工业增加值占生产总值的比重提高到30%以上。

为了确保上述布局顺利进行，提出以下五大"抓点"。

第一，抓好优势产业集群建设。围绕机械制造业、矿产品精深加工业、食品加工业三大优势产业，加快产业集群建设。采用市场配置、资产重组、入股参股等多种方式，引导各种资源向基础好、潜力大、势头强的重点产业和龙头企业集聚。一是做强机械制造业。以环保设备、矿山机械、齿轮、轴瓦为重点，扶优扶强，重点培植3~5个主营业务收入超亿元的制造业龙头企业。二是做大矿产品深加工业。加大对萤石、石英石、钾长石、瓷土、钽铌、锡、钼、地热等优势矿种开发利用力度，延伸产业链，达到精深加工。重点发展氟化工、建材产业，培植2~3个主营业务收入超亿元、税收超3000万元的矿产品精深加工企业。三是做优食品加工业。以白莲系列食品加工为主攻方向，发展油茶、香料加工，培植2~3个主营业务收入超5000万元、税收超千万元的食品加工企业。

第二，发展战略性新兴产业。围绕国家、省、市发展战略性新兴产业发展规划，利用石城产业基础和资源条件，发展节能环保、氟化工新材料、光伏、绿色食品四大新兴产业。重点扶持以废旧铜回收专用设备制造、废旧家电回收处理专用设备制造、矿山除尘设备制造为主的节能环保设备制造企业进一步提升技术、扩大产能，鼓励氟化工企业延伸产业链、开发新材料，推进白莲加工、山茶油加工绿色食品认证，发展太阳能光伏产业。鼓励现有制造企业向环保设备制造转型，选择新材料、新能源、节能环保、新型建材为发展方向，引进有实力的企业发展战略性新兴产业。

第三，大力发展循环经济。按照循环经济发展模式，加快企业的技术提升和产品升级。引导企业通过技术改进、科技成果转化来增加技术含量、提升产品层次、提高核心竞争力，实现由单一设备向成套设备，由小型设备向大型设备，由低端设备向高端设备，由前端设备向终端设备的转型发展。鼓励企业通过资金合作、技术协作、产业配套等多种方式抱团发展，提高市场竞争力。支持企业采用节能、降耗、环保的新技术、新工艺、新设备，提高生产效率、降低生产消耗、推进节能减排。按照循环经济模式延伸产业链，实现资源的最大利用。

第四，推进生态园区平台建设。园区平台建设始终以生态模式为主线来建设，园区规划强调与自然的和谐统一，园区建设注重与生态的协调一致，园区建筑使用环保节能材料。园区实现集约发展，具有较大的投资规模、较高的投资强度。设置入园企业的"绿色门槛"，杜绝高消耗、高污染、高排放企业入园。力争到2015年，古樟工业园完成5000亩的建园任务，屏山创业园完成3000亩、小松创业园完成2000亩的园区建设，把工业园区打造成新型工业化的大平台、经济发展的增长极。到"十二五"时期末，入园企业达到100家以上，园区工业增加值达到12亿元以上，实现税收2亿元以上，园区工业增加值占全县工业增加值的80%以上。

第五，加强政策支持和人才队伍建设。制定和完善强攻工业的各项政策措施，实现领导力量、财政资金、土地资源、环境容量等要素配置向工业集中。进一步加强工业人才队伍培养和建设，在政治上关爱、工作上支持、生活上关心工业人才，培养一支素质高、业务精的工业人才队伍，造就一批懂经营、善管理、有理想、有抱负的企业家。

2017 年，赣州出台了《关于加快推进瑞兴于经济振兴试验区建设的工作方案》（以下简称"方案"），明确将宁都、石城纳入瑞兴于经济振兴试验区政策辐射范围。根据方案，赣州将在瑞兴于经济振兴试验区开发和启动一批具有牵引力的重大项目。工业项目上将建设赣闽产业合作区，规划建设石城鞋服产业园，打造石城硅产业基地和氟化工产业基地、江西 LED 光谷重要的应用产业及配套产业基地。据此，石城再次丰富和完善了工业产业布局，决定重点发展以下五大产业。

第一，现代鞋服。抓住当前沿海发达地区产业梯度转移的有利时机，着力发展现代鞋服首位产业。紧跟国内外科技创新和产业发展趋势，充分利用现有的现代鞋服产业基础，细化市场并找准定位，全力推进技术革新和产业升级。以不断增强市场竞争力为目标、以技术创新和体制创新为动力、以结构优化为导向、以重整业务流程为手段，强化产业集群效应，鼓励现代鞋服产业更新升级，推动现代鞋服产业由中间加工环节向终端产品发展，优化区域合理布局，推动产业一体化发展，打造支撑有力、结构优化、高科技含量、高附加值的省内先进现代鞋服产业的制造基地、研发基地和贸易中心，实现百亿产业目标。

第二，新型机械制造。重点发展新型机械制造等产业，完善产业配套，形成多条完整的产业链。以矿山机械、轴瓦、齿轮为重点，积极引进上下游配套企业，努力打造配套领域宽、品种齐全、企业密集的新型机械制造产业基地。引导矿山机械产业向大型化、智能化、清洁化、自动化生产方向发展。立足矿山机械优势，加大技术创新、产品升级、标准化生产力度。引进大中型新型机械企业，通过大中型企业的带动力和辐射力，促进整个产业升级。鼓励生产企业向生产、销售、售后服务一条龙发展，实现服务更加完善、产品质量明显提高。以发展新型机械制造产业投资环境为核心，高水平规划工业园区新型机械制造产业发展蓝图，促进生产成本优势加速转化为吸引产业大投资、促进产业大发展的竞争优势，推动新型机械制造产业大发展。

第三，矿产品精深加工。加快发展矿产品精深加工产业，推动矿产品资源产业高端化,加快绿色矿山建设,逐步打造以石英石加工、高硼硅加工、萤石加工、废铜加工为重点的百亿矿产品精深加工产业。按照"整合资源、保护环境、科学规划、创新发展、合理布局、深度加工、做优产业"的方针,以延伸产业链为主线,发展矿产品精深加工和应用产品,形成高水平石英石深加工配套生产基地,打造企业"航母"。通过鼓励企业自主研发,建立产学研联合的长效机制,大幅度提高矿产品精深加工行业的自主创新能力和市场竞争力。

第四,新能源产业。紧紧抓住国家加快新能源产业发展的重大机遇,充分利用县域丰富的风能、太阳能、生物质能等资源,大力发展新能源设备生产项目,着力引进培育风电、光伏发电等新绿色能源产业。推动新能源产业成为新一轮经济发展的动力源和未来经济发展的优势产业,打造成为省级重要的新能源产业基地。

第五,绿色食品加工。依托赣江源头丰富的白莲、优质大米、油茶等农产品资源,发挥"赣江源""江西省绿色食品(白莲)产业基地"和"石城白莲"地理标志的品牌效应,大力引进大型品牌食品深加工龙头企业,做大做强绿色有机食品特色产业,不断提升农产品附加值。以农业产业化基地建设为主要依托,打造"互联网+农业"产品销售模式,加快培育和扶持食品加工产业集群发展。

(二)石城县促进工业发展的政策及其成效

1. 促进工业振兴的主要政策举措

第一,切实改善政务环境,打造良好营商环境的政策。出台《石城县深化"放管服"改革转变政府职能重点任务分工方案》《石城县政务服务环境专项整治行动方案》,下发《石城县人民政府办公室关于进一步提升政务服务水平的通知》,加快推进"五型"政府建设。制定《石城县工业园区企业服务综合受理中心组建工作实施方案》,深入推进"一窗式"审批服务,推行"互联网+政务服务"、并联审批等模式,实行集中受理、内部流转、限时办结、统一反馈机制,实现"园区事园内办结",力争实现"最多跑一次,甚至一次都不用跑",努力打造政策最优、成本最低、服务最好、办事最快的营商环境。

第二，认真实施"产业招商、大项目招商"的政策。为充分调动全社会力量参与引进重大招商项目的积极性和主动性，制定《石城县招商兴工扶持政策》《石城县鼓励社会各界引进重大招商项目奖励办法》。为强化工作责任，规范操作程序，提高工作效能，制定《石城县招商引资工作规程》。为充分发挥石城县比较优势，抓住国内外产业转移机遇，先后出台《关于加快推进承接产业转移工作的实施意见》《石城县承接产业转移百日活动工作方案》，以承接"长珠闽"地区产业转移为重点，突出发展矿产品精深加工、服装轻纺、机械电子、食品加工四大工业产业及现代服务业、旅游业。为加快推进招商引资签约项目早开工、早建设、早投产，出台《石城县招商引资项目落实地年活动实施方案》《关于2014年重点工程建设的实施意见》，以项目为载体，实行"工作项目化、项目责任化"，确保签约项目注册率、进资率、开工率。

第三，支持工业园区建设，积极打造工业发展平台的政策。出台《石城县闲置土地和低效用地清理处置专项整治工作方案》《石城县人民政府办公室关于做好2018年度批而未用土地处置工作提高土地利用率的通知》，切实提高土地供应率和利用率，着力盘活闲置和低效利用土地。制定《石城县屏山创业园低丘缓坡土地综合开发项目建议工作方案》，扩大园区规模，确保工业用地。为加快工业园发展步伐，优化入园项目质量，科学合理地利用好土地，提升园区经济效益，制定《石城县工业园区入园企业管理办法》。入园条件为：现代轻纺电子及食品加工类工业企业一次性固定资产投资总额不低于2000万元，固定资产投资强度不少于100万元/亩；机械制造类企业一次性固定资产投资总额不低于3000万元，固定资产投资强度不低于150万元/亩；矿产品加工类工业企业一次性固定资产投资总额不低于5000万元，固定资产投资强度不低于200万元/亩。高新技术、高税收、出口创汇项目企业以及其他重大项目，可实行"一事一议"。为切实解决工业园区突出环境问题，切实推进污染防治整治工作，确保工业污染源达标排放、生态文明水平不断提高，制定《石城县实施赣江流域生态环境工业污染专项整治工作方案》《石城县2017年工矿企业及工业集聚区水污染防治专项整治工作方案》《石城县工业园区环境问题集中排查整治专项行动工作方案》，开展工业园区环境问题集中排查整治专项行动，加强工业园区环境监管，加大环境违法行为整治力度，提升企业环境管理水平，实现经济与环境协调发展。

第四，主攻工业，积极打造鞋服首位产业的政策。在《关于2017年主攻工业工作的意见》中提出，把主攻工业作为加快县域经济振兴发展的原动力，坚持以"全方位承接、差异化发展、集群化推进、精准式帮扶"为主线，以"攻项目、整环境、提效率"为着力点，稳存量、扩增量、强产业，努力打造"赣闽粤长产业合作示范区"，加快新型工业化发展步伐。出台《石城县推进新制造经济发展实施方案》，进一步改造提升矿山机械等传统优势产业，着力打造以现代鞋服、新型机械制造、矿产品精深加工、新能源、绿色食品加工为核心的新制造经济。为更好发挥工业园区在主攻工业的主战场作用，特制定《石城县工业园区三年主攻工业实施方案（2016~2018年）》，按照"近期建园，远期建城"的理念，做宽平台、做优服务、做强企业、做大产业，努力建设基础设施一流、服务管理规范、产业特色鲜明、生态环境优美的石城工业园区。实施"首位产业首位意识，首位产业首位扶持，首位产业首位服务"发展战略，提出《关于加快推进现代鞋服产业发展的意见》（以下简称《意见》），进一步引导和扶持现代鞋服产业持续快速健康发展。《意见》以打造"赣闽粤长"鞋服产业基地，建设承接劳动密集型、资源加工型和市场依托型产业转移示范园为目标，依托现有鞋服及配套企业，抢抓沿海地区产业转移重要机遇，在县古樟工业园区先行规划建设4000亩鞋服产业基地，以打造江西省最大鞋服产业生产基地为核心内容，引进知名品牌企业入驻，着力引进鞋服和鞋服材料、鞋服机械、鞋服研发等相关配套产业，力争用10年左右的时间，把鞋服产业基地打造成为"中国（中部）鞋都"。近期目标是力争2020年成型鞋服企业达20家以上，年销售收入突破100亿元，利税10亿元以上，建成2000亩园区，吸纳2万人就业。制定《石城县鞋服产业园标准厂房租售办法（试行）》，进一步做好鞋服产业转移承接工作，形成首位产业孵化基地快速集聚效应。

第五，加快矿产资源整合，建设绿色矿山的政策。截至2018年4月30日，石城全县持证矿山企业27家，在生产矿山企业8家，其中市级以上发

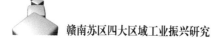

证矿山企业2家、县级发证矿山企业6家。为提高矿产资源的保障能力，促进矿产资源勘查开发与地质环境保护稳定协调发展，编制了《石城县矿产资源总体规划（2008～2015年）》，出台了《石城县人民政府关于印发石城县矿产资源整合暂行办法的通知》《关于印发〈石城县关于加快矿产资源整合和开发利用的实施方案〉的通知》，确定了重点发展的四类矿产，即铌钽矿、钾长石（含瓷土）、石英石、萤石矿。编制了《石城县海罗岭—井坑里钽铌多金属矿资源开发整合实施方案》和《石城县非金属矿产资源专项规划》，进一步加强了对全县的钽铌多金属矿和非金属的整合。根据绿色矿山建设总体要求，为加快推进绿色矿山建设工作，到2020年基本形成绿色矿山格局，建成绿色矿业发展示范区，促进矿业经济与生态环境和谐发展，制定《石城县2018～2020年绿色矿山建设工作方案》，从依法办矿、规范管理、综合利用、技术创新、节能减排、环境保护、土地复垦、社区和谐、企业文化九个方面，着力推动矿山企业积极参与绿色矿山建设；构建部门协同联动机制，加大政策扶持力度，加快绿色矿山建设进程；力争到2020年，全县矿山生产企业基本完成绿色矿山建设工作，新建矿山全部达到绿色矿山建设要求，并逐步形成符合生态文明建设要求的矿业发展新模式。

第六，扶持中小企业成长，增强企业自主创新能力的政策。出台《石城县2012年推进民营经济四项工程建设工作方案》，大力推进中小企业成长、能人创办企业、小企业创业基地和中小企业服务体系四项工程建设，引导和帮助小型微型企业稳健经营、增强盈利能力和发展后劲。制定《石城县创建省级小微企业创业园实施方案》，依托工业园区，为创业者提供"保姆式"服务，并出台《关于实施成长型小微企业信贷扶持工程 加快县域经济转型发展的指导意见》，立足工业园区，在全县范围内择优遴选100家成长型小企业，自2013年起，实施信贷扶持工程。力争用3～5年时间，培育出一批竞争力增强、知名度提高的"壮汉"型企业，使其成为促进产业结构优化升级和经济结构调整转型的中坚力量。为发挥金融机构支持地方经济发展的积极性、主动性、创造性，加大对新能源、新材料、绿色照明、矿产品精深加工、节能环保产业等产业的支持，制定《关于加强和改善金融服务支持振兴发展的指导意见》《关于对全县中小微企业融资对接工作进行跟踪问效的通知》《石城县 2012 年度金融支持地方经济发展考核方案》《石城县 2014 年金融支持地方经济发展激励考核方案》，对放贷进行督查，开展问责问效活动，确保金融机构支持地方经济发展的各项措施落到实处。出台《石城县贯彻实施质量发展纲要 2015 年行动计划》，充分发挥企业的质量主体作用，加强质量基础工作，为质量升级提供支撑，改进监管，提高质量安全的监管的水平。出台《石城县工业技术改造创新扶持专项资金管理办法》《石城县加大全社会研发投入攻坚行动实施方案》，切实加大财政科技投入，鼓励工业企业加大技改投入，壮大创新企业群体，引导重点骨干企业加大研发经费投入，实施科技型中小微企业引导计划，促进新产品开发，加快产业优化升级。重点扶持发展速度快、经济效益好、能耗低、污染少、含金量高、产品竞争力强，对行业和全县工业转型升级有带动作用的成长型企业。

2. 政策落实情况

石城县认真组织实施现代鞋服产业、新型机械制造产业、矿产品精深加工产业、新能源产业、绿色食品加工五大重点工程，全面推进传统产业转型升级，培育壮大新兴产业，不断提升工业综合竞争力。

第一，以生态园区为载体，强化产业承接能力。加快园区建设步伐，提高基础设施建设水平，完善园区功能，实施工业园区提升工程，推动工业园区向产城融合工业新城和智能化、生态化、服务化的"一城三化"转变，加快工业园区基础设施投入、单位面积产出和产业集中度"三个提升"。节约集约土地，增强园区承载力，加快建设标准厂房，鼓励企业入驻标准厂房；建立工业用地退出机制，规范用地秩序；整治工业园区内的违法建设用地，加大闲置土地清理处置力度。加快园区规范化进程，切实降低工业园区和园区企业运行成本，实现投入产出效益最大化，发挥园区聚集辐射作用。

第二，以项目建设为支撑，增强工业发展后劲，依托现有工业基础和资源条件，立足市场需求和发展潜力，加强项目储备，形成开工一批、策划一批、储备一批的良性循环机制。一是聚焦项目建设。按照"谁引进、谁负责""谁分管、谁负责"的要求，将项目落实到责任单位及责任人，坚持重点调度项目跟踪服务制度，有效协调和解决项目建设中出现的重大问题，促进项目尽快建成投产；定期组织县领导、项目建设责任单位主要负责人及相关人员深入项目建设一线，比进度、学经验、找差距、鼓干劲。二是倒逼项目推进。项目牵头单位按照合同工期，制定项目建设年度方案，进行量化，按月进行任务分解；督促企业履约按时有序安全施工建设。三是加强督查力度。县委、县政府督查室及县主工办对工业项目进行"每周一督查、半月一通报"，主攻工业领导小组每月进行一次调度，对工作不力、进度落后的，予以通报批评。四是实行奖惩机制。加大项目建设在绩效考评中的分值，对完成任务不达标、进度严重滞后的，按相关规定给予问责追责。

第三，以招商引资为重点，促进产业层次提升。一是创新招商引资手段和方式。从传统招商向产业链招商、合作招商、产业集群招商转变，积极创造条件对接省内外势力雄厚的大中型企业。围绕品牌鞋服、新型机械制造、矿产品精深加工、绿色食品、新能源等特色产业，着力招引一批产业关联度高的优质项目及加工贸易型企业，完善整个生态链，推动产业集聚。二是实行招商引资责任制，对引进的项目责任到人，跟踪服务，跟踪督办。进一步完善招商引资等激励政策，创造内外一致的项目建设环境，充分调动投资者和企业投产项目的积极性，努力营造有利于吸引各类生产要素的投资环境。

第四，以服务企业为中心，创优工业发展环境。一是加强软环境建设。进一步优化办事流程，减少办事环节，提高办事效率，创造更加宽松的发展环境。通过组织开展优化工业发展环境专项督查活动，督促各项优惠政策落到实处。二是营造重商氛围，加强政企沟通，着力营造亲商、扶商、安商、富商的投资环境。制定工业园区行政执法行为规范，杜绝行政执法随意性、不规范问题发生。三是突出企业精准帮扶，继续落实县领导带部门挂点重点企业帮扶制度，帮助企业理思路、订规划、解难题、化矛盾、办实事、办好事，促进企业调结构、拓市场、上台阶；帮助企业朝着"众创业、个升企、企升规、规转股、扶上市、育龙头、聚集群"方向发展；借助精准帮扶APP平台，提升服务效率，单位使用APP率达80%以上。着力培育龙头企业，鼓励企业科技创新。加大企业资金扶持，设立工业发展基金2亿元，其中专项扶持基金 5000 万元，用于支持工业经济发展的各类专项扶持、奖励、补助等，重点支持新兴产业、技术改造企业及高新技术企业。

3. 主要成效

石城主攻工业的具体成效主要表现在以下两大方面。

第一，《国务院关于支持赣南等原中央苏区振兴发展的若干意见》实施以来，石城强攻工业成效明显。其中，2012 年全年实现生产总值 310603 万元，按可比价同比增长 11.5%，增速同比加快 0.3 个百分点，其中第一、第二、第三产业分别实现增加值 104366 万元、92592 万元和 113645 万元，同比分别增长 6.7%、15.1% 和 13.3%，其中工业实现增加值 68545 万元，同比增长 14.7%；三次产业结构由上年的 34.7：29.1：36.2 调整为 33.6：29.8：36.6，第一产业比重下降 1.1 个百分点，第二、第三产业比重分别上升 0.7 和 0.4 个百分点；三次产业对经济增长的贡献率分别为 25.3%、34.8%、40.0%，分别拉动经济增长 2.4、4.2 和 4.9 个百分点。非公有制经济快速发展，实现增加值 171483 万元，同比增长 12.3%，占 GDP 的比重达 55.2%。工业经济较快发展。全年完成 500 万元以上工业固定资产投资 4.8 亿元，增长 32.5%。全年工业实现增加值 68545 万元，可比价同比增长 14.7%，对 GDP 增长的贡献率为 25.1%，拉动 GDP 增长 3.1 个百分点。年内实际利用外资达 1611 万美元，利用省外 5000 万元以上项目实际进资 9 亿元，外贸进出口增幅居全市前列。积极培植骨干企业，万年青水泥等龙头企业迅速成长，规模以上企业比上年增加 5 家，超百万元纳税企业突破 10 家。现代轻纺产业产值达 4 亿元，成为首个税收超千万元的产业。石城县工业实现增加值 6.9 亿元，按可比价同比增长 14.7%。工业增加值占 GDP 的比重达 22.1%，比 2011 年提高 0.4 个百分点。其中规模以上工业实现增加值 2.46 亿元，占全部工业增加值的比重为 35.8%，比 2011 年提高 8.9 个百分点，强攻工业战略成效开始显现。

2013 年，石城县全年实现生产总值 350098 万元，按可比价同比增长 10.1%，其中第一、第二、第三产业分别实现增加值 108219 万元、109490 万元和 132389 万元，同比分别增长 5.0%、14.7% 和 11.0%，其中工业实现增加值 81349 万元，同比增长 14.5%；三次产业结构由上年的 33.6：29.8：

36.6 调整为 30.9∶31.3∶37.8，第一产业比重下降 2.7 个百分点，第二、第三产业比重分别上升 1.5 个百分点和 1.2 个百分点，第二产业比重首次超过第一产业；三次产业对经济增长的贡献率分别为 9.8%、42.8%、47.5%，分别拉动经济增长 1.7、4.2 和 4.1 个百分点。工业经济快速增长。规模以上工业增加值为 3.44 亿元，增长 17.6%，增幅全市第一；实现主营业务收入129906 万元、利税 15174 万元，同比分别增长 29.8% 和 71.5%。工业用电量增长 42.7%。实现工业税收 6488 万元，增长 34%；纳税百万元以上企业累计达 11 家；现代轻纺产业实现税收 2400 万元。全年在建工业项目 30 个，强化科技创新，矿山机械产业"添加稀土材料制备的耐高压耐磨损轴瓦"项目获科技部中小企业创新基金立项，赣东矿机创新研发的多层摇床、移动式选矿设备、高速离心选矿机投入生产，全县完成工业固定资产投资 7.54 亿元，增长 58%，增幅全市第三。新增规模以上企业 8 家，总数达 27 家（见表 1-6）。

表 1-6　石城县规模以上工业发展情况

年份	企业数量（家）	总产值（万元）	工业增加值（万元）	主营业务收入（万元）	工业产品销售率（%）
2012	22	—	24600	88868	—
2013	27	—	34400	129906	—
2014	29	—	47813	174975	—
2015	32	—	74291	201145	—
2016	48	—	81917	246743	—
2017	62	—	—	402249	—
2018	70	—	—	472000	—

注：①"—"表示不详；②关于 2016~2018 年规模以上企业数据系根据石城县政府工作报告以及石城县国民经济和社会发展统计公报提供的新增规模以上工业企业数算术相加而得。具体情况是：2016 年的规模以上企业数量一说新入规企业 16 家，一说新增 17 家；2017 年新增规模以上工业企业 14 家；2018 年新增规模以上工业企业 8 家；③关于 2015 年的规模以上工业增加值、主营业务收入，一说为全县规模以上工业企业主营业务收入 24.67 亿元，增长 14.8%；实现增加值 8.2 亿元，增长 8.1%。本表以石城县统计局官网发布的数据为准。

资料来源：作者根据石城县历年发布的政府工作报告、国民经济和社会发展统计公报公布的相关数据收集整理。

2014年全年实现生产总值389120万元,按可比价同比增长10.0%,其中第一、第二、第三产业分别实现增加值116694万元、122157万元和150269万元,同比分别增长5.1%、13.4%和11.3%,其中工业实现增加值90101万元,同比增长13.3%;三次产业结构由2013年的30.9:31.3:37.8调整为29.5:31.4:39.1;三次产业对经济增长的贡献率分别为21.7%、32.5%、45.8%,分别拉动经济增长1.7、4.0和4.3个百分点。工业经济较快增长。全年实际利用外资1961万美元,增长10.6%,利用省外5000万元以上项目资金12亿元,增长13.5%,外贸出口2451万美元。全年工业实现增加值90101万元,可比价同比增长13.3%,对GDP增长的贡献率为22.4%,拉动GDP增长3.0个百分点。全年全县规模以上工业实现增加值47813万元,同比增长14.5%;实现主营业务收入174975万元、利税21405万元,同比分别增长34.7%和31.7%。屏山创业园500亩低丘缓坡项目竣工,泉商产业园1400亩征地拆迁工作基本完成,入园企业增至86家。全县工业固定资产投资增长26%,工业用电量增长34.4%,工业税收增长17.2%。净增规模以上企业7家,累计29家(见表1-6);新增纳税百万元以上企业5家,累计14家,万年青水泥纳税超过1000万元。2家企业被认定为高新技术企业。

总体上看,2014年石城县工业经济运行质量不断提升。一是轻、重工业双向平衡发展。规模以上轻工业累计完成总产值69182.4万元,同比增长19.5%;重工业累计完成总产值105277万元,同比增长14.5%;轻、重工业占全县规模以上工业企业比重为39.7%和60.3%。轻、重工业由原来的轻工业快速增长转变到轻、重工业双向平衡发展,所占比重也渐渐在拉近。二是工业用电量增长较快。全县工业用电量7913.6万千瓦时,同比增长34.4%。其中,当月用电量1050.9万千瓦时,同比增长57.3%。工业用电增长较快主要是石城南方万年青水泥有限公司新增第二条生产线用电机组。三是龙头企业引领增长。国网江西石城县供电有限责任公司、江西石城南方万年青水泥有限公司、赣州市华欣体育用品有限公司等龙头企业健康发展,有效地拉动了工业的提速。

2015年,石城县全年实现生产总值415250万元,按可比价同比增长

9.0%，其中第一、第二、第三产业分别实现增加值 120136 万元、126372 万元和 168742 万元，同比分别增长 4.2%、9.9% 和 12.0%，其中工业实现增加值 92326 万元，同比增长 9.4%；三次产业结构由 2014 年的 29.5：31.4：39.1 调整为 28.9：30.4：40.6；三次产业对经济增长的贡献率分别为 14.2%、34.1%、51.7%，分别拉动经济增长 1.3、3.1 和 4.6 个百分点。全年落地项目 31 个，其中亿元以上项目 7 个，实际利用外资 2365 万美元，增长 10%；利用省外 2000 万元以上资金 15.1 亿元，增长 11.9%。鞋服首位产业集群加速形成，总产值达到 25 亿元，占工业总产值的 60%。总投资 31.3 亿元的鞋服产业园初显规模，新百伦领跑、斯派纹奇、阿迪达斯、奇酷等重大项目加快推进，中国鞋材网在全国设立 6 个省级分部，入驻平台企业 11.4 万家。新能源产业发展初见成效，晶科、马丁光伏并网发电，大唐国际金华山风电项目开工建设。重点企业培育成果明显，2 家企业分别在新三板和港三板挂牌，18 家企业在新四板挂牌。铭鑫冶金"废弃电子产品资源化利用成套设备研发及产业化生产"获赣州市科技进步一等奖；恒鸿食品、石成金矿机列为省级"专精特新"企业。

工业经济较快增长。全年工业实现增加值 92326 万元，可比价同比增长 9.4%，对 GDP 增长的贡献率为 24.0%，拉动 GDP 增长 2.2 个百分点。全年全县规模以上工业实现增加值 74291 万元，同比增长 10.0%；实现主营业务收入 201145 万元、利税 23197 万元，同比分别增长 8.9% 和 3.7%，其中实现利润总额 11409 万元。全年新入规企业 5 户，实际落地项目 50 个，其中亿元以上项目 6 个；完成工业固定资产投资 10.56 亿元，同比增长 9.3%；工业税收 7794 万元，同比增长 2.5%。从轻重工业看，轻工业累计完成总产值 82490 万元，同比增长 4.2%；重工业完成 120927 万元，同比增长 18.4%。轻、重工业占规模以上工业的比重分别为 40.6%、59.4%。从经济类型看，国有企业规模以上工业总产值 13986 万元，同比下降 5.6%；股份制企业规模以上工业总产值 161967 万元，同比增长 17.3%；其他经济类型企业规模以上工业总产值 27464 万元，同比下降 3.5%。从控股类型看，非公有制工业实现工业总产值 189431 万元，同比增长 13.8%，占全部规模以上工业总产值 93.1%，增速比全部工业高出 1.6 个百分点。非公有制工业企业增长强劲。从用电情况看，石城县全社会用电量 23706.8 万千瓦时，同比增长 8.3%，其中工业用电量 8502.3 万千瓦时，同比增长 7.4%，主要原因是石城万年青新型建材有限公司、江西石城南方万年青水泥有限公司、万吨水厂等企业用电量的大幅增长。从园区情况看，石城县工业园区 68 家工业企业实现主营业务收入 197411 万元，同比增长 9.2%；工业增加值 58995 万元，同比增长 10.1%。利税总额 21873 万元，同比增长 8.7%。工业固定资产投资额 35014 万元，同比下降 24.7%。

2016 年，石城全年实现生产总值 462477 万元，按可比价同比增长 9.1%，其中第一、第二、第三产业分别实现增加值 130364 万元、135523 万元和 196590 万元，同比分别增长 4.4%、8.3% 和 13.1%，其中工业实现增加值 97911 万元，同比增长 7.6%；三次产业结构由 2015 年的 28.9∶30.4∶40.6 调整为 28.2∶29.3∶42.5；三次产业对经济增长的贡献率分别为 14.1%、27.6%、58.3%，分别拉动经济增长 1.3、2.5 和 5.3 个百分点。全年工业实现增加值 97911 万元，可比价同比增长 7.6%，对 GDP 增长的贡献率为 11.8%，拉动 GDP 增长 1.7 个百分点。500 万元以上固定资产投资 30.7 亿元，同比增长 18.3%；外贸出口 3313 万美元，同比增长 13.3%；实际利用外资 2365 万美元，同比增长 10%。大部分指标高于全省、赣州市平均水平，其中 500 万元以上固定资产投资增幅居全市前列。

工业经济稳定运行。2016 年全年全县规模以上工业实现增加值 81917 万元，同比增长 8.1%；实现主营业务收入 246743 万元，同比增长 14.8%；种源生态在新三板挂牌，金科酒业在港三板挂牌，18 家企业在新四板挂牌；新增宏兴选矿高新技术企业 1 户；新增恒昌、威尔、石成金 3 个省著名商标；新增通利矿机、石城矿山机械、兴业机械 3 个国家发明专利；铭鑫矿机、石城协发选矿设备厂分别荣获全省科技进步一等奖、三等奖；种源生态、华辉选矿、高旋轴瓦三家被认定为省级专精特新企业；铭鑫矿机、石成金矿机获批筹建市工程技术研究中心；铭鑫矿机被授予"国家知识产权优势企业"；清心食品、雄达白莲、赣江源农业三家企业认定为农业产业化市级龙头企业；

万年青水泥公司获市级两化融合示范企业。全年新入规企业16户，签约项目20个，总投资12.8亿元；完成工业固定资产投资14.35亿元，同比增长35.9%；工业用电量5954万度，同比下降6.5%；工业税收7780万元，同比下降0.2%。

2017年，石城县全年实现生产总值528511万元，按可比价比2016年增长10.0%，其中第一、第二、第三产业分别实现增加值136703万元、154512万元和237296万元，分别比2016年增长4.8%、9.0%和14.2%；三次产业结构由2016年的28.2∶29.3∶42.5调整为26.7∶28.9∶44.4。主攻工业步伐加快。"降成本、优环境"专项行动深入实施，为企业减负降税近1.4亿元；"五个信贷通"发放贷款10.2亿元，为147家企业提供转贷资金5.06亿元。骨干企业加快成长，汇通铜业主营业务收入突破10亿元，万年青水泥、华欣体育用品、新百伦领跑主营业务收入超过1亿元，新增规模以上工业企业14户。现代鞋服首位产业加速集聚，全年产值达到35亿元，增长40%，其中总投资5亿元的龙头企业斯哌纹奇项目顺利投产。全县工业固定资产投资完成20.27亿元，增长41.3%，增速全市第六，较2015年增长91.5%。全年工业实现增加值109695万元，可比价比2016年增长8.7%；规模以上工业增加值比2016年增长9.6%；实现主营业务收入402249万元，比2016年增长61.1%，较2015年增长100%；实现工业增值税1.67亿元，增长157.5%，工业税收1.91亿元，增长146%。全年新入规企业14户，完成工业固定资产投资202660万元，比2016年增长41.3%；工业用电量7808万度，比2016年增长31%。生产总值、规模以上工业增加值增速分列赣州市第二、第五，大幅前移11位、12位。主攻工业基本实现提前翻番目标，规模以上工业企业主营业务收入、工业税收增速位列赣州市第一，工业增值税和工业税收首次实现"双过亿"，单个企业纳税首次突破1亿元。

综合以上分析，石城县三年工业翻番主要指标基本实现提前翻番，见表1-7。

图1-4 2013~2017年石城县全部工业增加值及其增长速度

资料来源：石城县统计局。

表1-7 石城县三年工业翻番指标完成情况表

年份 指标	2015	2016	2017	2018	翻番任务数
规模以上主营业务收入（亿元）	20.11	24.67	40.22	—	40.22
工业固定资产投资（亿元）	10.56	14.35	20.27	—	21.12
园区主营业务收入（亿元）	19.74	22.38	42.82	—	39.48

2018年"主攻工业、三年翻番"目标全面实现。引进亿元以上重大招商项目8个，利用省外2000万元以上项目资金19.32亿元，增长15.5%。新增外资企业3家，石城县规模最大的外商独资企业鸿豪产业联盟成功落户。出台现代鞋服产业特惠政策"20条"，助力首位产业集群加快形成，全年总产值达50亿元。全年新增规模以上工业企业8户。预计全县工业固定资产投资23.5亿元，增长16.9%；规模以上工业企业主营业务收入47.2亿元，增长21%；工业税收增长58.1%，突破3亿元，分别为2015年的2.22倍、2.35倍和3.85倍。

第二，园区不断优化。2012年古樟工业园、小松创业园、屏山创业园建设进一步加快，园区面积达3517亩，入园企业达79家，园区工业增加值增

长 20.9%，税收增长 90.2%。2013 年工业园区（古樟工业园、小松创业园、屏山创业园、小微企业创业园）面积达到 3800 亩，入园企业增加到 83 家。

2014 年，石城县工业园区完成基础设施投入 5.69 亿元，46 家投产工业企业完成工业总产值 170126 万元，同比增长 19.8%；主营业务收入 168429 万元，同比增长 17.7%；工业增加值 46110 万元，同比增长 11.3%；利税总额 19207 万元，同比增长 35.6%。

2015 年，平台建设加快推进，新增园区面积近 1000 亩。石城工业园区已形成"一轴两翼""一园三区"发展格局，规划总面积 20000 亩，已有平台开发面积约 4000 亩。2016 年新增园区面积 800 余亩；全年落地项目 31 个，其中亿元以上项目 9 个。园区先后获批"省级矿山采选机械产业基地""省级小企业创业基地""省级绿色食品（白莲）产业基地""台商创业园"等称号。已初步形成现代鞋服、机械制造、新能源、新型建材、绿色食品加工五大主导产业。总投资 31.3 亿元的鞋服产业园加快建设，从 10 余家发展到 230 余家，中国鞋材网总部成功落户，阿迪达斯、斯哌纹奇、新百伦领跑、牛头奇酷等多家知名品牌制鞋业纷纷进驻，一个"以鞋服产业园为线下支撑、以中国鞋材网为线上平台"的鞋服产业集群初具规模。

2017 年石城工业园区基础设施投入 3.1 亿元，新增园区面积 1050 亩，总面积达 5100 亩，新建标准厂房 26 万平方米，园区工业污水处理设施建成试运行。瑞金国家经济技术开发区石城园区正式挂牌。园区主营业务收入实现 42.82 余元，同比增长 38.1%，较 2015 年增长 117.1%；利润总额实现 2.51 亿元，同比增长 81.72%；招商实际到位资金 5.01 亿元，同比增长 34.03%；工业固定资产投资额 14.13 亿元，同比增长 51.97%。

2018 年，工业园区以项目建设为重点，激发园区内生动力，以"降成本、优环境"为抓手，全力扶持企业发展。继续推进屏山创业园、小松创业园、硅产业园平台开发建设，新增工业区面积 550 亩、标准厂房 15.6 万平方米，工业污水处理设施正式运行。全省首个鞋类产品质量监督检验中心获批成立，"四个中心"建成投入使用。全县首个总投资 14 亿元、总面积 6500 亩的工业平台 PPP 项目顺利落地。投资 6 亿元的坚信科技、4 亿元的同心鞋业、

2 亿元的大由大、2.4 亿元的迦南农牧、欧特西橱等项目进展顺利。鞋服产业园一期和标准厂房一期建设完工，投资 3 亿元的斯哌纹奇体育用品有限公司鞋服生产项目基本建成投产，有力带动鞋服首位产业发展壮大。通过采取差异化特色产业布局，搭建招商平台，建立常态化沟通对接机制，整合"五园"招商资源，拓宽招商引资渠道，实现招商资源共享。

综上所述，石城工业快速发展，无论是工业总量规模还是内在质量，都取得了明显进步。但是，由于全县规模以上工业企业个数少、规模小，产业规模依然不大，实力依然偏弱。矿山机械是石城县的传统优势产业，近年来，随着国内外大环境、季节等因素的影响，矿山挖掘设备的需求减少，无论是内销还是出口压力都比较大，从而直接影响了矿山机械企业产值及主营业务收入的增长。作为首位产业的鞋服业，部分企业以代加工、租赁厂房为主，没形成自主品牌，且受季节性、用工、原材料价格、订单量等因素的影响较大，因停产或注销退库的企业数量不少。加之新的经济增长动力尚未形成，石城工业发展壮大乃至转型升级均任重道远。

第二章 "三南"片区的工业振兴

第一节 "三南"片区工业布局

"三南"片区的工业布局经历了一个不断优化的过程。目前,赣州正在力推龙南经济技术开发区、龙南经济技术开发区全南园区、龙南经济技术开发区定南园区、"三南"承接加工贸易转移示范地产业园(以下简称"一区四园")一体化发展、一体化招商,建设"三南"承接加工贸易转移示范地产业园(以下简称"三南"示范园)。因此,"三南"示范园集中体现了"三南"片区的工业布局。

一、"三南"示范园的由来

(一)"三南"概况

"三南"是江西省赣州市的龙南、定南、全南三个县统称,为客家人聚居地,三南通行客家语(宁龙片),客家民风浓郁。曾几何时,"三南"属于江西省南部的边陲小县,虽然毗邻发达的"珠三角",但在较长时间里却"得风不得雨",以往一直是落后封闭的代名词,不少经济社会发展指标在江西排"谷底"。但现在,却成为江西省县级经济社会高质量发展的"明星县"。三县基本情况如下:

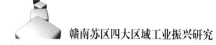

1. 龙南县

龙南县位于江西省最南端，东邻定南县，西靠全南县，北毗信丰县，南接广东省和平县、连平县。龙南县是中国对外开放县，105国道、大广高速、赣粤高速、京九铁路贯穿其南北，已成为政治、地理、交通优势极为突出的江西省全方位开放的南大门。龙南县总面积为1640.55平方千米，总人口33.69万。

龙南县区位优越，交通便捷。承南启北，距广州260千米、深圳340千米，是江西距珠三角地区最近的县。交通便利，京九铁路、105国道、赣粤高速、大广高速穿境而过，通用机场列入全省规划，赣深高铁建成后将全面融入珠三角1小时经济圈。

龙南县资源丰富。矿产资源丰富，已探明稀土、钨、煤、石灰石、大理石、膨润土和铁矿等矿产资源40多种，其中离子型重稀土储量占世界已探明储量的70%，质量居世界之首，是世界著名的"重稀土之乡"。全县森林覆盖率高达82.16%，居全省前列，享有"生态王国""绿色宝库"美誉，荣获"江西省森林城市"称号。

龙南县设施完善，功能齐全。建有中西部县中唯一的正处级海关、检验检疫机构和保税物流中心（B型），是我国中西部省份口岸设施最完善的县，为企业进出口货物报关、报检提供了便利条件。水电供应充足，有1座500千伏、2座220千伏、6座110千伏变电站，是江西南部电网中心。着力建设赣南次中心城市，龙南撤县设市请示已经省政府同意并报国务院审批，城市建成区面积18.96平方千米，城镇人口17.94万。

龙南县产业集聚，特色鲜明。龙南县改革开放早，1992年列入江西首批对外开放县，拥有赣粤边际唯一的国家级经济开发区。江西龙南经济技术开发区经国务院批准于2013年3月升级为国家级经济技术开发区；龙南县成为全市首个、全省第二个拥有国家级经济技术开发区的县，引领并整合"三南"（含全南县、定南县）园区，实现了一体化发展。目前，龙南经济开发区已落户工业企业250多家，其中规模以上企业102家，初步形成了电子信息首位产业和稀土新材料、现代轻工、食品药品主导产业。赣州电子信息产业科技城、"中国稀金谷"龙南基地、"三南"承接加工贸易转移示范园地加快建设，电子信息、稀土精深加工被列为省级重点工业产业集群。

2017 年，全县实现规模以上工业增加值增长 9.0%，完成工业主营业务收入 2684769 万元，同比增长 16.2%。其中稀土精深加工、电子信息、现代轻工、食品药品四大主导产业实现主营业务收入 2349236 万元，同比增长 23.04%。

2. 定南县

定南县地处江西省南部边陲，是中央苏区县、东江源区县。总面积 1321 平方千米，总人口 22 万。定南县区位优势、生态优势、资源优势和交通优势明显。

定南县区位交通优越，是赣粤边际物流中心。东邻安远县、寻乌县，西连龙南县，北靠信丰县，南接广东省龙川县、和平县，定南县自古就是赣粤两省交通的咽喉要地、商贾要道，是江西对接粤港澳的第一门户和排头兵，分别距广州、深圳、东莞 298 千米、290 千米和 280 千米，距赣州黄金机场 140 千米。赣粤高速、宁定高速、京九铁路和 G238 南昌至惠来、G358 石狮至水口、G535 定南至宜章 3 条国道穿境而过，赣深客专设立定南站，北上有始发列车，形成了集高速、高铁、铁路、公路于一体的交通网络。定南县规划建设了省级商贸物流服务业基地，设立了省级公路口岸作业区并成为赣州出境水果检验检疫指定口岸。定南县是珠三角的发展腹地，处于赣州 1 小时经济圈和深港共建国际大都市 3 小时经济圈、赣粤物流大通道中心节点。

自然资源丰富。其矿产资源丰富，特别是以稀土和钨为重点的矿产资源分布广、品种多、储量大、质量优，是全市、全省乃至全国重要的有色金属基地县，尤其是稀土矿藏品种全、品位高，属中钇富铕型稀土，是首批 11 个国家稀土规划矿区之一，保有储量 7.5 万吨，远景储量 114 万吨。此外，还有钛铁、石墨、膨润土、瓷土等 20 多种矿藏。森林覆盖率 81% 以上，有"天然氧库"之称，属东江源自然保护区，是香港同胞重要饮用水源地。植被保持优良，动植物资源丰富，各类野生动植物种类繁多，有竹木、药材等野生植物资源近 400 种，优质农副产品资源丰富。胜仙、瑞丰米面和云台山白茶、笋干等农特产品畅销各地，客家酸菜王、豆叶干、酸酒鸭等客家名品享有

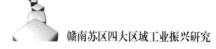

盛誉。

定南县城的规划结构为：两条轴线，三个中心，四大片区。两条轴线即由京九大道—建设路—工业大道形成的城市主要发展轴线和以龙亭路和东风东路为城市的发展次轴，将三个中心紧密联系。三个中心即商业中心、文化娱乐中心和行政中心。四大片区即沿着城市发展轴线，按照城市用地特征划分的四个片区，包括老城区、城北新区、城东城南工业区和城西的交通物流区。老城区功能以商业、文化娱乐居住以及与居住相配套的教育、医疗等为主；城北新区是全县的行政中心；东环路以东的区域为城东工业区；良富工业区为东风东路以南区域，以轻工业为主；城西依托火车站和高速公路出口带来的便捷交通条件形成仓储、货物转运功能为主的现代物流中心。

"十一五"时期，定南工业方面完成固定资产投入26.57亿元，实现工业增加值26.63亿元，其中规模以上工业增加值24.75亿元。初步形成了以稀土、钨等有色金属为龙头，电子、五金塑胶、生物制药、动漫、环保涂料化工为支撑的六大特色主导产业板块，产业集聚效应逐步释放。全年引进内资项目38个，实际进资18.05亿元，增长29.67%，其中亿元以上项目7个；引进外资项目6个，实际进资4449万美元，增长10.7%，现汇进资890万美元，增长18.8%；外贸出口2781万美元。全县规模以上工业实现总产值60.95亿元，增长104.15%；完成主营业务收入51.89亿元，增长82.33%；实现税收3.36亿元，增长136.67%；工业对财政的贡献率达57.96%。工业园实现产值60.07亿元，累计入园企业132家，提供就业岗位6314个。

3. 全南县

全南县地处江西省最南端，东南与龙南、信丰两县交界，西北与广东省翁源、连平、始兴、南雄4县（市）交界，60%的边界与广东接壤。地处"珠三角"两小时交通圈，是国家高速公路——大广高速由广东进入江西第一站。大广高速、大广复线、寻全高速、赣深高铁、赣广高铁已建成、在兴建以及正全力推动的两纵两横高速、高铁网络，打开了全南县沟通往来、交流合作的便捷通道，立体化的交通格局正在形成。凭借得天独厚的区位优势，全南县既是江西省融入"9+2"泛珠三角经济圈和承接产业转移的最前沿，又是珠三角、海峡西岸经济区的直接腹地，为企业的发展提供了最便捷的交通条件。全南县 1903 年建县，原名"虔南县"，因地处虔州（今赣州）之南而得名。全县国土总面积 1520 平方千米，其中耕地面积 11.8 万亩，总人口 21 万。

全南县自然资源丰富。全南县矿产资源丰富，规模储量的矿产资源有钨、稀土、萤石、瓷土、钽铌等 26 种。其中，萤石、稀土、钨矿保有储量分别排赣州市第二、第三和第四位。境内著名的大吉山钨矿是我国"一五计划"重点工程之一；境内有桃江和黄田江两条赣江重要支流，全县水能蕴藏量 3.6 万千瓦，是全国首批初级电气化达标县。全南县是江西省蔬菜生产十强县、全国蔬菜产业发展重点县、国家级高山蔬菜标准化示范区。森林覆盖率达 82.5%，是我国南方重点林业县之一，全县拥有山林 199 万亩。近年来，全南芳香产业发展迅速，已建设厚朴、桂花等芳香苗木花卉基地 10 万多亩，已建成全国最大的古梅园。先后入选江西省首批省级循环经济试点单位、第二批省级生态县创建重点范围、全省碳汇造林试点县。

"十一五"时期，全南矿产品加工、轻纺服饰、机械电子和木竹加工四大工业主导产业发展迅猛。2010 年全县规模以上工业企业达到 37 家，其中税收超百万元的工业企业 20 家、超千万元的工业企业 6 家。工业增加值年均增长 24.6%，全县工业占 GDP 的比重由 2005 年的 30.9% 提高到 41.4%，连续三年获得省政府颁发的工业崛起年度贡献奖。

（二）"三南"示范园的提出

"三南"示范园的提出经历了一个不断完善、提升的过程，这个过程实际上是江西省、赣州市以及三南各县自身对"三南"在区域发展谋篇布局上的认识不断深化、战略定位不断优化的过程。

2012 年 6 月《国务院关于支持赣南等原中央苏区振兴发展的若干意见》（以下简称《若干意见》）出台，专门提出"推动赣州'三南'（全南、龙南、定南）建设加工贸易重点承接地"，扶持"龙南次中心城市建设"。《若干意见》以中央文件形式明确了"三南"在赣南苏区区域经济发展中的产业定位以及龙南在其中扮演的龙头角色。于是，在政策效应不断释放下，"三南"开放对接步伐持续加快,开放型经济的发展腾飞乘上了难得的东风。2012年6月13~15日,"三南"承接产业转移示范区规划工作调度会在龙南召开,会议由县委书记谢宝河主持,全南县、定南县主要领导出席调度会。调度会上,"三南"还就各自县示范区的产业布局情况进行了交流,为承接产业转移示范区建设做好前期准备工作。2013年3月28日下午,江西赣南苏区振兴发展"三南"国家级承接加工贸易转移示范地建设推介会在深圳市南山区召开。时任龙南县县委书记谢宝河主持推介会,时任全南县县委书记薛强作"三南"国家级承接加工贸易转移示范地规划建设、产业发展和优惠政策推介,时任定南县县委书记陈阳霞推介了三个县重点产业招商项目。三个县的主要领导一起力推"三南"实属罕见,以实际行动说明三县高度认同《若干意见》对"三南"的产业定位,龙南在其中的龙头老大身份也得到定南、全南两县的公开承认。

龙南之所以能够成为"三南"建设的领头羊,既有历史渊源,也是现实使然。历史上,定南就是在明朝隆庆三年(1569年)割信丰、龙南、安远县七堡而建县的。清光绪二十九年(1903年),划龙南县的大龙堡、新兴堡和信丰县的镇南堡、杨溪堡、步口堡、回戈堡置虔南厅,隶赣州府。虔南从此列为县一级政权建置。民国二年(1913年),统一全国县制。虔南厅改为虔南县,隶属江西省政府。显然,三县中龙南历史最为悠久,先有龙南,后才有定南、全南,定南、全南部分地区历史上长期属于龙南县辖。现实看,无论是县域面积、还是总人口以及经济社会发展状况,龙南都强于定南、全南。龙南在"三南"中的带头大哥角色得到了三县官方、民间一致认可。更重要的是,"1+1+1"三县通力合作共建加工贸易重点承接地的效用大于3,因为有海关、检验检疫和赣州南500千伏输变电站等共有资源,并且三地可实现物流、用工和配套等方面的互补,加上"三南"国家级承接加工贸易转移示范地和龙南国家级开发区的优惠政策,形成叠加效应,三县真正实现了共赢的局面,因此才出现了三县共同力推加工贸易重点承接地建设的情景。与此形成鲜明对比的是,瑞金在瑞兴于经济振兴试验区的领头羊地位则略显尴尬,一些县的百姓甚至部分政府官员对此并不认同,加之在推进过程中出现了一些困难，目前推进工作略显缓慢。

为推动龙南次中心城市建设，《赣州市龙南都市区规划（2013～2030年）纲要》（以下简称《规划纲要》）提出了龙南都市区规划范围，涉及龙南、定南、全南、安远、寻乌五县行政辖区［41个建制镇（含县城关镇）、26个乡］，面积9163.9平方千米，2012年常住人口约128万，以充分发挥区位、资源和多种政策叠加优势，进一步强化内聚外联，加快承接东南沿海先发地区的产业转移，形成北融赣州都市区，南承珠三角及港澳，东接厦漳泉及台湾的发展格局，努力将龙南都市区建设成为生产空间集约高效、生活空间宜居适度、生态空间山清水秀、城乡协同互促发展、社会文明和谐进步的赣粤闽边际重要的生态型都市区、赣粤闽边际的新兴增长区。《规划纲要》提出三个"一体化"，即打造"三南"一体化发展地区：采用"大集中、小分散"模式，推进产业、城镇的集中连片发展，形成生产、生活空间相对集中紧凑的城镇化发展区；构建覆盖城乡的一体化交通网络体系；形成城乡一体的公共服务网络、分级配置的城乡公共服务设施网络，使城乡居民享受到同等便利的公共服务。

为深入贯彻落实《国务院办公厅关于促进开发区改革和创新发展的若干意见》（国办发〔2017〕7号）精神，为打造赣州南部开放型经济重要增长翼，2017年6月，赣州市出台《赣州市人民政府关于支持龙南全南定南园区一体化发展的若干意见》，在"三南快线"① 沿线、"京九"铁路沿线建设"三南"承接加工贸易转移示范地产业园（以下简称"三南"示范园）。创新管理模式，将全南工业园、定南工业园、"三南"示范园纳入龙南经济技术开发区（以下简称龙南经开区）管理，推动品牌共用、政策共享、规划共编、园区共建、数据并表，构建龙南经开区"一区四园"发展新格局。《赣州市人民政府关于支持龙南全南定南园区一体化发展的若干意见》着力打造"三南"

---

① "三南快线"即寻茅线定南东山至全南天龙段一级公路改建工程，路线走向是以原省道S327寻茅线为基本走向进行规划设计，分两期实施。项目的建成有利于打造赣州南部核心经济区和加工贸易重要承接地的基础性工程，既可将"三南"片区现有工业园区顺畅连接，又可以为今后加工贸易重点承接地的扩展提供充足的空间。

示范园，将给龙南、全南、定南发展带来新的机遇，助力"一区四园"创新发展、转型升级步入快车道。

龙南、全南、定南园区一体化发展是赣州市委、市政府深入贯彻落实《国务院办公厅关于促进开发区改革和创新发展的若干意见》精神，为打造赣州南部开放型经济重要增长翼作出的重大举措。2017年7月2日，龙南、全南、定南园区一体化发展挂牌仪式在全南工业园、定南工业园和龙南经开区隆重举行。同时，这一文件的正式出台也表明《赣州市龙南都市区规划（2013~2030年）纲要》力推的龙南、定南、全南、安远、寻乌一体化并没有得到江西省、赣州市的正式认可，其范围仍然仅限于"三南"的龙南、定南、全南三县。

二、"三南"示范园产业布局

（一）总体布局

《若干意见》出台不久，国家发展和改革委就批复同意设立赣南承接产业转移示范区[①]，"赣州（三南）承接加工贸易转移示范地"也获得商务部认定并授牌。此后，"三南"示范地一直致力于打造"一极、两区、四基地"，即赣南苏区振兴发展的重要增长极，江西承接珠三角产业转移的先行区和赣粤产业走廊的经济合作区，全国著名的离子型稀土新材料深加工产业基地、全国重要的先进制造业基地、全国重要的氟新材料及精细化工产业基地、全国重要的芳香产业基地。

2014年，经省政府同意，江西省发改委联合省商务厅印发了《赣州"三南"（龙南、全南、定南）承接加工贸易转移示范地发展规划》（以下简称《规划》）。示范地建设范围为龙南、全南、定南全境，面积4479.72平方千米，主体为国家级龙南经济技术开发区、全南工业园、定南工业园、省级特

---

① 赣南承接产业转移示范区简称示范区。据悉，示范区规划期为2013年至2020年，规划范围以赣州开发区、综合保税区（含出口加工区）、香港工业园，瑞兴于经济振兴试验区，"三南"加工贸易重点承接地，龙南国家级经济技术开发区，以及省级经济技术开发区、省级工业园、省级特色产业基地、产业集聚区为主体，辐射赣州全境及周边地区。

色产业基地及拟建的赣粤跨省产业合作区，辐射赣州全境及周边地区；示范地的建设将在制度层面上为欠发达地区加快发展、转型发展、跨越发展创造经验，提供示范。《规划》的发展目标是，围绕"确保2020年与全国人民同步进入全面小康社会的总体要求"，力争加工贸易年均增长20%以上，加工贸易出口上千万美元企业超过10家，亿美元以上企业5家以上，加工贸易出口总额超过10亿美元，初步形成"三南城市群"。

为推动龙南、全南、定南（以下简称"三南"）一体化发展，打造赣州南部重要增长板块，《关于支持龙南全南定南园区一体化发展的若干意见》进一步明确了"三南"一体化发展的定位，即构建龙南经开区"一区四园"发展新格局。"一区四园"建设的基本思路是，由国家专项资金、市本级财政、"三南"共同出资和引进外来资金，采取市场化运作，组建运营公司，统一实施征地拆迁、"三通一平"以及配套基础设施建设，在"三南快线"沿线、京九铁路沿线建设"三南"承接加工贸易转移示范地产业园（以下简称"三南"示范园）。创新管理模式，将全南工业园、定南工业园、"三南"示范园纳入龙南经济技术开发区管理，推动品牌共用、政策共享、规划共编、园区共建、数据并表，构建龙南经开区"一区四园"发展新格局。其发展目标是，"三南"示范园一年拉开框架、两年完善配套、三年初具规模。"三南"加工贸易产业主营业务收入在2016年基础上实现三年翻番。到2020年，龙南经开区经济实力大幅提升，核心竞争力明显增强，工业增加值、主营业务收入、利税总额在全省国家级经开区中排位前移、位居前列，电子信息首位产业在全省比重提升。

《关于支持龙南全南定南园区一体化发展的若干意见》突出了加工贸易产业，并且在空间上，将加工贸易产业布局在"三南快线"沿线、京九铁路沿线。在此之前，《赣州市龙南都市区规划（2013~2030年）纲要》（暂定名）（以下简称《规划纲要》）就对"三南"产业进行了规划。

《规划纲要》以龙南核心城市为中心，认为随着（赣粤界）高速公路、济广高速公路、萍全高速公路、赣深客运专线、鹰瑞梅铁路等跨省通道的增辟和完善，实现城镇群内货物和人流3~4小时便捷通达珠三角和潮汕地区中心城市以及沿海海港、机场等区域交通枢纽，积极参与国家 21 世纪海上丝绸之路经济带建设。积极承接来自珠三角及港澳、厦漳泉及台湾地区的符合区域环境门槛的转移产业。"三南"一体化发展地区采用"大集中、小分散"的模式，推进产业、城镇的集中连片发展，形成生产、生活空间相对集中紧凑的城镇化发展区。必须遵循"产城融合、差异化特色发展"等理念，结合各县发展战略和区域交通发展布局，打造区域性空间发展平台。城镇群中心城市（龙南县城），以现代加工制造业和商贸物流为重点，培育发展交通枢纽、文化科教、金融保险以及研发设计、商务会展等专业技术服务职能，强化赣州市域次中心城市功能。

《规划纲要》提出，在空间布局上，以京九铁路、大广高速公路龙河联络线、赣深客运专线为依托，发展先进制造业和现代服务业等功能，重点打造龙南国家级经济技术开发区、黄沙高铁新城、定南产业新城、定南商贸物流基地等产业平台，加快改善沿线地区基础设施与公共设施配套，成为赣州南部重要的城镇产业密集带。定南、全南作为副中心城市，则加强人口与产业的集聚功能，增强其公共服务水平和对周边区域的辐射带动能力，作为赣州南部的副中心城市，促进城镇群的协调快速发展。

定南立足自身的区位特点、资源禀赋和产业基础，规划建设了生态工业园，以及江西首个省级精细化工产业基地、稀土永磁材料及应用产业基地。由于主导产业是稀土，因此全南县也一直在为打造矿产品精深加工重要聚集地，全力做好加工贸易重点承接地而埋头苦干。县第十三次党代会提出了往后五年的发展思路，确定了工业发展新的奋斗目标，即坚持开放引领、差异竞争、绿色跨越，重点打造特色工业，着力建设赣粤边际的产业承接集聚区，进一步构筑对接珠三角的最前沿，全面加快全南振兴发展步伐。龙南产业选择经过不断优化，逐渐从稀有稀土金属加工、玩具制造、纺织服装、食品药品、再生资源加工利用（含新能源产业）、电子信息制造行业聚焦到稀土精深加工、铜铝（特钢）、机械制造、电子信息、现代轻纺、农副产品深加工、生物医药几大产业，最后提升为稀土新材料、电子信息、现代轻工、食品药品四大产业，这个过程至迟在 2015 年完成，其中电子信息成为其首位产业。

（二）支持"三南"示范园产业振兴的政策

《若干意见》出台以来，"三南"各县从一个个小县城到承接沿海产业转移的大平台、沟通赣粤皖苏的物流交通要冲，并在此发展过程中明确了目标、厘清了思路。为加快三南片区"一区四园"一体化进展，《关于支持龙南全南定南园区一体化发展的若干意见》（以下简称《意见》）推出了多项支持政策。

一是着力加快园区发展。早在2011年，龙南工业区建成面积就达到9.31平方千米。《意见》从支持园区基础设施建设、鼓励企业入驻、支持企业技术创新、支持企业挂牌上市、推进一体化招商和加快"三南快线"建设等方面着力加快园区发展。同时，加大资金支持，由市财政筹集1亿元，"三南"各出资1亿元，推动设立产业发展基金，通过股权投资、债权投资、风险投资等方式支持"三南"示范园建设。强化用地保障，每年倾斜下达"三南"用地计划，其中单列"一区四园"用地计划；对符合条件的重大项目，列入省重大项目调度，使用省级预留计划指标，做到应保尽保，并强化人才支撑。

二是着力创新体制机制。创新管理体制机制，赋予"三南"更加灵活的管理权限。改革人事管理体制，赋予"一区四园"对外公开招聘事业编制干部和选调科级及以下机关工作人员的权限。完善财税管理体制，建立"三南"示范园财税分享机制，按照三个县招商企业纳税比、基础设施出资比进行核定。原龙南经开区和全南、定南工业园区财税独立运行。从2018年起，凡由龙南经开区新引进并在其区域范围内设立的各类纳税人（除银行、保险、证券等金融业外），在龙南经开区范围内中央、省投资的基础设施建设项目所缴税费，由项目所在地税务机关进行征收。龙南经开区区域范围内所有土地出让收入归属龙南经开区。创新投融资体制，优化完善产业投融资体制机制，推进"一区四园"加快形成"基金+基地"的产业发展载体建设新模式。支持龙南经开区建投公司依照国家有关规定，上市和发行中期票据、短期融资券等债券产品筹集资金。推进试点示范，争取将国家级新区、自贸区、深圳前海经济特区等先行先试优惠政策复制到"一区四园"。

为贯彻落实《赣州市人民政府关于支持龙南全南定南园区一体化发展的若干意见》（赣市府发〔2017〕14号）精神，推动龙南经济技术开发区、龙南经济技术开发区全南园区、龙南经济技术开发区定南园区、"三南"承接加工贸易转移示范地产业园（以下简称"一区四园"）一体化发展、一体化招商，构建开放型经济发展新格局，赣州市出台《龙南经济技术开发区、龙南经济技术开发区全南园区、龙南经济技术开发区定南园区、"三南"承接加工贸易转移示范地产业园招商引资优惠办法（试行）》，从人才、用地、税收、技术创新等方面出台共30条具体政策措施，切实推进龙南全南定南园区一体化发展。主要内容如下：

第一，用地政策。电子信息产业之外的主导产业按《全国工业用地出让最低价标准》规定的地价出让（龙南5.93万元/亩、全南4.5万元/亩、定南5.6万元/亩）。按合同约定时间开工建设的，龙南、全南、定南分别按所购买工业土地价款总额的25%计算工业发展奖励资金奖励给企业；达到合同约定条款投产后，龙南、全南、定南分别再按所购买工业土地价款总额的25%计算工业发展奖励资金奖励给企业。

第二，项目引进。鼓励引进大项目。对新引进的固定资产投资3000万元以上的项目，自企业投产之日起5年内其纳税达200万元起，企业所缴增值税、企业所得税区县财政实得部分的50%奖励给企业扩大再生产，期限3年。

对新引进的高新技术项目年纳税达到200万元以上的，自企业投产之日起5年内其纳税达500万元起，企业所缴增值税、企业所得税区县财政实得部分的60%奖励给企业扩大再生产，期限3年。

鼓励引进外资企业。对新引进的外资企业，年度现汇进资每50万美元奖励2万元，公司注册之日起1个月内现汇进资超过（含）100万美元再奖励1万元。年度最高奖励不超过20万元。外资企业自企业投产之日起，企业所缴增值税、企业所得税区县财政实得部分按前两年100%、后三年50%的比例奖励给企业扩大再生产。同时符合以上所述中多项奖励优惠规定的项目，择其奖励标准最高的一项予以奖励。

第三，鼓励企业做大做强。对"一区四园"内年纳税额首次突破5000万元、1亿元的工业企业，市财政分别给予100万元、200万元的一次性奖励。鼓励骨干企业发展，对首次入选"中国电子信息百强"的企业给予一次性500万元奖励。对"一区四园"内企业挂牌上市给予奖励。对在境内主板、中小板、创业板成功上市的企业，给予企业2000万元的奖励（含省财政奖励500万元、市财政奖励500万元）。其中，拟上市企业完成股份制改造登记注册为股份有限公司的由区县财政奖励50万元；进入省证监局辅导备案的由区县财政奖励50万元；首次公开发行股票申请材料获中国证监会正式受理的由区县财政奖励100万元；首次公开发行股票成功上市或通过并购重组成功上市的由区县财政奖励800万元。省、市奖励资金待企业成功上市后按程序申拨。

对在境外证券市场实现首次公开发行股票成功上市的企业（含境外壳公司），且所募集资金80%以上投资"一区四园"项目的，给予企业800万元的奖励（含省财政奖励500万元、市财政奖励100万元）。

对进入全国中小企业股份转让系统（即"新三板"）挂牌的企业，给予企业290万元的奖励（含省财政奖励50万元、市财政奖励120万元）。其中，拟挂牌企业完成股份制改造登记注册为股份有限公司的由区县财政奖励50万元；企业正式在"新三板"挂牌的由区县财政奖励70万元。省、市奖励资金待企业成功挂牌后按程序申拨。

对进入江西联合股权交易中心挂牌的企业，标准板挂牌由县财政给予一次性奖励2万元，展示板挂牌由区县财政给予一次性奖励1万元。挂牌企业通过江西联合股权交易中心实现股权类直接融资100万元以上，且所募集资金80%以上投资于"一区四园"项目的，由区县财政按股权类直接融资额的1%给予奖励，单笔奖励最高不超过20万元。

"新三板"挂牌企业转板到境内主板、中小板、创业板上市，或已挂牌上市企业将注册地迁移到"一区四园"的参照上述补助标准进行补助。

拟上市企业和拟在"新三板"挂牌企业在股份制改造挂牌上市过程中，因审计调账、资产评估增值而补缴的税款（包括企业所得税、增值税、营业税等），由区县财政按其补缴税款区县财政实得部分予以全额返还。

第四，鼓励企业技术创新。对新认定的国家级、省级企业技术研究中心，由市财政分别给予 30 万元、20 万元一次性奖励；对被国家工商总局新认定为地理标志证明（集体）商标、中国驰名商标的产品，由市财政给予每件 10 万元的一次性奖励；对被认定为江西省著名商标、江西省名牌产品的由受益财政给予 5 万元的一次性奖励。对新认定的高新技术企业，由市级财政对其给予研发投入的 20%、最高不超过 10 万元的一次性奖励。在国家、省、市给予奖励的基础上，受益的区县财政按照市级财政奖励金额 1：1 的比例予以配套。对入驻企业进口的高端设备和先进技术，在国家、省给予贴息补助的基础上，市财政按照上级进口贴息金额 1：1 的比例予以配套，受益的区县财政按照市级进口贴息金额 1：1 的比例予以配套。对新建的省级以上（含省级）检测中心、技术研发中心，按照其检测、研发设备投资总额的 20% 给予一次性补贴（最高不超过 500 万元）；对世界"500 强"上榜企业在园区投资研发中心、总部中心，给予一次性 500 万元的奖励。

第五，重点支持电子信息首位产业，凡实际固定资产投资 5000 万元以上符合赣州电子信息产业发展规划的项目在享受上述政策的同时享受其他优惠政策，如用地政策：按《全国工业用地出让最低价标准》规定的地价出让（龙南 5.93 万元/亩、全南 4.5 万元/亩、定南 5.6 万元/亩）。按合同约定时间开工建设的，龙南、全南、定南分别按所购买工业土地价款总额的 40% 计算工业发展奖励资金奖励给企业；达到合同约定条款投产后，龙南、全南、定南分别再按所购买工业土地价款总额的 40% 计算工业发展奖励资金奖励给企业。产业引导基金支持：对固定资产投资 1 亿元以上，达产后年主营业务收入达 2 亿元以上、年实现税收达 500 万元以上优质企业提供产业引导基金支持。税收政策：自企业投产年度起，企业所缴增值税、企业所得税区县财政实得部分的 60% 奖励给企业扩大再生产，期限 3 年；对年度纳税首次突破 500 万元、1000 万元、2000 万元的，分别给予一次性 50 万元、100 万元、200 万元奖励。鼓励企业间协作配套：对"一区四园"内电子信息制造企业全年采购区域内企业产品及加工服务金额首次达 300 万元以上的给予采购企业采购额 1% 的奖励，以后年度按采购额增加部分的 1.5% 给予奖励；单户企业、法人单位，年度奖励总额最高 200 万元；奖励资金由采购企业和被采购企业所在县各承担 50%；等等。而且，明确规定对生产电子信息整机（智能终端产品）的电子信息企业予以重点扶持：对以本地注册企业名义报关出口的货物给予物流支持，对手机整机前三年按照智能机 1.5 元人民币/台、功能机 1 元人民币/台进行补贴（每年智能机限补 200 万台、功能机限补 300 万台）；对电视机前三年按照 2 元人民币/台进行补贴，每年限补 300 万台；对机顶盒、音响等产品前三年按照 1 元人民币/台进行补贴，每年限补 300 万台；对其他智能终端产品的物流补贴，在项目洽谈时商定。支持企业扩大出口，以企业上一年度出口额为基数，每出口存量 1 美元产品奖励 0.5 分人民币，每出口增量 1 美元产品奖励 2.5 分人民币。其中特别规定，对固定资产投资 5 亿元以上的电子信息产业项目（含上下游产业链抱团项目），可以实行"一事一议"政策。

第六，人才支持政策。鼓励引进高层次人才，对企业新引进的博士研究生（高级工程师）、硕士研究生（副高级工程师），且在企业缴纳"五险"一年以上的人才，免租金入住人才公寓或分别给予博士研究生（高级工程师）、硕士研究生（副高级工程师）每月 2000 元、1000 元的租房补贴。同时，自人才引进三年内按实际工作月数每月分别发给博士研究生（高级工程师）、硕士研究生（副高级工程师）3600 元、2000 元人才特殊津贴。满三年工作协议且给企业带来明显效益的，如在当地购房，经认定后分别发给博士研究生（高级工程师）、硕士研究生（副高级工程师）一次性购房补贴 15 万元、10 万元。对企业引进的高层次人才工资薪金个人所得税及其股权处置所得税区县实得部分全部奖励纳税人。

第七，供应链与物流支持政策。鼓励企业间协作配套：对"一区四园"内电子信息制造企业全年采购区域内企业产品及加工服务金额首次达 300 万元以上的给予采购企业采购额 1% 的奖励，以后年度按采购额增加部分的 1.5% 给予奖励。单户企业、法人单位，年度奖励总额最高 200 万元。奖励资金由采购企业和被采购企业所在县各承担 50%。

加快电子信息产品交易市场建设，自市场正式运营起 5 年内，按市场正

第一章 「三南」片区的工业振兴

常交易缴纳的税收区县实得部分全额补助给入驻企业。采取租赁现有场所运营市场或社会投资新建市场的，由政府负责租赁五年，免费提供给入驻企业。对新建市场的给予其他优惠政策。

对当年所缴税达300万元以上的第三方物流企业（除货运企业外），在3年内按每年度区县财政税收实得部分的15%奖励返还给该企业。对采用集装箱运输、在园区注册公司且在龙南海关报关的从事货代、船代业务的企业，在省、市补贴的基础上，区县财政给予100元/标箱（或重箱）补贴。对资产总额300万元以上、征费吨位300吨以上、营运收入300万元以上的物流货运企业新增货运车辆或外籍转入区域内县籍车辆，给予一次性办理相关手续的补助。补助标准为每辆车700元的代办费，每个计征吨位100元。

为确保上述政策能够实实在在落地，《三南园区一体化招商引资优惠办法（试行）》明确规定：本办法中涉及的各种奖励，落户在龙南经济技术开发区、龙南经济技术开发区全南园区、龙南经济技术开发区定南园区，由企业向当地政府申报兑现；落户在"三南"承接加工贸易转移示范地产业园的，由企业向"三南"园区一体化发展协调办公室申报，并由受益财政予以兑现（市财政奖励除外）。自《赣州市政府关于支持龙南全南定南园区一体化发展的若干意见》实施以来，"三南"统筹对外招商，招商形势喜人。2017年全年签约项目54个，签约总金额479.9亿元，是2016年的2.3倍，其中签约电子信息产业类项目23个，签约金额263.2亿元。总投资50亿元的氟新材料产业园落户龙南，志浩电子、比邦科技等项目当年签约、当年建设、当年试投产。2018年第一季度共引进项目23个，同比增长360%，签约资金19.75亿元，同比增长61.89%。其中亿元以上项目6个，签约资金17.02亿元，同比增长39.51%。

第二节 "三南"片区工业振兴分析

一、龙南县促进工业振兴的主要政策及其成效分析

（一）强攻工业的战略及其主要政策举措

1. 六大战略

龙南推行实施六大战略，强势推动工业经济向高质高效方向发展。

第一，大力实施"三南"园区一体化发展战略，整合区域力量推动工业经济高质高效发展。抢抓"三南"园区一体化发展机遇，按照赣州市级层面出台的《关于支持龙南全南定南园区一体化发展的若干意见》，着力构建龙南经开区"一区四园"和"三南"城市群发展的新格局，龙南经开区、全南园区、定南园区挂牌设立，4亿元一体化发展基金已经到位；2017年8月"三南"园区一体化发展产业合作推介会在广州成功举行，签约项目11个，签约额137亿元，进一步推动工业平台更加夯实、结构更加优化。

第二，大力实施招大引强战略，持续做大增量，推动工业经济高质高效发展。招商引资是扩大投入、壮大增量、做强工业经济的有效路径之一。为此，龙南坚持把招商引资作为"一号工程"，以国家级经济技术开发区为主阵地，区县合力进行招商引资，在抓好电子信息首位产业招商的同时，注重引进一批集群显、效益好、税收高的"短平快"项目。2018年1～8月共引进项目47个，签约资金227.72亿元，其中亿元以上项目25个，签约资金224.42亿元；10亿元以上项目8个，签约资金174.2亿元；20亿元以上项目3个，签约资金105亿元。同时，加快把龙南打造成粤港澳大湾区特别是珠三角地区产业转移首选地，以招商引资促进工业总量做强做大。

第三，大力实施平台升级战略，增大承载能力，推动工业经济高质高效发展。园区平台建设是工业经济发展的孵化器。高标准对照国家级经开区标

准，抓好赣州电子信息产业科技、三南"示范园等平台建设，不断完善新老园区路灯、绿网、污水处理等配套设施，提升园区配套建设和园区建设品位，方便企业生产、员工生活，让员工进得来、留得住。加快清理园区闲置或低效用地和闲置厂房，切实减少并消灭一批"僵尸企业"及"铁皮棚"厂房，盘活一批闲置厂房，实施腾笼换鸟，提升园区土地集约利用水平和承载能力。

第四，大力实施创新驱动战略，持续提升质量，推动工业经济高质高效发展。将企业自主创新放到强工之基、竞争之本、转型之要的重要战略位置，弘扬工匠精神，强化企业创新主体地位，引导企业走专业化、精细化创新之路，鼓励企业加大科技投入，支持企业与高校、科研院所组建产业创新联盟。充分发挥工业部电子五所赛宝试验室（龙南）助力器作用，为龙南工业发展提供强劲的科技创新支撑。

第五，大力实施人才引进战略，打造优质人才团队，推动工业经济高质高效发展。大力实施招才引智战略，建立企业人才引进结对帮扶机制，帮助企业建立人才需求信息库，精准指导和帮扶企业解决人才引进、培养、使用中的实际困难，帮助企业人才开展职称评聘、子女就学、各类补助和个人所得税减免等人才服务工作，为他们解决后顾之忧，创优各类人才争干事业、干成事业、干好事业的舒适环境。2018 年 1~6 月，园区共招募员工 5000 余人，为工业发展注入了新鲜血液，加快了工业经济快速腾飞。

第六，大力实施环境优化战略，做优软硬服务保障推动工业经济高质高效发展。优化工业发展的"软""硬"环境。为此，一方面，减少审批环节，压缩审批时限，推动涉企审批提速、提质、提效，提供优质"软"环境；另一方面，协调帮助解决企业用工、用地、用电和用水，提供优质"硬"环境。

2. 主要政策举措

第一，打造工业发展平台的政策。工业发展离不开平台的支撑。为此，早在 21 世纪之初，龙南就出台政策，大力支持工业园区建设，为工业发展提供平台。先后建设了龙南建设深商（龙南）产业园（产业转移示范基地）、浙商工业园、赣粤现代轻纺产业城、龙南商贸物流园等产业平台。在打造工业平台过程中，龙南树立规划配套先行的理念，改变过去先引进企业再进行基础配套建设的做法，储备一批工业用地筑巢引凤，先行打造产业集聚平台，通过编制龙南经济技术开发区产业、土地规划，优化区域分工和产业布局，明确园区的特色定位和发展方向，同时完善实施区内基础设施和配套建设，预先完善水、电、路等项目配套建设，避免因零星供地而造成管线重复搬迁，确保签约客商可马上落户，落户企业可直接建厂，建成项目可迅速投产，加快产业集聚，形成规模效应。为此，出台了《龙南县关于打造优势产业集群工作的意见》，谋划建设了龙南口岸查验场、海关商检大楼工程，为产业发展提供配套。围绕稀土新材料、电子信息、现代轻工、食品药品四大主导产业，积极搭建园区平台，延伸产业链条。在打造龙南首位产业电子信息产业园过程中，积极采取产业园招商模式，以龙头企业带动，规划实施配套产业园，打造百亿元产业。为此，出台了系列政策把赣州电子信息产业科技城建设作为主攻工业的重头戏，积极编制赣州电子信息产业科技城产业发展规划、环境保护规划和修编土地利用总体规划等 7 个规划，将赣州电子信息产业科技城发展范围确定为 10 平方千米，约 1.5 万亩。草拟了与工业和信息化部电子第五研究所《战略合作框架协议》及《关于加快赣州电子信息产业科技城建设三年推进计划》《关于支持赣州电子信息产业科技城建设的若干政策措施》等，全力推动国家级电子产品检验检测中心等重大项目建设。

早在 2002 年，龙南就出台了《关于鼓励开发乡镇工业小区的决定》，确定在龙南镇、里仁镇、桃江乡、东江乡四个乡镇兴建工业小区，各工业小区采取租地的方式租用农村集体土地，进行基础设施建设。为了确保高标准、规范化建设龙南县工业园，提高投资合同的履约率和园区土地利用率，出台了《龙南县工业园区投资建设的规定》，以规范工业园区投资建设。2003 年开始，按照江西省、赣州市清理整顿各类开发区，加强建设用地管理的要求和统一布置，出台了《龙南县开展闲置土地和低效利用土地专项整治方案》《龙南县关于对闲置土地等问题开展专项清理工作实施方案》《龙南县清理整顿工业园区加强建设用地管理工作方案》，在十多年的时间里，持续有组织、有步骤地清理整顿工业园区，对供而未用、批而未征、征而未供、低效利用土地（以下简称"四类"用地）等问题进行专项清理，节约、集约利用土

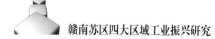
地，进一步提高土地利用率，实现土地资源的合理开发和可持续利用。

为优化工业园区发展环境，出台了《龙南工业园区综合整治实施方案》，要求通过集中整治和长效管理，园区面貌有明显的变化，各种乱摆乱放、乱贴乱挂、乱堆乱倒、乱搭乱建行为得到根本遏制，以进一步加强工业园区管理，提升工业园区的管理水平。出台了《龙南县创建省级生态工业园区工作方案》，采取统一规划和分步实施相结合的办法，稳步开展工业园区循环经济建设和生态化改造，推动生态工业园区创建工作不断引向深入，实现工业园区经济效益和环境效益双丰收，园区产业链条完善、循环经济突出、污染物达标排放、土地集约利用、生态环境良好，达到省级生态工业园区建设标准要求，并通过省级生态工业园区考核验收，建成省级生态工业园区。龙南经开区建立投资公司运营机制，通过市场化方式撬动、引导，吸收金融机构和社会资本参与经开区平台建设和产业项目建设，设立了20亿元的龙南工业发展（赣州电子信息产业科技城）投资基金，争取了交通银行赣南苏区产业发展基金，上述基金已分别投入1.9亿元、3亿元用于支持园区平台建设，为赣州电子信息产业科技城提供资金保障。

第二，招商引资政策。龙南高度重视招商引资。2010年就制定了《龙南县鼓励外商投资优惠办法》，以鼓励更多的国内外客商前来投资，加快开放型经济发展步伐。此后，进行了适时调整。为确保招商活动效果，出台各种招商引资工作方案。

强化项目包装的政策。大力实施项目带动战略，争取上级补助资金，着力推进产业链招商项目开发，实现转型发展、率先发展，陆续出台《关于切实做好赣州市政府下达我县重大项目开发、包装任务的通知》《关于成立龙南县优势产业发展专项规划编制工作领导小组的通知》《龙南县关于打造优势产业集群工作的意见》《关于做好2013年项目开发、储备工作的通知》《关于进一步做好龙南国家发光材料及稀土应用高新技术产业化基地申报认定工作实施方案》等文件，先后成立赣南苏区振兴发展重大项目编报推进工作领导小组、龙南县优势产业发展专项规划编制工作领导小组，做好重大项目开发、包装、储备工作。

第三，产业引导政策。淘汰落后产业、力推产业转型升级的政策。出台《龙南县重金属污染防治工作实施方案》《龙南县稀土等矿产开发秩序专项整治工作实施方案》《龙南县 2012~2015 年金属非金属矿山整顿关闭工作方案》《龙南县稀土等矿产开发秩序专项整治工作实施方案》《龙南县矿业违法行为举报奖励办法》等文件，坚决取缔无证勘查开采、越界开采、乱采滥挖等违法违规行，关闭金属非金属小型矿山，进一步规范勘查、开采秩序，确保稀土、钨、萤石矿产资源开采总量控制指标得到全面落实。大力发展高新技术产业和装备制造业的政策。龙南县抓住赣州电子信息产业科技城落户的重大机遇，突出创新和特色发展电子信息首位产业，出台了《关于建设工业强县的工作意见》《龙南扶持电子信息产业发展优惠办法》，加大电子信息产业扶持力度，把科技城打造成电子信息产业转型发展的集聚区、承接珠三角产业转移的桥头堡。

提高企业自主创新能力的政策。为鼓励工业企业加大技改投入，增强企业自主创新能力，充分调动和发挥广大科技人员的积极性和创造性，加快产业优化升级，制定了《关于加快提升企业自主创新能力的意见》《龙南县科学技术进步奖励办法》《龙南县工业技改补助专项资金管理办法》。2018 年，全县拥有高新技术企业 22 家，省级技术工程研究中心 1 家，市级技术工程中心 9 家，专利申请量 509 件，专利授权量 261 件、PCT 专利申请 1 件，战略性新兴产业占工业经济比逐年提高。

第四，精准帮扶企业的政策。扶持中小企业成长政策。先后出台了《2010 年龙南县实施中小企业成长工程工作方案》《2011 年龙南县实施中小企业成长工程工作方案》《关于加大对小微企业帮扶力度加快非公有制经济发展的实施细则》《关于贯彻落实市政府支持小型微型企业发展若干政策实施办法》《2012 年龙南县推进民营经济四项工程建设工作实施意见》，加大对小微企业的帮扶力度，引导和帮助小型微型企业稳健经营、增强盈利能力和发展后劲，并在全县范围内选择若干家最具成长性的中小企业作为重点扶持服务对象，推动企业快速成长、做大做强，进入规模以上企业。

加大金融支持力度，缓解企业融资难的政策。先后出台了《龙南县"创业信贷通"试行方案》《龙南县"小微信贷通"实施方案》《龙南经济技术开发区"财园信贷通"融资试点工作方案》《龙南"财园信贷通"项目贷后管理办法》《关于印发龙南县企业还贷周转金管理使用暂行办法的通知》《2015年金融支持县域经济发展指导意见》《龙南县政银企联席会议制度》《2010年龙南县银行业金融机构支持县域经济发展考核奖励办法》《2010年金融支持龙南经济发展的工作意见》等文件,加大财政资金对财源培植的支持力度,促进各银行、农村信用社加大对县域经济发展有效信贷投入,缓解企业融资困难。成立龙南县推进企业上市工作领导小组,支持龙南县企业加快上市步伐,实现直接融资,做优做强。出台了《龙南县2010年金融生态建设工作实施方案》,优化金融信用环境,打造"诚信龙南"。

加大对重点企业的支持力度。出台了《关于抓紧做好我县列入市百户重点工业企业反映问题落实解决有关事项的通知》,加强对龙南企业列入赣州市百户重点工业企业的帮扶。制定了《关于明确企业享受西部大开发税收政策受理审核有关问题的通知》,进一步做好企业享受西部大开发税收政策工作。成立龙南县工业和外贸促生产保增长协调领导小组,促进龙南县工业和外贸出口平稳较快发展。下发《关于对在全县工业经济发展中作出突出贡献的企业予以表彰的通报》,不断提高企业家的地位。

(二)政策落实及其成效分析

1. 政策落实情况

第一,以项目为抓手。一是建立了科学的项目机制。建立健全了"一个项目、一名区(县)领导、一套班子、一个方案、一抓到底"的项目管理机制。推行"一线工作法",针对项目落地、施工保障、协调配合等方面,实行一把手亲自抓,选调精干力量专门抓,带着问题一线调度,瞄准工期一线督导,全力做好项目的跟踪服务,及时协调解决问题,破解节点难点。实行一线倒逼机制,让领导在一线工作、干部在一线服务、问题在一线解决。科学、有效的工作机制,强势推进了项目建设进度,提高了项目建设质量。建立健全了项目快速推进机制,实行"统一受理、项目代办、并联审批、限时办结"的审批制度,做好即将开工项目设计、招标等环节的跟踪落实,有效解决征地拆迁、供电等问题，为投资商排忧解难。

二是加大对重大项目的支持力度。为加快重大项目建设，龙南县坚持重大项目目标任务责任制，编印了《重大项目建设服务手册》，将重大项目建设工作流程等项目前期需办理的相关事务流程编印成册印发给相关部门单位，解决责任单位对项目推进工作流程不熟悉问题，提高项目前期工作效率；印发"重大项目业务办理回执单"，记录责任单位到各职能部门办理立项、环评、征地等业务情况，全程跟踪监督责任单位及各职能部门的办事效率。按照"一企一策"要求，量身定做具有较强针对性的扶持政策，推动各类资源要素向重点产业、重点项目倾斜。

为确保重大项目顺利推进，龙南县建立"重大项目绿色直通车"，建立健全提前介入制、并联审批制、限时效能问责制等，不断提高工作效率。如今通过绿色通道，龙南的重点项目在审批等方面平均能节省70%的时间。并且成立联合督查组，针对全县实施的重大项目，开展了督查和调研，不定期对重点工程推进中存在的问题进行督查通报；建立了重大项目建设分管领导每旬调度机制，以及县级层面分项目类别每月调度机制，加强协调调度推进重大项目建设。龙南还创建重点项目动态管理、灵活进退机制，对无法完成年度投资计划，年内未开工或无法开工的项目，实行一律退出；对前期工作准备充分，资金筹措到位，符合国家产业政策，对龙南发展有一定影响力的项目，可及时纳入县重点工程项目进行调度管理。通过建立动态管理机制，龙南已形成重点项目建设管理优胜劣汰的良性循环。

第二，招商安商。龙南县把招商引资作为"一号工程"，进一步创优营商环境，创新招商方式，坚持高位招商。针对投资强度高、产出效益高、科技含量高、产业关联度高的"四高"项目，开展组团招商、产业招商和专业招商；探索"飞地"园区招商、"互联网+"招商等新模式。

认真做好择商选资工作，目光主要瞄准珠三角地区，以稀土新材料、电子信息、现代轻工、食品药品四大产业为主，紧盯世界500强企业、央企和大型民企。由于四大产业部分产业没有上下游产业配套，致使有的企业市场竞争力不强。为此，龙南开展针对性强的产业招商，注重引进关联度大、辐射力强、带动面广的上下游项目,通过每个产业精选出 3~5 个节点项目、关键项目,实行留地引项目,空巢引凤凰,加速引进与产业相关联的上下游项目,以土地引导进行产业配套和产业链延伸,实现"增链""补链",促进产业集群加速形成。2017 年以来,在招商推介方面,该县先后在长珠闽等地高密度开展招商推介活动,2017 年龙南被列入赣州市调度的 18 个亿元以上项目中,11 个为电子信息首位产业项目,总投资达 320 亿元。目前,已有电子信息企业 26 家落户赣州电子信息产业科技城,其中规模以上企业 13 家,预计年产值可达 25 亿元。

近年来,龙南县围绕"主攻工业、三年翻番"的目标,将电子信息产业作为首位产业优先发展,按照"首位产业、首位支持"的理念,以打造赣州电子信息产业科技城为主平台,积极融入赣粤电子信息产业带,做大做强电子信息首位产业,突出电子信息首位产业招商,先后赴北京、安徽、广州、深圳、福建等地开展了招商活动,引进了一批投资大、技术含量高、产业带动力强的大项目、好项目,形成了新投产一批、在建一批、引进一批的良好产业发展势头,形成了从覆铜板、线路板、电子元器件到智能终端产品的产业链条,电子信息产业集群强势崛起。2017 年,龙南电子信息产业被列为省级重点工业产业集群,全年电子信息产业实现主营业务收入 37.1 亿元,同比增长 42.6%。2018 年第一季度,龙南县共有电子信息产业企业 88 家(投产43 家、在建 44 家、停产 1 家),其中规模以上企业 28 家。

龙南县在招商引资过程中,摸索建立起一整套可行的精选、推进及退出机制,提高了项目的签约率、履约率、开工率和投产率,招商引资工作呈现新气象。

一是事先精选,把准关口好中选优。龙南县专门建立了一个在谈和储备项目信息库,并及时更新项目信息内容,做好信息研判。然后精选出重点项目进行跟踪、调度,了解项目存在的问题,提请县领导走访推进,促使项目洽谈成功。同时,严把项目准入关,健全完善项目准入与用地评审机制。所有的招商项目,均需经过实地考察、征求意见、召开项目评审会等"关卡"。对通过了会审的项目,则及时跟进,尽快促成签约、落地,提高了招商引资项目的质量。

二是加快推进，"引进来""送一程"。在招商引资工作过程中，龙南县"引进来""送一程"，全力做好服务工作。对已签约的项目，龙南制定了倒排工期表；对责任单位，也制定了推进时限表，对项目立项、管线搬迁、办理验收等服务内容、办理时限则具体到了天数。龙南县印发了项目建设服务手册，里面注明了立项、环评、土地出让等相关事务流程，让责任单位熟悉项目推进的工作流程，提高项目前期的工作效率。龙南县还定期或不定期调度项目进展，并建立了一窗口受理制、提前介入制、并联审批制，为引进项目提供贴心服务，确保项目尽快完成用地审批、规划和配套基础设施建设。对于重大项目特事特办，龙南县政府严格落实省市优惠政策，真心实意为企业排忧解难、松绑减负，以优质的安商服务赢得投资者认可。按照"新上项目抓开工、在建项目抓进度、建成项目抓投产"的要求，整合安商力量，做好全程跟踪服务。健全工业项目建设"绿色通道"，在审批立项、用地指标、环评安评、证照办理、用水用电等方面予以优先安排。

三是项目退出，对"趴窝不下蛋"说不。某些引进项目，因为资金、市场变化等，而无法履行合同，最终"趴窝不下蛋"。面对千辛万苦引进来的项目，却占据土地没有开工、投产，对此情况，龙南县不仅有完善的项目推进机制，同样也建立了有效的项目退出机制。在签订合同时，龙南县就对这方面有了明确规定。按照约定期限，若3个月未开工或6个月未竣工的项目，造成土地闲置，当地有权收回全部或部分用地，以确保土地资源的有效利用。

高度重视园区建设（关注重点企业、主要产业）。龙南县及龙南经开区以"近期建园、远期建城"及"打造生态工业园"为目标，编制优势产业发展及园区规划，着力统筹资源建强园区平台。坚持每年投资10亿元以上完善园区路网、管网、水网等基础设施。坚持产城融合发展，加快推进新圳、石人产城融合新区项目建设，统筹完善教育、住房、医疗、商贸等功能配套，增强吸引力。充分发挥县城投公司、经开区建投公司等平台的投融资作用和产业基金带动作用，与华融赣南、江西银行等市内外7家金融机构签订合作协议，资金总规模达200多亿元。设立了20亿元工业发展投资基金，筹备发行首期经开区建投公司 10 亿元企业债券，为园区建设、产业发展提供强有力的资金保障。大力推行 PPP 模式，发挥有限的财政资金，推动各类社会资本参与园区重大项目投资建设。与深圳市电子信息产业联合会、深圳玖城投资咨询有限公司、中国科技开发院有限公司签订了四方战略合作意向书，共同建设赣深（龙南）科技小镇。合作借力增强园区科技支撑能力。坚持规划引领，委托深圳电子信息产业联合会、深圳玖诚投资咨询公司编制龙南电子信息产业规划，加快规划面积 13.7 平方千米，总投资 20 亿元的赣州电子信息产业科技城建设，在完成一期 7000 亩用地基础设施建设后，又进行二期 8000 亩土方平整和基础设施建设，园区整体框架进一步拉开。龙南保税物流中心（B型）已通过评审验收。还与工信部电子第五研究所签订了战略合作框架协议，设立了工信部电子五所（中国赛宝实验室）龙南办事处，填补了龙南电子信息产业科研机构的空白。在园区建设中，龙南还筛选了一批成长性好的企业进行"一对一"培育，帮助企业做大做强，并按照"一企一策"要求，量身定做具有较强针对性的扶持政策，推动各类资源要素向重点产业、重点企业倾斜。

2. 主要成效

龙南县规模以上工业发情况见表 2-1。

表 2-1　龙南县规模以上工业发展情况

年份	企业户数（家）	总产值（万元）	工业增加值（万元）	主营业务收入（万元）	工业产品销售率（%）
2012	79	—	411700	1620000	—
2013	77	—	520400	1940500	—
2014	82	—	584400	2266800	—
2015	89	—	591568	2489800	—
2016	89	—	650971	2684487	—
2017	102	—	738500	2684769	—
2018	—	—	—	—	—

注："—"表示不详。

资料来源：作者根据龙南县历年发布的政府工作报告、国民经济和社会发展统计公报公布的相关数据收集整理。

2012 年，龙南县固定资产投资完成总量达 88 亿元，增长 49.54%，其中工业投资完成 495652 万元，同比增长 60.3%，工业投资占总投资比重的 56.18%。

全县实现生产总值 90.6 亿元，增长 12.1%；三次产业增加值的比重由上年的 11.8：54.3：33.9 调整为 10.6：55.9：33.5。新增规模以上工业企业 4 家，达到 79 家；实现外贸进出口 5 亿美元，增长 11%，其中出口 4.3 亿美元，增长 13.76%；实现工业增加值 41.17 亿元、主营业务收入 162 亿元，分别同比增长 14.9%、6.13%。

工业产业转型步伐有力。编制了稀土、铜铝、电子信息、食品药品等优势产业及化工园区规划，引进新能锆业、深商产业园等重大产业项目及配套项目，全年引进外资项目 8 个，实际利用外资 7890 万美元；引进内资项目 55 个，其中 5000 万元以上项目 10 个，实际进资 28.92 亿元，增长 36.61%。创新安商服务机制，对纳税超千万、规模以上、拟上规模、成长型四类共 102 家企业，因企制宜，分类扶持，排忧解难，引导企业挖潜改造、新上项目。龙钇重稀土、雪弗特新材料、勤业工业和宝辉科技等企业先后提出和实施了增资扩产计划。万宝稀土、锴升有色金属先后与市稀土矿业公司完成资产重组，实现靠大联强。新正耀科技、东海精器等一批企业走上创新发展轨道，高新技术产业实现产值 27.85 亿元，同比增长 17.14%。

2013 年，全县生产总值突破百亿元大关，达到 104.5 亿元，增长 10%。实现固定资产投资 85.5 亿元，增长 20%。引进亿元以上重大产业项目 16 个，实际利用外资 8662 万美元，增长 10.05%。新增劲德科技、绮都制衣等本地出口企业 7 家，达到 47 家，全年进出口总额 4.4 亿美元。完成规模以上工业增加值 52.04 亿元，增长 10.42%；主营业务收入达到 194.05 亿元，增长 21.1%；实现利税 26.82 亿元。新增规模以上工业企业 3 家，达到 77 家。

新型工业化加快推进。龙南着力提升安商服务水平和层次，实施"财园信贷通"试点，帮助新正耀、普惠精工、宏业成等 17 家企业解决融资 6000 万元；执行税收优惠政策，其中为 101 家企业减免税收 367 万元。金融、财税的特殊政策支持，推动了航天电源、雪弗特等 7 家企业实施增资扩产，总投资达到 4.63 亿元。稀土新材料、电子信息、现代轻工、食品药品四大主导产业加快发展，新能锆业、堉然科技等 12 个重大产业项目建成或投产，雪弗特、格林庭园、本天食品等一批科技创新型企业加速发展；新增京利稀土、鑫辉功能材料等 4 家国家级高新技术企业，达到 6 家。企业研发能力显著增强，全年专利授权达到 112 个，列全市第二。经开区实现主营业务收入 167.64 亿元，增长 11.9%；完成工业增加值 44.68 亿元，增长 13%。龙南经济技术开发区成功晋升国家级。龙南陆路口岸作业区获得批复。"三南"承接加工贸易转移示范地完成龙南基地核心区规划设计。

2014 年，全县实现生产总值 115.9 亿元，增长 11.5%，增速全市第一。实现 500 万元以上固定资产投资 108.9 亿元，增长 20.1%。全年新引进 5000 万元以上项目 16 个，其中引进投资总额 3.5 亿元的恋伊工业、投资 2 亿美元的风能发电等亿元以上项目 10 个，实际利用外资 8418 万美元，增长 16.35%。龙南县实现进出口总额 49888 万美元，比 2013 年增长 13.1%。其中进口 7227.5 万美元，同比增长 28.9%；出口 42660.4 万美元，增长 10.8%。全年新增规模以上工业企业 8 家，达到 82 家。实现规模以上工业增加值 58.4 亿元，同比增长 14%，增速全市第二。主营业务收入 226.7 亿元，同比增长 16.9%。工业用电量达到 8.36 亿千瓦时，同比增长 19.66%，增速全市第一。

转型升级加快。"财园信贷通""小微信贷通"为 41 家企业发放贷款 6.55 亿元。获评为"全省最佳优化民营经济发展环境县"，是全市唯一获此殊荣的县（市、区）。龙钇重稀土公司在"新三板"成功挂牌上市。雪弗特、顺德明辉等 4 家企业成为全省首批"专精特新"中小企业。10 家工业企业纳入国家统计局战略性新兴产业范畴，占全县全部规模以上工业的比重为 12.2%。汇森家具获得 2014 年"中国质量诚信企业"称号。龙南稀土精深加工产业被列入首批省级 20 个工业示范产业集群。

在 2014 年龙南企业主营业务收入中，如分经济类型看，则股份制企业实现主营业务收入 56.31 亿元，增长 5.55%，外商及港澳台商投资企业实现主营业务收入 57.67 亿元，增长 12.43%，私营企业实现主营业务收入 111.79

亿元，增长 29.17%。分轻重工业看，重工业实现主营业务收入 171.48 亿元，增长 18.64%，轻工业实现主营业务收入 55.2 亿元，增长 12.05%。分企业规模看，大型企业实现主营业务收入 24.96 亿元，增长 23.05%，中型企业实现主营业务收入 123.87 亿元，增长 13.33%，小型企业实现主营业务收入 77.1 亿元，增长 23.54%，微型企业实现主营业务收入 0.75 亿元，下降 58.59%。

2015 年，全县 500 万元以上固定资产投资完成 128.84 亿元，同比增长 18.3%。全年引进 5000 万元以上项目 16 个，实际利用省外 5000 万元以上项目资金 49.18 亿元，增长 18.94%；实际利用外资 9289 万美元，增长 10.35%，其中现汇进资 2398 万美元，增长 12.74%。获评"全省开放型经济综合奖"。三大产业投资中，第二产业固定资产投资完成 47.46 亿元，同比下降 7.1%，占全县固定资产投资额的比重为 36.8%。进出口总值创历史新高，达 60789.51 万美元，增长 21.85%，占龙南海关辖区六县的 65.38%。其中进口 8058.25 万美元，同比增长 11.49%；出口总额 52731.26 万美元，增长 23.61%。全县实现进出口总额增长 21.85%。全县实现生产总值（GDP）1227979 万元，按可比价计算，比上年同期增长 9.8%。其中，第一产业增加值为 117607 万元，同比增长 4.1%，第二产业增加值为 682757 万元，增长 9.1%，第三产业增加值为 427615 万元，增长 12.5%。三次产业结构比由上年同期的 9.7∶57.6∶32.7 调整为 9.6∶55.6∶34.8。全县新增规模以上企业 11 家，达到 89 家，完成规模以上工业增加值 591568 万元，同比增长 8.2%，其中规模以上重工业完成工业增加值 410359 万元，占全县规模以上工业增加值的 65.54%，同比增长 9.7%。园区规模以上工业完成工业增加值 561019 万元，占全县规模以上工业增加值的 94.84%，同比增长 8.9%。非公有规模以上工业完成工业增加值 490496 万元，同比增长 7.9%。主营业务收入 248.98 亿元，增长 9.5%；利税总额 22.32 亿元，增长 6%。

工业发展态势平稳。坚持精准帮扶，设立了首期规模 1 亿元的倒贷周转金，满足企业资金转贷需求。执行西部大开发税收优惠政策及结构性减税优惠政策，为企业减免税收 3501 万元。"财园信贷通"等 3 个"信贷通"发放贷款 5.43 亿元。龙钇重稀土在新三板挂牌上市，定向募集资金 5725 万元。

铨通稀土成功生产出全省第一支陶瓷金卤灯。新增4家国家级高新技术企业、3家省级"专精特新"中小企业。

园区承载能力大幅提升。投入资金10亿多元，完善园区基础设施及功能配套，获评"全省开放平台先进单位"。新增园区开发面积2200亩，新建市政道路12.6公里，完成土地征收2153亩。保税物流中心申报工作全面启动，陆路口岸作业区项目加紧推进。

2016年，龙南县500万元以上固定资产投资150.1亿元，增长16.5%。招商引资实际到位资金63.82亿元，占固定资产投资比重达到42.5%。三大产业投资中，第二产业固定资产投资完成62.80亿元，同比下降32.3%，占全县固定资产投资额的比重为41.8%。全县49个5000万元以上大项目中，有27个为工业项目，占比达55%。工业项目计划总投资达128亿元，占比70%，成为拉动全县投资快速增长的主力军。外贸出口逆势上扬，出口总额达到5.74亿美元，增长8.89%。全社会用电量10.07亿千瓦时，同比增长9.84%，较2015年提高19.43个百分点，其中，工业用电7.13亿千瓦时，增长7.3%。2016年，龙南县水力发电量2.12亿千瓦时，增长75.44%。据统计，截至2012年12月，龙南县个体工商户16890户，比2015年增长11.6%，从业人员68038人，同比增长16.7%。私营企业1856户，比2015年同期增长21.8%，从业人员27425人，同比增长26.4%。注册资金834290.5万元，比2015年同期增长25.1%，其中私营企业650830.3万元，同比增长24.8%。全县实现生产总值（GDP）1348549万元，按可比价计算，比2015年同期增长9.2%。其中，第一产业增加值为127338万元，同比增长4.2%，第二产业增加值为736276万元，增长9.2%，第三产业增加值为484935万元，增长10.6%。三次产业结构比由2015年同期的9.6∶55.6∶34.8调整为9.4∶54.6∶36。全县实现规模以上工业增加值650971万元，比2015年增长9.7%。分经济类型看，股份制企业增加值同比增长11.6%，外商及港澳台商投资企业增长10.7%；私营企业增长-3.2%。2016年龙南工业企业效益延续向好态势，规模以上工业企业利润总额18.11亿元，增长13.7%。完成工业主营业务收入2684487万元，同比增长7.4%，其中稀土精深加工、电子信息、现代轻工、食品药品四大主导产业实现主营业务收入 2084506 万元，同比增长 19.3%。园区企业实现税收 6.9 亿元，对财政总收入的贡献率达到 41.2%。

主攻工业强势推进。赣州电子信息产业科技城落户龙南，龙南保税物流中心获国家批复并开工建设。实施招商引资攻坚行动，全年成功签约项目 40 个，总签约金额近 210 亿元，签约金额和项目平均投资额分别是 2015 年的 2 倍、3 倍。志浩电子、优信普科技、骏亚精密等 17 个项目相继开工，恋伊工业、新正耀新能源汽车配件、汇森明达等 20 个项目试投产。新增规上工业企业 11 家，总数达 89 家。深化"降成本优环境"专项行动，为企业减负 3.92 亿元，帮助企业融资 39.14 亿元，为 29 家企业提供还贷周转金 1.68 亿元。科技创新步伐加快，新增高新技术企业 8 家、省级"专精特新"企业 3 家；专利授权量 354 个，增长 399%，增幅居全市第二。龙南经开区被评为全省知识产权试点园区。

2017 年，全县 500 万元以上固定资产投资完成 1708121 万元，同比增长 13.8%。三大产业投资中，第二产业固定资产投资完成 772724 万元，同比增长 23%，占全县固定资产投资额的比重为 45%。全县引进外引内联项目 17 个，实际利用内资 65.21 亿元，同比增长 15.21%；实际使用外资 11347 万美元，同比增长 10.02%。2017 年民间固定资产投资达到 75.11 亿元，同比增长 31.6%，工业企业完成投资 57.61 亿元，占民间投资总额的 76.7%，其中制造业完成投资 51.54 亿元，占整个工业民间投资额的 89.5%，成为民间投资增长的主导力量。截至 2017 年 12 月，龙南县个体工商户 18760 户，比 2016 年增长 11.1%，从业人员 76035 人，同比增长 11.8%。私营企业 2045 家，比 2016 年同期增长 10.2%，从业人员 45008 人，同比增长 10.8%。注册资金 3242555.4 万元，比 2016 年同期增长 288.7%，其中私营企业 3018385.8 万元，同比增长 363.8%。完成进出口总额 77453 万美元，同比增长 17.4%，高于全市 2.4 个百分点，增速在全市列第 6 位，同比前移 3 位。其中出口总额 68175 万美元，同比增长 18.7%，增速在全市列第 4 位，同比前移 6 位。

2017 年，龙南水利工业企业发电量 1.35 亿千瓦时，同比下降 36.17%。

2017 年，龙南太阳能光伏发电量 327.42 万千瓦时，同比增长 381.14%。1～

12月，龙南全社会用电量7.44亿千瓦时，同比增长-26.13%。其中，工业用电量4.15亿千瓦时，增长-41.82%。分产业看，第一产业用电量0.09亿千瓦时，增长14.21%；第二产业用电量4.32亿千瓦时，增长-40.43%；第三产业用电量1.21亿千瓦时，增长18.57%；城乡居民生活用电量1.82亿千瓦时，增长5.75%。

全县实现生产总值（GDP）153.22亿元，按可比价格计算，同比增长9.2%，增速列全市第12位，其中，第一产业增加值为133578万元，同比增长4.4%，第二产业增加值为832720万元，增长8.8%，第三产业增加值为565908万元，增长11.1%。三次产业结构进一步调整和优化，由2016年9.4∶54.3∶36.0调整为8.72∶54.35∶36.93。

2017年，全县实现规模以上工业增加值增长9.0%，完成工业主营业务收入2684769万元，同比增长16.2%。其中，稀土精深加工、电子信息、现代轻工、食品药品四大主导产业实现主营业务收入2349236万元，同比增长23.04%。分经济类型看，股份制企业增长13.5%；私营企业增长5.2%；外商及港澳台商投资企业增长28.5%。2017年，龙南规模以上工业企业每百元主营业务收入中的成本为89.18元，比2016年下降1.05元。规模以上工业实现利润总额19.12亿元，同比增22.8%，较2016年提高7.86个百分点。每百元主营业务收入中的成本为89.18元，同比下降1.05个百分点。

龙南加速建设高铁沿线明珠县。2017年全县组织实施的131个攻坚项目完成投资167.92亿元，累计签约工业项目54个，签约金额479.9亿元，同比增长230%。其中，电子信息产业类项目23个，签约金额263.2亿元。龙南电子信息产业集群列入2017年省级重点工业产业集群，赣州电子信息产业科技城加快建设，志浩电子、联茂电子、比邦科技、华立美科技、瑞兴龙智能终端、新华盛等电子信息产业项目相继开工，形成了从覆铜板、线路板、电子元器件到智能终端产品的产业链条。全年新增规模以上工业企业24家，完成工业投资77.27亿元，分别同比增长14.61%、23%。全县实现第二产业增加值83.27亿元，增长8.8%，占GDP比重的54.35%，对GDP贡献率达24.56%，拉动GDP增长4.89个百分点。其中实现工业增加值73.85亿元，增长 9.0%, 占 GDP 比重的 48.2%, 对 GDP 贡献率达 11.83%, 拉动 GDP 增长 4.45 个百分点; 实现建筑业增加值 9.42 亿元, 增长 7.4%, 占 GDP 比重的 6.15%, 对 GDP 贡献率达 12.73%, 拉动 GDP 增长 0.44 个百分点。

2018 年 1～6 月, 全县完成进出口总额 21.55 亿元, 同比下降 15.28%, 同比回落 48.13 个百分点。其中完成出口总额 19.20 亿元, 下降 14.08%, 同比回落 46.41 个百分点, 环比回落 0.55 个百分点。1～6 月, 全县实际利用外资 7503 万美元, 同比增长 0.68%, 同比回落 12.74 个百分点, 环比回落 2.46 个百分点。1～6 月, 全县引进 2000 万元以上项目 10 个, 其中亿元以上项目 7 个。实际利用省外 2000 万元以上项目资金实际进资 38.55 亿元, 同比增长 16.5%。截至 2018 年 6 月, 龙南县个体工商户增至 19809 户, 同比增长 12.6%, 从业人员 86388 人, 同比增长 22.5%。特别是私营企业从业人员 39352 人, 同比增长 42%。2018 年第一季度, "三南" 开发区投产工业企业 263 家, 开发区实际开发面积 16.31 平方千米, 完成基础设施投入 4.78 亿元; 实现主营业务收入 44.92 亿元, 增长 6.7%。

经过近二十年的发展, 工业成为龙南经济发展的主体, 甚至出现龙南经济的增长过度依赖于工业的现象, 工业增长的速度直接影响到 GDP 的增速。如 2017 年, 全县工业增加值占 GDP 的比重为 48.2%, 特别是规模以上工业增加值占全口径工业的比重为 79.1%, 近几年, 龙南规模以上工业增速从 2014 年的 14.0% 回落到 2017 年的 9.0%, 分别回落了 5.8 个百分点、4.3 个百分点和 5 个百分点, 对龙南经济增长产生不利的影响。

二、定南工业振兴分析

(一) 促进工业振兴的主要政策

第一, 积极鼓励投资的政策。出台了《定南县 2016 年主攻工业工作考评方案》《定南县 2013 年苏区振兴发展工作方案》《关于纵深推进赣南苏区振兴发展实现与全国同步全面小康的实施意见》, 主攻工业, 加快发展先进制造业。以中国 (定南) 智能助残科技城、中国 (定南) 模具城、民定丰纺织产业园、砺剑军民融合产业园 "两城两园" 为主体, 推动定南县工业向高端智

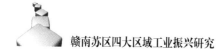

能制造产业转型。制定了《定南县鼓励投资优惠办法（试行）》，对税收、鼓励技术创新、规费、土地和规划、建设、水电、服务等投资优惠政策进行了明确规定。深化行政审批制度改革，制定了《定南县投资项目并联审批实施方案（试行）》《定南县推进"一窗式"审批服务模式改革实施方案（试行）》等文件，简政放权，优化发展环境。出台了《组织领导干部为企业办实事解难题活动方案》《定南县2012年招商引资工作方案》《定南县2013年度安商服务工作方案》《定南县2014年度安商服务工作方案》《定南县2015年苏区振兴发展工作方案》《定南县2012年安商监察工作方案》，进一步鼓励和吸引各类投资主体在定南县投资兴业，加快推进承接国内外产业转移，进一步提高行政效率和安商服务水平，形成招商安商、亲商扶商、互利共赢的良好投资环境。制定了《定南县2013年园区企业用工服务工作实施方案》，切实加强园区企业用工服务工作，营造良好的用工环境。

第二，以项目为抓手，积极打造发展平台的政策。《关于继续做好重点工程项目建设工作的通知》提出，要快速、高效、优质推进全县重点工程项目建设。2012年出台的《定南县创建省级生态工业园区工作实施方案》提出，要围绕建设生态工业园区的要求，分阶段逐步推进，将定南工业园区建设成为基础设施完善、产业集聚发展、经济良性高效运转、生态环境良好的省级生态工业示范园区。制定了《定南县工业园扩区和调整区位实施方案》《关于节约集约用地、提高用地保障能力的行动方案》《定南县2014年闲置土地清理处置工作方案》，全力打造产业转移承接平台，提高土地节约集约利用水平，加快建设和完善国家级"三南"承接加工贸易转移示范地和省级稀土永磁材料及应用产业、精细化工、商贸物流、电子信息产业基地建设，提升园区产业集聚和配套能力。提出了《定南县2012年口岸工作意见》《定南公路口岸作业区运营筹备工作方案》，推进口岸基础设施建设，完善口岸服务功能，充分发挥口岸作业区平台效应。出台了《定南公路口岸作业区办理出口业务优惠政策（试行）》，通过出口企业优惠政策吸引生产型外贸企业在作业区口岸报关出口。出台了《关于加快我县现代物流产业发展的实施意见》，建设江西定南商贸物流服务业基地，构建以公铁联运、铁海联运"无水港"为核心的商贸中心、物流中心、配送中心三大功能群，配套建设化工、稀土、果业农产品等5个专业市场以及第三方物流和其他现代服务业，加速商贸物流服务业集聚发展，推动"三南"加工贸易重点承接地建设。

第三，扶持中小企业成长的政策。出台了《定南县鼓励和支持民营经济发展意见》《关于进一步贯彻落实好国务院支持小型微型企业发展若干政策的通知》《关于促进全县融资担保业发展意见》《定南县金融支持经济发展的实施方案》《加大对小微企业帮扶力度加快非公有制经济发展的实施意见》《定南县2014年中小微企业贷款贴息工作方案》《定南县"创业信贷通"试行方案》《定南县"小微信贷通"工作方案》《定南县"财园信贷通"融资试点工作方案》《定南县银行业金融机构支持地方经济发展业绩评价考核办法》等文件，加大财税扶持力度，加大财政资金对财源培植支持力度，引导各银行业金融机构增加信贷投放，大力培育和扶持中小微企业发展。制定了《定南县鼓励和扶持小微企业上规模实施办法》《关于切实做好工业企业进入规模以上企业工作的通知》，切实推动规模以下工业企业不断向规模以上企业发展。《关于精准帮扶企业的实施意见》《关于稳增长促发展的若干政策措施（试行）的通知》（即"稳增长60条"）要求帮扶企业扩能提质增效，解决融资、用工、销售等方面的问题。制定了《定南县工业企业生产电价补贴办法》，对县内用电量前十名的工业企业（稀土、钨等采矿车间除外），以及用电量不在前十名但当月用电量同比增加1.5万千瓦时的企业，按0.05元/千瓦时进行补贴，以降低生产成本。出台了《定南县中小企业还贷周转金使用管理暂行办法》，为基本面好、符合国家产业政策和信贷政策、正常生产经营、市场前景比较好、资金周转暂时出现困难的中小企业按时还贷续贷提供临时性周转资金借款。制定了《定南县工业和外贸促生产保增长实施方案》《定南县促进外贸出口扶持办法》，对具有出口实绩的工业企业当年度出口进行奖励，切实解决发展中面临的实际问题，着力推动全县工业和外贸出口平衡较快发展。出台了《定南县鼓励扶持企业上市挂牌暂行办法》，鼓励和引导企业通过资本市场实现资源优化配置和制度创新。

第四，支持企业转型升级的政策。制定了《关于进一步做大做强工业主

导产业的实施意见》，要求以实施产业升级提速为抓手，做大做强优势资源产业，培育壮大战略性新兴产业，优化提升传统产业，推动工业主导产业集群发展。出台了《定南县2012年新型工业化建设实施意见》，推动新型工业化建设，实现转型发展。《关于纵深推进赣南苏区振兴发展实现与全国同步全面小康的实施意见》要求加快建设创新型定南，实施创新驱动"5511"和"1122"工程、重点创新产业化升级工程和科技协同创新计划。出台了《关于科技兴园兴企的实施意见》《定南县科学技术进步奖励实施办法》，发挥科技的引领和支撑作用，推进自主创新。出台了《定南县质量兴县实施方案》《关于进一步强化质量工作的实施意见》《定南县县长质量奖管理办法（试行）》《定南县工业企业"质量第一、诚信做产品"主题活动实施方案》《定南县企业信用行为联合激励与惩戒实施细则》，推进质量兴县、质量兴园、品牌兴企工作，加强质量管理，提高质量总体水平。出台了《定南县20户龙头企业帮扶工作制度》，对鑫磊稀土等20户龙头企业实行重点帮扶，制定实施针对性的帮扶政策，全力解决影响企业发展的重大问题，培育形成一批主营业务收入5亿元、10亿元的产业支柱型企业，助推"主攻工业"三年翻番。

（二）政策落实及其效果

1. 政策落实情况

第一，大力招商引资。定南县依托良好的区位、交通和资源优势，围绕打造赣州市南部工业经济重要增长极、粤港澳大湾区后花园、赣粤边际全域旅游示范县、赣粤边际物流中心等目标，建立全方位对外开放平台，依托稀土、钨优势产业，围绕精细化工、电子信息主导产业，生物制药等战略性新兴产业，着力引进科技含量高、负税能力强、成长性好的企业。积极构筑绿色产业体系，在招商工作中，提高招商门槛，牢固树立"生态为重"理念，严把项目准入关，对污染项目实行一票否决。2017年以来，承接珠三角经济带产业转移，瞄准智能制造、现代物流、总部经济、文旅和户外运动五大产业精准招商。定南县转移招商引资端口，化被动为主动，在积极开展商会招商、以商招商、链式招商的同时，加强中介招商和专题招商，坚持双向实地考察，在有污染、产能剩、效益差、不成链的项目招商选资上做减法，确保把有限的资源用到好的产业上。

积极打造商务"洼地"，优化企业环境，提升招商效力。围绕打造"审批程序最少、办事效率最高、服务质量最好"的政务环境，定南县保留县级审批事项78项，成为赣州市审批程序最少的县，有效推进"互联网+政务服务"，初步实现"只进一扇门""最多跑一次"的目标。本着"亲商、护商、安商、富商"的工作理念，定南县开通项目服务直通车，成立了专业化的服务队伍，实行一名县领导、一个责任单位、一个项目部、一支工作队伍、一套工作方案的"五个一"工作机制，对落户企业实行从项目立项、引进到生产进行全过程"保姆式"跟踪服务，推行"一线工作法"，点对点解决问题，让客商放心投资、安心生产、舒心经营。实施"一厂一策"结对帮扶企业制度、落实4小时蹲点工作制。2017年，定南县新增注册企业630家，比2015年翻了3倍；招商引资签约项目52个，总投资371亿元，超过此前4年的总和，已初步形成以中国（定南）智能助残科技城、中国（定南）模具城、砺剑军民融合产业园、民定丰纺织产业园为基础的"两城两园"产业发展新格局。

第二，建设工业园区，打造产业基地，不断夯实工业承载平台。定南县生态工业园始建于1996年，规划面积达20000亩。进行了重新定位和布局后，形成了"三区六园"的良好发展格局。三区，即富田工业区、东岭工业区、老城工业区；六园，即恒明珠工业园、台商创业园、有色金属产业园、环保涂料化工产业园、金龙动漫产业园、中大高科技生物制药产业园。园区产业特色鲜明，涂料化工、有色金属、电子、五金塑胶、动漫、生物制药六大产业成为支撑定南县工业经济发展的主导产业。该县拥有"三南"加工贸易重点承接地、精细化工产业基地、稀土永磁材料及应用产业基地、商贸物流服务业基地、县级公路口岸作业区等各种平台。定南县积极以"三南"园区一体化建设为契机，以工业平台建设为载体，重点推进"一带、两平台、三基地"建设，加快县城至老城工业走廊，恒明珠、金龙动漫两大产业平台，以及稀土永磁材料及应用产业基地、精细化工产业基地和电子信息产业基地建设，创优发展平台，为企业生产创造良好环境，令企业发展"区位有优势、生产有基地、产品能延伸",形成了承接沿海产业转移的坚实平台。

在园区建设中,定南县采取基地化发展模式,形成了一园多区格局。仅2015年,就投入1.18亿元完善了园区基础设施,园区污水处理厂建设基本完成。定南县基地化发展模式与产业集群效益明显。以稀土为例,定南县是全国重要的有色金属基地县,尤其是稀土矿藏品种全、储量大、品位高,属钇富铕型稀土,是全国轻稀土矿的主要分布区及产区。依托资源优势,定南县通过基地化模式,引进了大华新材料、龙园钨钢、南方稀土等稀土、钨深加工企业。按照产业链缝合的要求,扶持优势骨干企业开展产业协作、延伸产业链条、实施技改扩能,推动上下游企业与龙头企业配套、向专业园区集聚,着力彰显产业特色、完善产业生态,形成了从稀土矿采选—冶炼—金属熔炼—稀土材料—资源综合回收的稀土产业链集群。

第三,不断推动企业转型升级。定南县以提高资源利用效率为目标,全面淘汰和关闭浪费资源、污染环境的落后工艺、设备和企业。一方面,大力发展高性能稀土永磁、钨新材料及其应用产业,努力推动矿业产业规模扩张、层次提升。另一方面,大力发展生物制药、文化创意、光伏新材料等战略性新兴产业,培育工业经济新增长点。加大政策、资金扶持力度,采用新技术、新工艺对传统产业进行改造升级,精心筛选一批科技含量高、经济效益好、资源消耗低的绿色产业项目作为主攻重点,并将优势企业和重点项目向园区集聚,促使电子信息、生物制药、金属新材料、光伏等绿色产业规模迅速壮大,助推工业经济绿色增长。在产业转型升级中,定南县充分发挥科技创新的核心作用,以政府引导、企业自建为原则,联合科研机构和高等院校,组建了稀土应用、钨新材料、电子智控、电子元器件四大研发中心。同时,加大对战略性新兴产业关键技术研发、成果转化和示范应用的支持力度,合作实施了一批具有支撑性、拉动性的大项目、好项目。积极支持元邦摩擦材料与吉林大学设立国家级研究中心,并申报国家技术改造补助资金;协助东江海棠获国家发明专利1项,鑫磊公司、赣悦光伏玻璃分别获国家实用新型专利10项和2项,赣悦光伏玻璃"超白超薄光伏玻璃"获江西省重点新产品称号;引导英唐电子从劳动密集型企业向科技创新型企业发展,外贸出口突破

1000 万美元。2014 年赣州市赐彩油墨涂料实业有限公司和赣州鑫磊稀土新材料有限公司被认定为国家级高新技术企业,实现了定南县高新技术产业零突破,而且赣州鑫磊稀土新材料有限公司还设立了省级院士工作站。为推动企业自主创新,定南县财政每年安排支持工业企业发展基金 500 万元,并逐年增加,滚动利用,主要用于支持工业企业技改扩能、科技创新、战略性新兴产业项目扶持。2015 年,定南县财政部门安排工业园区建设资金 4000 万元,主要用于工业园区基础设施、服务平台及特色产业基地建设和扶持企业发展。已培育市级以上高新技术产品 42 个,设立研发中心的企业有 2 家。

2. 主要成效

第一,如表 2-2 所示从历年数据看,定南县工业发展政策对路,效果显著,总体形势较好。具体分析如下。

表 2-2 定南县规模以上工业发展情况

年份	企业数量(家)	总产值	工业增加值(万元)	主营业务收入(万元)	工业产品销售率(%)
2012	27	—	156000	560000	—
2013	35	—	177900	732800	—
2014	42	—	215200	850100	—
2015	47	—	231500	869600	—
2016	52	—	197900	—	—
2017	65	—	—	—	—
2018	—	—	—	—	—

注:①"—"表示不详;②2013 年、2014 年、2015 年、2016 年、2017 年的规模以上工业企业数据系根据每年政府工作报告中每年新增规模以上户数在上年基础上的简单相加所得。

资料来源:作者根据定南县历年发布的政府工作报告、国民经济和社会发展统计公报公布的相关数据收集整理。

2012 年,定南县全年固定资产投资(500 万元以上项目)32.28 亿元,增长 36.1%;全年完成工业固定资产投资 13.45 亿元,增长 30.7%;实际利用外资 4780 万美元,增长 7.4%;外贸出口 3150 万美元,增长 13.3%。"三南"加工贸易重点承接地被列为全市重要发展平台。成功获批了全省首个精细化工产业基地、全省唯一的永磁材料产业基地、全市唯一的县级公路口岸作业区、省级现代农业示范区。招商引资成果丰硕。先后在香港、厦门、贵阳、东莞、常州等地进行招商推介，开展产业招商、行业招商。全年签约项目45个，签约资金达36.4亿元，亿元以上项目有11个。预计定南县实现生产总值41.45亿元，增长12.3%；工业主营业务收入达56亿元，增长12.9%，实现利税5.8亿元；规模以上企业新增6家达27家。规模以上工业增加值达15.6亿元，增长15%。

工业经济在"转型"中壮大。紧抓"三南"加工贸易重点承接地规划上升为国家战略重大契机，加快推进了"一带、两平台、三基地"建设。启动了工业园扩区调区和东岭工业小区规划工作，恒明珠、金龙动漫产业园基础设施建设顺利推进，富田、精细化工等园区设施进一步完善。产业结构升级成效显著。大华新材料实现超高纯度稀土元素分离，并成功上市；鑫磊新材料创新生产工艺，向高端产品升级；龙园钨钢项目完成技改扩能并正式投产。元邦高性能制动片被认定为国家重点新产品，英唐电子实现了科技转型。落户项目顺利推进，加快形成经济新增长点。赣悦光伏玻璃一期开始安装设备，坤洋化工、启懋电子等8个项目竣工投产。

2013年定南县实现生产总值52.73亿元，增长12.9%；规模以上工业增加值17.79亿元，增长11.8%；500万元以上项目固定资产投资41.96亿元，增长29.4%；实际利用外资5259万美元，增长10.1%；外贸出口4513万美元，增长33.5%；单位生产总值能耗下降6.43%。2013年全年规模以上工业企业主营业务收入73.28亿元，比上年增长27.3%；实现利税13.7亿元，增长88.7%；工业增加值17.79亿元，按可比价计算比上年增长11.79%。综合经济效益指数413.33%。全县工业用电量10707万千瓦时，比上年下降26.67%；工业上缴税金3.75亿元，比上年增长13.31%，工业税收占财政收入比重达50.7%。新增规模以上企业8家；新增年纳税超百万企业25家。

工业发展提质提效。"一带、两平台、三基地"建设稳步推进。2013年工业园调区扩区工作进展顺利。启动建设了东岭工业小区，修编完善了精细化工等小区整体规划和产业专项规划。投资 2.43 亿元加快了工业园道路、排水排污、绿化亮化等基础设施建设。全年签约项目 28 个，其中亿元以上项目 3 个，引进恒斯达、加达稀土等一批重大项目。赣悦光伏一期、聚盛化工等企业建成投产，瑞鑫永磁、中凯稀土等稀土加工项目加快建设，博瑞化工、福达兴电子等企业落户园区。淀洋科技、赐彩油墨等企业获 32 项国家专利，齐飞、大华等企业获国家技改项目资金扶持。

2014 年，定南县以稀土、钨及有色金属为龙头，打造电子、五金塑胶、生物制药、动漫、环保涂料化工六大产业。招商引资取得新成效，全年引进项目 30 个，其中亿元以上项目 5 个。实际利用外资 5992 万美元，同比增长 13.9%；实际利用内资 27.05 亿元，增长 11%。实现外贸出口 5081 万美元，同比增长 12.6%。开展了项目建设"大会战"活动，实施重点工程项目 64 个，年内完成投资 27.2 亿元。万博汇电子、京桥混凝土、格路斯化工、伟博五金等 11 个项目竣工投产（试产）；中凯稀土、瑞鑫永磁、科润化工、墨儿谷等 9 个项目主体完工；中大保利、盈源科技、和美实业、合力源化工等一批项目进展顺利。500 万元以上项目固定资产投资 51.4 亿元，增长 23.5%。全年预计实现生产总值 58.93 亿元，增长 10%；三次产业比重由 16.2∶45∶38.8 调整为 15.9∶46.4∶37.7。

2014 年共计发放"财园信贷通""小微信贷通"和"财政惠农信贷通"担保贷款 1.95 亿元，为中小微企业融资 10.6 亿元。稀土资源转型开采，大华新材料、南方稀土等企业有序复产。元邦摩擦（一期）完成技改扩能，赣悦光伏新上钢化玻璃镀膜生产线。鑫磊稀土、赐彩油墨被评为国家级高新技术企业，英唐电子被确定为江西省省级首批"两化"深度融合示范企业。全县企业新获国家专利 50 项。三友稀土等 3 家企业在深圳前海股权交易中心成功挂牌。新增规模以上工业企业 7 家，规模以上工业企业实现主营业务收入 85.01 亿元，增长 15.96%；实现利税总额 14.5 亿元，增长 7%；规模以上工业增加值 21.52 亿元，增长 12.5%。

2015 年定南县全年安排重点工程项目 55 个，项目总投资 96.88 亿元。500 万元以上固定资产投资 60.29 亿元，增长 19.3%。深入推进区域开放合

第二章 "三南"片区的工业振兴

作，在深圳、东莞等地成功举办系列招商推介会，全年引进项目 13 个，其中亿元以上项目 5 个。预计实际利用内资 30.98 亿元，增长 13.31%；实际利用外资 6602 万美元，增长 10.18%；外贸出口总额 5380 万美元，增长 7.04%。初步核算，全年实现生产总值 61.76 亿元，增长 9.4%，增速与上年持平，低于赣州市平均水平 0.2 个百分点。分产业看，第一产业实现增加值 9.10 亿元，增长 4.1%；第二产业实现增加值 27.46 亿元，增长 9.8%；第三产业实现增加值 25.20 亿元，增长 10.6%。三次产业结构由 2014 年的 15.9：46.4：37.7，调整至 2015 年的 14.7：44.5：40.8。第一产业贡献率为 5.7%，拉动 GDP 增长 0.5 个百分点；第二产业贡献率为 48.2%，拉动 GDP 增长 4.5 个百分点，其中工业贡献率为 30.1%，拉动 GDP 增长 2.8 个百分点；第三产业贡献率为 46%，拉动 GDP 增长 4.3 个百分点。规模以上工业企业实现主营业务收入 86.96 亿元，增长 2.3%。利税总额 15.79 亿元，增长 5.9%；规模以上工业增加值 23.15 亿元，增长 8.2%，比上年放缓 3.3 个百分点，低于赣州市平均水平 1 个百分点。

工业经济克难前行。组建政府性担保机构，设立 3000 万元工业发展基金和 5000 万元企业还贷周转金，兑现企业扶持奖励资金 8258 万元，发放"财园信贷通"贷款 2.35 亿元、"小微信贷通"贷款 4177 万元。稀土资源实现转型开采，实施"山上""山下"两种监管措施，全面完成市下达的原矿生产配额。齐飞公司成功并入南方稀土集团。鑫磊稀土成功获评省级院士工作站，元邦摩擦顺利组建企业技术中心，明高电路板全面完成技改扩能。定南县获国家专利授权 80 件，新设企业研发中心 2 个，培育国家高新技术企业 2 家。新增规模以上工业企业 5 家。

2016 年，定南县完成 500 万元以上固定资产投资 62.7 亿元，增长 4.4%；工业投资 215893 万元，同比增长 30.7%。总量占全县固定资产投资的 34.4%，较上年高出 6.9 个百分点，投资产业结构更为合理。招商引资工作力度加大，成功举办宁波、深圳招商推介会，邀请香港中华厂商联合会、深圳定南商会来定南县考察，签约项目 26 个，其中 5 亿元以上项目 12 个，签约资金 138.6 亿元，签约项目之多、速度之快是前所未有的。民定丰纺织产业园、智能助残科技城两个全产业链项目整体落户。实际利用外资 7277 万美元，增长 10.21%；外贸出口 5631 万美元，增长 4.96%。全县实现生产总值 66.47 亿元，增长 7.1%；规模以上工业增加值 19.79 亿元，增长 7.9%。

工业经济蓄势待发。工业园调区扩区工作有序推进。废弃矿区土地平整一期、定富标准厂房一期等项目全面完工。首位产业发展规划启动编制。服务企业力度加大，全面落实降成本优环境各项政策措施，为企业减负 1.2 亿元。鑫磊稀土与宝安集团、北汽集团达成战略合作，并在新三板挂牌。鑫鸿光、中垣林业等企业竣工投产，明高电路板、元邦摩擦、赣悦光伏、中大保利等企业完成技改扩能。新入规企业 5 家，新增高新技术企业 3 家。

2017 年，全年实现生产总值 77.48 亿元，增长 9.6%；规模以上工业增加值增长 8.5%；500 万元以上项目固定资产投资 70.98 亿元，增长 13.2%；实际利用外资 8006 万美元，增长 10%。招商引资取得重大突破，引进项目 52 个，其中 5 亿元以上项目 17 个。预计实现外贸出口 6010 万美元，增长 6.7%。

工业转型升级步伐加快。全面落实降成本优环境各项政策措施，为企业减负 2.87 亿元。投入 3.5 亿元完善园区基础设施，同比增长 468.39%，完成固定资产投资 25.38 亿元，同比增长 74.45%。新建标准厂房 22 万平方米。新增国家高新技术企业 3 家，新增入规工业企业 13 家。"两城两园"工业格局初步形成，智能助残科技城引进全产业链项目 6 个；中国（定南）模具城签约落户企业 2 家；民定丰纺织产业园入驻企业 13 家，累计实现产值 5.5 亿元；砺剑军民融合产业园昊天龙邦项目开工建设。建设了全球首个以"智能助残、智慧养老"为主题的智能助残科技城项目，助推赣州市获批国家康复辅助器具产业综合创新试点示范城市。成功被列为全国 8 个开发性金融精准扶贫示范点之一，入选国家支持农民工等人员返乡创业试点，成为全国 4 个视觉工业示范基地之一。工业园区入园企业 208 家，建成投产企业 171 家，在建企业项目 37 家，规模以上企业 48 家。2017 年园区实现工业销售产值 74.38 亿元，同比增长 25.25%，实现主营业务收入 74.13 亿元，同比增长 14.8%；工业增加值增长 8.1%，实现利润总额 7.83 亿元，同比增长 11.91%。

2018年1~6月，定南县规模工业增加值增长10.2%，增速较第一季度提高1.4个百分点。按门类分，采矿业增加值从无到有，实现净增；制造业增加值同比增长9.2%，增速较1~5月提高1.1个百分点；电力热力燃气及水的生产和供应业增加值下降21.2%，降幅较1~5月收窄2.3个百分点。从企业类型看，有增有减。1~6月，定南县规模工业国有企业增加值同比增长7.4%，增速较1~5月提高1.0个百分点；股份制企业增长13.4%，增速较1~5月提高1.0个百分点；外商及中国港澳台商投资企业同比下降9.3%，降幅较1~5月收窄3.9个百分点；其他内资企业增加值同比下降21.4%，降幅较1~5月收窄14.3个百分点。10个大类行业生产实现增长。1~6月，全县规模工业15个大类行业中，有10个行业增加值保持同比增长。其中，纺织业、非金属矿物制品业、有色金属冶炼和压延加工业、汽车制造业、计算机通信和其他电子设备制造业、其他制造业6个行业大类增加值增速超过定南县平均水平，增加值分别增长20.0%、15.4%、13.5%、12.8%、13.5%和19.6%。

第二，作为定南县工业发展的主要载体，工业园区产业集群正处于不断培育中。作为"三南"一体化园区，园区目前形成了一园四区的布局，即富田小区、良富小区、老城工业小区、东岭工业小区四个工业小区，其中富田工业小区规划面积15000亩，已开发面积约8000亩；良富工业小区规划面积1500亩，已开发面积1500亩；老城工业小区规划面积7500亩，目前已开发面积约1500亩；东岭工业小区规划面积7500亩，目前正在开发一期工程1068亩。围绕四个工业小区，园区形成了"两园""两城"的发展格局，另外还有三个省级产业基地。"两园"是指民定丰纺织产业园、深圳砺剑防务技术产业园，"两城"是指智能助残科技城、中国（定南）模具城，"三基地"是指定南县稀土永磁材料及应用产业基地、生态工业园先进电子产业基地、老城精细化工产业基地三个产业基地。园区产业发展情况如下。

一是智能助残科技城。由江西善行智能设备制造有限公司投资建设的中国（定南）智能助残科技城，于2017年初开工建设，占地109亩，建筑面积8.71万平方米，总投资10亿元，目前投资已超过2亿元。项目建成后，预计年产值 30 亿元，年纳税 1 亿元，可吸纳 5000 人就业。其主要特点有：①全球首创。在此之前没有企业做过此类项目，该公司联合牛津大学 OxSight 公司、百度 AI 研究院等共同打造了全球首个以智能助残、智慧养老为主题的全产业链项目，助推赣州市成功入选全国 12 个国家康复辅助器具产业综合创新试点城市之一。②科技含量高。公司将康复辅助器具加上了智能的元素，与牛津大学合作生产的低视力眼镜，可有效帮助低视力群体实现视觉复现；联合百度研发的小 Q 智能导盲眼镜，可有效帮助全盲人群实现无障碍生活与出行；联合科大讯飞共同研发生产的智能康复护理床，可实现远程操控、语音操控等。③产业链条全。公司引进善行精密电子、善行出行科技等 6 家企业，主要发展电子信息、SMT 生产加工、智能制造等产业，配套建设智慧展厅、产品检测中心等，已形成完整的全具产业链。④社会效益好。公司秉承"助残扶残"理念，依托残疾人云服务中心，可提供 1250 个残疾人就业岗位，并解决失能人士的生活困难。

二是电子信息产业。电子信息产业依托定南县生态工业园电子产业基地，结合定南县资源优势，以电子产业、动漫文化科技产业发展为基础，重点发展电子元器件、显示屏、消费类电子产品、通信类电子产品、汽车类电子产品、动漫创造平台、动漫软件、游戏游艺设备、动漫电子衍生品等项目。电子产业基地市政道路、供水、供电、通信等基础设施配套日臻完善。现基地落户企业 32 家，其中规模以上企业 6 家，接纳从业人员 4500 多人，涉及 3G/2G 手机、LED、家电数码、线路板和蓄电池产品等。

三是模具城。中国（定南）模具城项目落户于县富田工业园区，占地3500 亩。项目分三期建设，一期用地 1500 亩，二期、三期各用地 1000 亩，主要从事模具制造、汽车零部件制造以及高端设备制造，同时建设配套模具职业学校、模具生产研发和检测中心、工业旅游设施，打造集"产、学、研、游"于一体的模具小镇。项目建成后，将带来直接产值 100 亿元以上，间接产值 50 亿元以上；新增直接高收入就业人口 2 万以上，带动间接就业人口 1万以上；直接税收 10 亿元以上，间接税收 3 亿元以上，出口创汇每年 10 亿美元以上。目前，已签订合同 2 家（东莞欧米隆、汕头精佳模具），已初步选定

第一章 "三南"片区的工业振兴

用地并有望签订合同 6 家（汕头东明五金模具、东莞鸿信模具、东莞鸿源模具、深圳图雅模具、深圳永万峰模具、深圳鼎盛精密工业）。

四是稀土永磁材料及应用产业。2012 年 11 月江西省（定南）稀土永磁材料及应用产业基地获批为省级产业基地。已经委托中国稀土行业协会编制了首位产业发展规划，与中国科学院宁波材料技术与工程研究所合作组建了工程技术中心，形成了以鑫磊稀土、齐飞新材料等企业为主体的产业集群，规模效应不断显现。2017 年，首位产业（稀土永磁材料及应用）主营业务收入为 50.38 亿元，首位产业占园区比重达 70.56%，首位产业主营业务收入增速 17.99%，实现利税 9.2 亿元。鑫磊稀土成功在新三板挂牌上市，产品市场占有率达 25%，位居全国第一。

五是有色金属产业。园区有色金属产业以鑫盛钨业搬迁技改项目为龙头企业，引导龙园钨钢进行了钨粉、碳化钨、蓝钨三条生产线的设备改造，同时园区积极引导华明矿业、广泰矿业、嘉旺锡制品等企业转型升级、技改扩能，支持鑫汇仓储引进高精度氧化铝项目，君宏有色金属工艺有限公司也在兴建中。

六是生物制药产业。为进一步拓宽园区发展面积，启动东岭工业园建设，依托规模以上企业江西保利制药有限公司，以开发建设生物制药产业园为载体，积极发展生物制药产业，该公司拥有小容量注射剂、片剂、颗粒剂、丸剂及胶囊剂五大产品剂型和 38 个品种，主要产品有鱼腥草注射液、兰草颗粒、羚羊清肺颗粒、野木瓜片等，同时，还有规模以下企业 2 家，即健源生物有限公司和宁海药业有限公司，均以生产保健用品为主。

七是光伏产业。定南县光伏产业的领军企业为江西赣悦光伏玻璃有限公司，占地面积 250 亩，主要生产 850 吨/天 3 毫米以下超白超薄光伏玻璃。该企业项目于 2011 年 3 月签约，总投资 6 亿元，4 月被列入江西省、赣州市第一批重点工程，9 月进入江西省重大产业项目绿色通道，解决了开工建设所有问题。2013 年 5 月 3 日，项目一期工程竣工投产。该项目的建成投产，填补了江西省光伏玻璃制造业的空白，对推进定南县域经济转型升级将发挥积极作用。同时，引进的鑫鸿光新材料有限公司也已投产。

八是精细化工产业。定南县精细化工产业园是江西省内启动最快、批准手续最完备、规划最大的精细化工产业园区，园区致力于打造江西省内影响力最大的精细化工产业园区。目前，园区已引进安普化工、坤洋化工、科润化工、泰通科技、聚盛化工、达方化工、泽嵘化工、众智化工等 18 家企业，其中投产企业 5 家，完成主体工程建设企业 5 家，在建项目 4 家，初步形成了以感光材料、涂料、油墨、表面活性剂、胶粘剂等生产加工为主的精细化工产业集群。

综述所述，定南县工业引进的项目较多、企业层次较高，工业发展态势较好，但依然存在规模总量偏小、缺少大项目好项目、园区承载能力不足、企业缺乏技术创新等突出问题。

三、全南县工业振兴分析

（一）促进工业振兴的主要政策

第一，建设生态文明，发展生态工业的政策。先后出台了《全南县省级生态县创建工作整改方案》《全南县国家重点生态功能区县域生态环境质量 2018 年度考核工作实施方案》，致力于建设生态县，推动国家重点生态功能区县域生态环境质量考核工作。制定了《全南县 2018 年环境保护专项行动工作方案》《全南县环境违法行为"利剑行动"工作方案》《全南县"小散乱污"企业关停行动工作方案》《全南县 2015 年度主要污染物总量减排计划》《全南县 2017 年度主要污染物总量减排计划》《全南县重金属污染防治工作实施方案》《全南县 2009 年整治违法排污企业保障群众健康环保专项行动实施方案》《全南县工业企业排污治理"零点行动"工作方案》，以改善环境质量为目标，对全南县不符合产业政策，不符合当地产业布局规划，未办理相关审批手续，不能稳定达标排放的"小散乱污"企业进行整治，依法查处环境违法企业。出台了《全南县严厉打击非法开采盗采矿产资源集中行动实施方案》《全南县深入开展稀土开采秩序集中排查整治工作方案》《全南县矿产资源执法监察目标考核暂行办法》《全南县深入开展矿业秩序整治及矿山安全生产大检查回头看行动工作方案》，集中排查整治全县稀土开采秩序，坚决遏制矿业非法违法生产活动。为调整产业结构和转变发展方式，出台了《全南县十二五工业节能工程实施方案》《全南县固定资产投资项目节能评估和审查暂行办法》，突出抓好工业企业节能降耗，抓好重点工业领域、重点用能企业、重点节能项目三大节能重点，组织开展企业节能低碳行动。

第二，建设生态工业园区，打造工业发展平台的政策。江西全南工业园区始建于2001年4月，2006年3月被省人民政府审核批准升格为省级工业园区，2011年1月经江西省政府同意正式命名为首批省级生态工业园区，2012年1月江西省发展和改革委员会批准为新材料省级战略性新兴产业基地。2013年工业园区启动调区扩区后，形成"一园二区三地块"布局，面积达380.19公顷。园区已逐步培育形成矿产品精深加工、机械电子、新材料、现代轻纺四大优势主导产业，稀土新材料和氟新材料产业集群逐步显现。2015年工业园区入园企业达130家，其中纳入江西省统计企业65家（规模上以工业企业34家），实现主营业务收入达80亿元、工业增加值达20亿元。为打造工业园，全南县出台了《江西全南工业园区工业污水处理厂及配套管网项目招商方案》《全南县工业园二区松山片黄龙村北侧道路工程实施方案》，推进工业园基础设施工程建设。制定了《全南县加快推进芳香花木产业发展实施意见》《全南县2014年度芳香花木产业建设实施方案》，围绕打造我国南方最大的芳香产业基地的目标，鼓励支持龙头企业兴办芳香产业深加工企业，积极推进花卉精油等产品的精深加工。积极建设大健康产业园、赣商回归产业园，出台了《关于成立不锈钢产业基地项目建设推进工作领导小组的通知》，加快全南县不锈钢产业基地建设。

第三，强攻工业，积极招商引资政策。出台了《全南县三年强攻工业实施意见（2010~2012年）》《全南县促进投资增长和经济平稳健康发展若干政策措施》，充分发挥工业的主力军和先锋队作用，支持战略性新兴产业项目建设，加速新型工业化进程。为提高重大产业项目审批效率，优化发展环境，制定了《全南县重大产业项目绿色通道管理办法》《关于政府投资项目推行行政审批"容缺后补"制度的通知》《中共全南县委　全南县人民政府关于开展降低企业成本优化发展环境专项行动的通知》《全南县2017年"放管服"

改革工作要点》《全南县推进"最多一次办结"改革实施方案》,创新审批方式、优化审批流程。为进一步加大项目开发力度,促进以项目招商工作,建立多元化的项目开发机制,出台了《关于印发全南县 2010 年招商引资项目开发工作实施意见的通知》《全南县 2010 年向社会公开征集招商引资项目实施方案》《全南县招商引资项目推进工作机制》,成立全南县招商引资项目推进工作领导小组,牵头统筹、协调项目推进工作。《全南县鼓励工业投资若干政策》《全南县鼓励电子信息产业投资若干政策》,进一步鼓励和吸引客商在全南县投资兴业,促进了全南县工业经济加快发展,规定凡固定资产投资在人民币 5000 万元以上的生产性工业项目均可享受不同形式的财税优惠待遇,投资电子信息产业优惠更多。

第四,中小企业培育政策。出台了《全南县发展众创空间推进大众创新创业实施方案》《全南县发展众创空间推进大众创新创业若干政策规定》《2016 年全南县大众创业万众创新活动周实施方案》《全南县大力推进创业孵化基地建设鼓励创新创业的实施方案》,激励大众创业、万众创新,以工业园为依托,打造创业孵化基地。出台了《全南县适应工商登记制度改革加强市场主体事中事后监管工作方案》《关于加大对小微企业帮扶力度加快非公有制经济发展的实施意见》《2009 年度全南县实施中小企业成长工程工作方案》《2011 年全南县民营经济四项工程建设实施意见》《全南县小微企业信用体系建设方案》,从市场准入、金融、财税、规费等各方面加大对小微企业的帮扶力度,积极培育中小企业,推动企业做大做强,进入规模以上企业。

第五,加大财政、金融帮扶的政策。出台了《关于精准帮扶企业的实施意见》《关于加强金融支持县域经济发展的指导意见》《全南县小微信贷通试行方案》《全南县工业园区财园信贷通工作方案》,加大财政资金对财源培植的支持力度,加大信贷投入,创新金融服务,切实改善工业园区中小微企业融资服务,缓解中小微企业融资难问题,做大做强全南县工业主导产业。制定了《全南县加快推进企业进入全国中小企业股份转让系统挂牌的扶持暂行办法》,鼓励支持全南县企业挂牌上市、直接融资。出台了《全南县中小企业还贷周转金管理办法(试行)》《全南县工业发展委托贷款资金管理办法

（试行）》，设立 5000 万元的中小企业还贷周转金，缓解工业企业融资困难，拓展融资渠道，化解金融风险。出台了《全南县重大工业项目投资引导资金管理办法》，"引导资金"是全南县政府设立的政策性专项资金，旨在发挥财政资金的杠杆作用，鼓励、引导信贷资金和社会资金投向全南县先进制造业中的重点项目，实现以资招商、以资促投的战略。

第六，增强自主创新能力，推动企业转型升级的政策。出台了《关于科技兴园兴企的若干意见》《全南县专利资助奖励办法（试行）的通知》《全南县推进实施标准化战略实施方案》《全南县县长质量奖管理办法》《关于在工业园区开展质量兴园工作的意见》，加快园区创新发展步伐，鼓励企业制定标准，增强企业创新能力，做大做强科技型企业群体，调整优化产业结构，推进园区建设成为全省乃至全国氟新材料、稀土新材料和芳香产业创新型特色园区。制定了《全南县加大全社会研发投入攻坚行动方案》，确保地方财政科技拨款占地方财政支出 2%以上，保持财政科技支出持续稳定增长。出台了《关于实施创新驱动发展战略建设创新型全南的实施意见》，着力实施"1551"工程（新建 10 个创新平台和载体，引进培育 5 个以上创新人才和团队，实施 5 项市级以上重大科技专项，新增 10 家高新技术企业），增强企业自主创新能力和提高产业核心竞争力，形成一批具有自主知识产权的科技成果，科技创新对全县经济社会发展起到有力引领和支撑作用。

（二）政策落实及其效果

1. 政策落实情况

在主攻工业中，全南县以做强做大四大主导产业、三大基地为重点，夯实发展平台，着力招商强工，不断加快新型工业化进程，促进资源优势向经济优势转变。

第一，壮大优势产业集群，培育优势产业。着力培育壮大矿产品加工、轻纺服饰、机械电子、木竹加工等优势产业集群，积极围绕四大产业集群引进发展上下游配套企业，延伸产业链，不断提高优势产业集群对全南县经济发展的贡献率。整合资金、人力等各种资源，以发展外向型和税利型非公企业为目标，选择一批市场竞争力强、产业带动作用大的骨干企业进行重点帮扶。大力发展特色工业，培育壮大氟新材料、生物工程、不锈钢、大数据四大产业。抓住国家对稀土等稀有资源战略性控制的机遇，进一步整合和利用稀土、萤石等优势资源，加快推进江西省乃至全国的稀土深加工基地、氟盐化工基地和运动器材生产三大基地建设，努力化资源优势为经济优势。氟盐化工基地主要是重点推进华星公司第二期工程，加快推进新星化工冶金材料（深圳）有限公司投资兴建氟钛酸钾、氟硼酸钾及轻合金材料生产项目；稀土深加工基地重点是实施晶环科技高纯度氧化锆项目，推进新资源稀土公司拥有自主开发能力的系统三基色荧光粉与钇基陶瓷色釉生产线达标生产；运动器材生产基地主要是全力推进韬略运动器材生产运动头盔项目，积极拓展运动器材产业链，大健康科技产业园、铸造产业园加快推进。电子信息产业集群化加快发展，松岩二期建成投产，不锈钢产业基地制管项目试产并向全产业链延伸。2017 年引进了耐力电子等 10 家总投资 21 亿元的电子信息企业和三联铸造等 9 家铸造企业集群落户。

第二，加快工业园区建设，夯实发展平台。为建设"三南"一体化园区，加快工业园区调区扩区，进一步完善承接产业转移的配套政策，强化土地、资源、水电、资金和人力等要素保障，提升产业配套能力，增强产业转移承接能力。加强江西省省级生态工业园区建设，严把工业园区项目准入关，加快建设园区工业污水处理设施，着力抓好园区绿化、亮化和美化工程。优化园区项目布局，促进企业集中、产业集聚和用地集约。加快完善绕城公路沿线路网、电网、污水处理等基础设施，规划建设学校、医院、社区等配套设施。实施园区基础设施提升工程，标准厂房建设。规范和创新园区管理体制，加快建立园区高效、便捷服务机制。2017 年，全南县工业园区扩区调区获省发改委批复，"三南"一体化全南（镇仔）工业园征地拆迁等项目快速推进，并增挂了龙南国家级经开区全南园区牌子；工业园区 2000 亩土地平整工程、20 万平方米标准厂房加速推进，标准厂房（三期）启动实施，被列为江西省工业园先进集约节约用地先进县；新规划镇仔工业区 5200 亩土地征拆工作进展顺利，规划编制，配套基础设施正加紧推进。

第三，提升招商引资水平，精准帮扶企业。以"三南"园区一体化建设

为契机，根据全南县内工业基础、资源禀赋等情况，强化产业招商、绿色招商、大项目招商理念，以珠三角地区为重点，创新招商方式和投资促进机制，加大对外宣传推介力度，多层次、多形式、多渠道招商引资。加大重大产业项目招商力度，积极引进战略投资者，引进了一批市场前景好、核心竞争力强的大企业和好项目。重点聚焦不锈钢和电子信息等首位产业，跟踪电子科技、医药环保、新型建材等一批投资大、科技含量高、产出大的项目，明确专人跟踪推进、紧抓不放，促使项目早签约、快落地，着力构建从起点到终端系统推进资源开发，从上游到下游梯次培育优势产业，形成梯级接续、完整闭合的工业产业链。2017 年全年组织领导干部外出招商 450 多批次，来全南县考察客商 1100 余批次，在广州、厦门等地成功举办 6 场招商推介会；全南县新签约项目 31 个，签约金额达 142.85 亿元；实际利用外资 7234 万美元，增长 10%；其中，引进 10 家总投资 21 亿元电子信息企业和三联铸造等 9 家铸造企业集群落户。2018 年以来，全南县大力开展精准招商、产业链招商，推进招大引强，前来考察投资的客商更多、引进落地的项目质量更高。仅 2018 年上半年，接待前来考察的客商 161 批次，外出招商 143 批次，全南县意向在谈项目 38 个，签约项目 20 个。其中，已落地项目 11 个，合同总金额达 30.27 亿元；已签框架协议项目 9 个，合同总金额达 24.6 亿元。

深入推进降成本、优环境专项行动。将帮扶责任层层分解，落实到具体部门和责任人，对落地项目从立项、引进到解决用地指标、项目融资、规划审批等方面进行全程跟踪服务，集中力量攻坚，同时全力破解发展中遇到的资金、土地等制约项目落地发展的"瓶颈"，切实帮助客商除困解忧，确保引进项目尽快开工建设，拉动投资增长。全面落实各项惠企政策，帮助企业降本增效。促进银企合作，大力推广五个信贷通，引导金融机构扩大信贷投放，缓解企业融资难题。用足用好工业产业发展基金，支持鼓励盛达建材、百宝包装等一批成长性好、贡献率高的企业进行增资技改、做大做强。2017 年，全年为企业减负 1.41 亿元。2018 年 1～5 月，全南县共发放"五个信贷通"贷款 1.92 亿元。

2. 主要成效

表2-3为全南县规模以上工业发展情况。

表2-3 全南县规模以上工业发展情况

年份	企业数量 （家）	总产值 （万元）	工业增加值 （万元）	主营业务 收入（万元）	工业产品 销售率（%）
2012	41	—	164400	—	—
2013	49	—	193000	814000	—
2014	45	875000	237000	889800	—
2015	40	884000	223700	876000	100.32
2016	—	951000	225500	925900	98.2
2017	43	764400	315300	—	—
2018	—	—	—	—	—

注："—"表示不详。

资料来源：作者根据全南县历年发布的政府工作报告、国民经济和社会发展统计公报公布的相关数据收集整理。

2012年在国际贸易明显萎缩、市场低迷、订单下降的严峻形势下，全南县积极创优招商方式，加大引资力度，重点围绕矿产品精深加工、新型材料、机械电子、现代轻纺等五大产业，主攻大项目招商，成功引进了晶鑫环保、智源工具、浦星化工等一批优质项目，全年新批外资项目6个、内资项目8个，其中1000万美元以上项目4个、亿元以上项目3个。全年实际利用外资4850万美元，增长10.2%，完成年度计划的96.8%；实际利用内资21.51亿元，增长18.8%，完成年度计划的108%；外贸出口完成7645.08万美元，增长20.6%，完成年度计划的114.8%。全南县实现生产总值39.91亿元，增长13%，完成年度计划的102.8%。其中，第二产业完成增加值20.66亿元，增长15.2%；三次产业结构由2011年的19.5∶48.7∶31.8调整为16.5∶51.8∶31.7。

2012年全南县新型工业企稳向好。一是完善基础设施，园区承载能力进一步提高。结合江西省省级生态工业园调区扩区，启动了"三南"加工贸易重点承接地全南县基地核心区第一期项目建设，完成了工业大道、黄龙大桥、

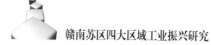

排水管网、220千伏输变电站等基础设施建设，园区功能配套进一步完善。二是延伸产业链条，产业升级成效显著。晶环氧化锆、华星二期氟化铝竣工投产，使稀土、氟化工产业链向终端产品延伸升级迈出了一大步，提升了全南县矿产品精深加工的产业层次和竞争力。新增规模以上工业企业9家，规模以上工业企业总数达到41家；全年实现规模以上工业增加值16.44亿元，增长14.9%；工业增加值占GDP比重达到48.76%，比2011年提高3.23个百分点。

2013年，全南县大力推进重点工程建设，全年累计完成投资20.2亿元，增长30.3%。全南县固定资产投资延续了高幅增长态势，全社会500万元以上固定资产投资总额完成24.58亿元，增长29%。以赣州市"三南"承接加工贸易转移示范地全南县基地建设为契机，积极转变招商方式，浓厚招商氛围，引进了晶鑫环保二期、浦星化工等一批投资规模大、科技含量高的项目。新批5000万元以上内资项目6个（其中亿元项目3个），实际进资25.55亿元，增长18.8%；完成实际利用外资5336万美元，增长10%。其中，现汇进资530万美元，增长8.4%；完成外贸出口1.05亿美元，增长37.5%。产业结构更趋优化，三次产业结构由2012年的16.5∶51.8∶31.7调整为2013年的15.7∶52∶32.3。

2013年，全南县工业经济支撑更加有力。矿产品精深加工、现代轻纺、机械电子、新材料四大优势产业进一步发展壮大，稀土、氟化工产业链由初级产品向应用产品延伸。全南县工业园区被列为江西省省级工业园区循环化改造试点。全年新增润辉针织机械等8家规模企业，规模以上企业总数达到49家，规模以上工业企业实现主营业务收入81.4亿元，增长29.1%；利税12.97亿元，增长95.1%；实现规模以上工业增加值19.3亿元，增长10.9%；全南县工业增加值占GDP的比重达到48.74%。

2014年，对口支援工作进展顺利，中华人民共和国商务部（以下简称商务部）、国家开发银行（以下简称国开行）分别出台了对口支援全南县工作方案，商务部将在内贸流通和外贸转方式、扩规模，协助拓展投资合作等方面支持该县发展，江西省商务厅将全南县列入了第二批省级加工贸易梯度转移重点承接地；国开行将在 8 年内向全南县提供不低于 15 亿元的融资支持，试点创新金融产品和融资模式，并将全南县列入了国开行第三批县级融资平台授信名单，是江西省唯一的县。通过走出去，请进来，成功引进央企中核建与晶环科技合作组建新能锆业、引进佛山客商组建新盛达建材等一批产业项目。全南县 500 万元及以上固定资产投资（不含农户）完成 29.7 亿元，比上年增长 21%。第一、第二、第三产业分别完成投资 1 亿元、15.6 亿元、13.1亿元，固定资产投资在三次产业中的比重由上年的 1.4∶54.5∶44.1 调整为3.4∶52.6∶44。全年新批总投资 5000 万元以上项目 12 个，其中亿元项目 2个，实际利用内资 28.5 亿元，增长 11.6%；实际利用外资 5474 万美元，增长 15.7%，外贸出口 1.1 亿美元，增长 8.6%。全年实现生产总值（GDP）50.04 亿元，按可比价计算，比上年增长 9.5%。其中第二产业实现增加值26.47 亿元，增长 12.4%。工业对 GDP 增长的贡献率为 56.2%，拉动 GDP 增长 7 个百分点。三次产业比重由 2013 年的 15.7∶52∶32.3 调整为 2014 年的15.6∶52.9∶31.5。

2014 年，全南县工业加快转型升级。全南县规模以上工业企业总数达到45 家，全年实现工业增加值 24.8 亿元，可比价增长 12.2%。规模工业实现工业总产值 87.5 万元，比上年增长 10.6%。实现主营业务收入 88.98 亿元，比上年增长 7.6%；实现营业利润 9.4 亿元，同比下降 0.6%，产品销售率为99.9%；规模工业增加值 23.7 亿元，同比增长 11.3%。全南县工业用电量17191 万千瓦时，同比下降 22.36%。

2015 年全南县 500 万元以上固定资产投资 35.1 亿元，增长 18%。按经济类型分：国有投资 19.3 亿元，增长 26.5%；非国有投资 15.8 亿元，增长9.1%。按三次产业分：第一产业投资 148 万元，下降 98.5%；第二产业投资16.54 亿元，增长 5.7%；第三产业投资 18.54 亿元，增长 41.5%。按登记注册类型分：国有企业投资 19.3 亿元，增长 26.6%；有限责任公司投资 1.28亿元，下降 6.9%；股份有限公司投资 2.24 亿元，增长 8.2%；私营企业投资11.6 亿元，增长 15%；其他企业投资 0.67 亿元，下降 24.1%。全年完成实际利用外资 5969 万美元，增长 9%；实际利用内资 31.8 亿元，增长 11.6%；完

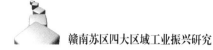

成外贸出口 1.22 亿美元，增长 6.9%。外贸出口完成 1.22 亿美元，增长 6.9%。全县生产总值为 53.14 亿元，按可比价格计算，增长 9.3%。第一产业增加值为 8.14 亿元，增长 4.1%；第二产业增加值为 27.13 亿元，增长 9.3%。其中，工业增加值为 25.31 亿元，增长 8.9%；第三产业增加值为 17.87 亿元，增长 11.8%。三次产业结构由 2014 年同期的 15.6∶52.9∶31.5 调整为 2015 年的 15.3∶51.1∶33.6。

工业经济在 2015 年稳中有升。建立了总规模 2 亿多元的中小企业还贷周转金制度，首期安排 5000 万元，帮助中小企业解决过桥续贷问题。全年累计发放财园信贷通、小微信贷通贷款 2.18 亿元。全南县实现工业增加值 25.31 亿元，比上年增长 8.9%。其中规模以上工业增加值为 22.37 亿元，增长 9.4%，增幅比 2014 年末放缓 1.9 个百分点。规模以上工业企业总产值达 88.4 亿元，增长 0.95%。从轻重工业看，重工业完成产值 76.6 亿元，增长 4.15%；轻工业完成产值 11.8 亿元，下降 15.92%。规模以上工业企业实现销售产值 88.6 亿元，增长 1.38%，产销率为 100.32%。2015 年末规模以上工业企业 40 家，其中主营业务收入亿元以上的企业 17 家，中型企业 8 家。全年规模以上工业企业主营业务收入 87.6 亿元，比上年下降 1.53%。利税总额达 8.5 亿元，下降 11.27%，其中利润达 6.7 亿元，下降 8.88%。全年完成工业出口交货值 5.35 亿元，增长 5.56%。工业用电量达 19716 万千瓦时，增长 6.5%。

2016 年全年 500 万元以上固定资产投资总额 40.57 亿元，比 2015 年增长 15.6%。其中，5000 万元以上项目完成固定资产投资 31.94 亿元，增长 7%。从经济类型投资看，国有投资 17.27 亿元，下降 10.6%；非国有投资 23.3 亿元，增长 47.6%，其中民间投资 22.66 亿元，增长 43.5%。从产业投资看，第一产业投资 0.21 亿元，增长 1340.5%；第二产业投资 19.89 亿元，增长 20.3%，其中，工业投资 19.89 亿元，增长 20.3%；第三产业投资 20.47 亿元，增长 10.4%。全年全南县进出口总额 1.38 亿美元，比上年增长 7.9%。其中，出口总额达 1.33 亿美元，增长 9.2%。全年实际利用省外 5000 万元以上资金项目 11 个（其中亿元以上项目 3 个），合同资金 29.3 亿元，实际进资

35.13 亿元，增长 10.5%；全年实际利用外资 6576 万美元，增长 10.2%。全年全县地区生产总值（GDP）完成 58.15 亿元，按可比价格计算，比上年增长 8.5%。其中，第一产业增加值为 8.81 亿元，增长 4.2%；第二产业增加值为 29.2 亿元，增长 9%；第三产业增加值为 20.14 亿元，增长 9.7%；三次产业结构比例为 15.2∶50.2∶34.6。第一、第二、第三产业对 GDP 增长的贡献率分别为 7.6%、54.2% 和 38.2%。

主攻工业在 2016 年有新亮点。全年全南县工业增加值 27.2 亿元，比上年增长 9.0%。其中，规模以上工业企业增加值为 22.55 亿元，增长 9.6%。在规模以上工业企业中，国有控股企业增加值增长 8.7%，私营企业增加值增长 11.5%，外商及中国香港、中国澳门和中国台湾商人投资企业增加值增长 11.4%。在规模以上工业企业中，轻工业增加值 4.97 亿元，增长 12.2%；重工业增加值 17.58 亿元，增长 8.9%。全南县规模以上工业企业完成总产值 95.1 亿元，增长 8.7%；实现主营业务收入 92.59 亿元，比上年增长 8.1%；实现利润 8.72 亿元，增长 29.7%。全年规模以上工业企业产品销售率 98.2%，产成品库存额达 4.37 亿元，下降 5.1%。

2017 年全年实施重点项目 89 个，其中主攻工业建设项目 16 个。全年 500 万元以上固定资产投资 45.69 亿元，增长 12.6%。其中，第一产业投资 0.25 亿元，增长 18%；第二产业投资 27.85 亿元，增长 40%；第三产业投资 17.58 亿元，下降 14.1%。从投资性质看，国有投资 15.51 亿元，下降 10.2%；非国有投资 30.17 亿元，增长 29.5%；其中民间投资 29.4 亿元，增长 29.7%。全年外贸进出口总额达 14548 万美元，同比增长 5.7%。其中出口总额达 14274 万美元，增长 7.1%，按贸易方式分，一般贸易为 10070 万美元，加工贸易为 4204 万美元。出口的产品主要是内衣、箱包、打火机、耳机、榨汁机、供港生猪、矿产品等。全县新批外资项目 2 个，实际利用外资 7234 万美元，增长 10%。全年实际利用江西省外 5000 万元以上资金项目 13 个（其中亿元以上项目 5 个），合同资金达 31.65 亿元，实际进资 38.91 亿元，增长 10.8%。全年全南县地区生产总值（GDP）为 67.09 亿元，比上年增长 8.2%。其中第一产业增加值为 9.63 亿元，增长 4.3%；第二产业增加值为

33.84 亿元，增长 8.1%；第三产业增加值为 23.62 亿元，增长 10%。结构调整不断优化，全南县三次产业结构比由 2016 年的 15.2：50.2：34.6 调整为 2017 年的 14.4：50.4：35.2。第一、第二、第三产业对经济增长的贡献率分别为 7.7%、50.9% 和 41.4%，分别拉动 GDP 增长 0.6、4.2 和 3.4 个百分点。

特色工业立起支柱。纵深推进"主攻工业，三年翻番"战略，电子信息产业集群化发展，10 家总投资 21 亿元电子信息企业集群落户。不锈钢产业基地制管项目、松岩二期建成投产。大健康科技产业园、铸造产业园加快推进。工业园区获准调区扩区，面积增长 1.6 倍，增挂龙南国家级经开区全南园区牌子。新平整工业用地 3000 亩，清理闲置厂房 12.2 万平方米，标准厂房一期 9.14 万平方米全部完成，二期、三期正加快建设。全年新增规模以上企业 6 家、高新技术企业 2 家，超亚科技获评国家知识产权优势企业。绿色工业方面，积极发展新材料、新能源等绿色业态，天润天排山风电场全面完工，大健康等中高端项目加快推进。全南县工业产业蓬勃发展，拥有 127 家企业，规模以上工业企业 43 家完成工业总产值 76.44 亿元，比上年增长 14.1%。从全南县规模以上工业企业涉及 17 个行业看，有色金属冶炼和压延加工业完成产值 36.22 亿元，增长 19.4%；计算机、通信和其他电子设备制造业完成产值 5.38 亿元，增长 36.3%；黑色金属冶炼和压延加工业完成产值 1.06 亿元，下降 40.8%；化学原料和化学制品制造业完成产值 5.84 亿元，增长 87.5%；纺织服装、服饰业完成产值 4.09 亿元，增长 10.3%；非金属矿物制品业完成产值 4.29 亿元，增长 31.7%；有色金属矿采选业完成产值 2.98 亿元，增长 38.2%；其余十大行业完成产值 16.58 亿元，增长 16.8%。全年全南县工业增加值完成 31.53 亿元，比上年增长 8.2%，拉动 GDP 增长 3.9 个百分点。

第三章 会寻安生态经济区的工业振兴

第一节 会寻安生态经济区工业布局

一、会寻安生态经济区的由来

（一）会寻安概况

会寻安指会昌县、寻乌县、安远县三县。为了加强党对苏区南线的领导，中共江西省委根据中央的指示，于1932年6月在筠门岭建立了会寻安中心县委。会寻安中心县委的成立，使会昌县、寻乌县、安远县三县党的建设和苏维政权建设得到有力加强。会寻安中心县委曾为支援和配合中央红军进行第四次反"围剿"战斗做出了积极的贡献。

1. 会昌县概况

会昌县位于赣州市东南部，东南邻福建省武平县，南接寻乌县，西南毗安远县，西北连于都县，东北交瑞金市，国土面积2722平方千米，人口51.16万，是国家扶贫开发重点县、罗霄山区集中连片特困地区县。会昌县人民为中国革命做出了重大贡献和牺牲。当年24万人口中有7.72万人支前作战，3.86万人参加红军，有名有姓的革命烈士有7704名，无名烈士有3万余名。

区位独特，交通比较便利。会昌县古称九州镇。处于江西赣州、广东梅州、福建龙岩的几何中心，素为赣粤闽"三省通衢"。会昌县有两条高速公路（赣瑞高速、济广高速）、两条国道（323国道、206国道）、两条铁路（赣龙铁路、规划的鹰（潭）瑞（金）汕（头）铁路）穿越全境东西、南北方向，另有会武线（会昌县至福建省武平县）、省道会杉线、周版线（会昌县周田至安远县版石）构成境内主要交通干线。会昌县实现了乡乡通水泥路，县内路网纵横，交通便利，是中西部省市沟通东南沿海的中转要地，是珠三角、海峡西岸经济区的发展腹地。抗战时期，筠门岭路上车水马龙，水上商船如云，街上店铺林立，银行钱庄比肩而立，乃至海外来信直书"中国筠门岭"便可寄达，有"虔南第一镇"的美誉。

资源丰富，物产独厚。耕地面积26.24万亩，山地面积331万亩。水利资源充足，大小河流319条，水能理论蕴藏量17.95万千瓦，可开发电量10.2万千瓦。生态环境优越，森林覆盖率达79.47%，活立木蓄积量845.2万立方米，是全国第二批生态农业示范县、长江防护林基地县、江西省重点林业县。会昌县是赣南矿产资源最富集的县之一，地下资源人均占有量是全国人均占有量的18倍，目前已探明开发的矿藏有锡、盐、萤石、铜、稀土、石灰石等30多种，其中锡金属储量54万吨，开采条件排名亚洲第一；岩盐储量列江西省第二位，达19亿吨；萤石矿263万吨。米粉、酱干、酸枣糕等名优特产蜚声江西省内外，是"中国米粉之乡"。

坚定不移地创特色、铸品牌、成"一极"。会昌县的龙头企业实力较强，其中尤以矿业、食品加工业龙头企业为最。

早在1970年3月，就创建了江西九二盐矿，其矿名以毛泽东同志在当年9月2日的批示而得。2005年1月20日，改制成立江西九二盐业有限责任公司，公司位于会昌县筠门岭镇。公司所拥有的周田矿区蕴藏着丰富的盐资源。该矿床为全国少有的石膏型盐矿，其深度为200~1100米，氯化钠储量约9.5亿吨，矿质优良，具有埋藏浅、杂质少、氯化钠含量高等特点。年产60万吨/年真空制盐项目于2007年9月顺利完工，并一次投料试产成功，2007年12月完全达产达标，为九二工业基地的发展和壮大提供了有力的原料保障，为延伸产业链打下了坚实的基础。江西会昌县石磊矿业有限责任公司（以下简称"石磊")自1999年起先后被赣州市、会昌县政府及有关部门授予"纳税大户""明星私营企业""最佳企业""文明单位"外贸出口"先进企业""一级纳税信誉企业"等荣誉称号,2001年获得自营进出口经营权,2004年始被列入赣州市"50户重点工业企业"。石磊的萤石精粉主要通过外贸公司代理和自营两种方式出口至美国、欧洲、日本等地,少部分产品销往国内氟化工企业。石磊核心企业会昌县石磊矿业有限公司,每年出口量约占我国萤石精粉出口总量的25%。

江西五丰食品有限公司成立于1996年,是华润集团下属企业,由五丰行有限公司控股,是一家专业生产销售五丰牌、高富牌、汉仙牌米粉和丰蕴牌脐橙的全国农产品加工示范企业、国家星火计划龙头企业技术创新中心、国家扶贫龙头企业、江西省农业产业化经营龙头企业,注册资本达3200万元人民币。公司拥有五条米粉生产线,具备年产米粉4万吨的能力,其中一条是为拓展国际高端市场按照《BRC全球食品标准》投资建设的新生产线。其生产规模、技术水平、出口量均居国内同行前列。公司科技力量雄厚、生产设备先进,拥有国家专利30多项,拥有4大系列60多种产品。产品销往世界各地,出口量居国内同行前列。管理科学规范,先后通过了ISO9001—2000国际质量管理体系和HACCP国际食品卫生安全控制体系认证,并全面推行《BRC全球食品标准》。建立了绿色水稻生产基地,采用"公司+基地+农户"的模式,为公司的米粉生产提供了优质、安全的原料。公司还引进韩国水果清洗、打蜡、电脑分级、贴标、包装生产线,经营脐橙收购、加工、销售业务。丰蕴牌脐橙肉质脆嫩、橙香浓郁、爽甜可口,远销世界各地。

在龙头企业带动下,会昌县的工业初步形成了以新型矿产、新型建材和特色食品加工为主的产业体系,有江西省唯一的氟盐化工产业基地。

2. 寻乌县概况

寻乌县曾经被称为长宁县、寻邬县,1957年改名为寻乌县。位于江西省东南部,居赣、闽、粤三省交界处,东邻福建省武平县、广东省平远县,南连广东省龙川县,西毗安远县、定南县,北接会昌县。距省会南昌市492.6千米,距赣州市213千米。全县总面积2351平方千米,总人口33万。

对接闽粤的"桥头堡"。寻乌县是江西省唯一的赣、闽、粤三省交界的县，是整个中部地区与珠江三角洲的空间距离最近的地方，与广东、福建山水相连、人文相亲、风俗相近，随着基础设施的改善，特别是寻全、济广高速的贯通，交通优势和区位优势日益凸显，寻乌县已经成为对接闽、粤的前沿阵地，是承接珠三角、海西经济区产业转移的"桥头堡"。

东江源头县。东江发源于寻乌县三标乡东江源山。寻乌县东江源水系流域面积占整个东江源流域面积的37.8%，占江西境内东江流域面积的56.5%，每年从寻乌县流入东江的水资源总量为18.3亿立方米，是江西省内流域面积最大、流入量最多的东江源区县，是珠江三角洲和香港同胞的重要饮用水源地。寻乌县以山地、丘陵为主，其中山地占总面积的75.6%，仅沿河两岸呈狭小谷地。寻乌县森林覆盖率达81.5%，其中源头东江源山的森林覆盖率达到了95%。

资源富集区。矿产资源丰富，已发现的矿种有钨、锡、钼、铜、铅、锌、稀土、铌钽等30余种，其中稀土为优势矿种，号称"稀土王国"，探明储量达50多万吨，远景储量达150多万吨。寻乌县是"中国蜜桔之乡""中国脐橙之乡""中国脐橙出口基地县""绿色生态果品生产县"，2011年寻乌县果品总产量已超过30万吨，成为赣南脐橙的主要产区、核心基地县和龙头县。寻乌县可用于种植竹木的山地面积为276万亩，活立木蓄积量419万立方米，毛竹542.3万根，可年伐毛竹38万根、篙竹70万根。树木资源按优势树种分：杉木蓄积量28.16万立方米，马尾松蓄积量104.3万立方米，硬阔叶树种蓄积量207.4万立方米，软阔叶树种蓄积量19.5万立方米，国外松蓄积量1.9万立方米。水力资源非常丰富，寻乌县已建成投产的电站160多座，装机容量达10万千瓦，寻乌县办电站总量名列江西省第一，也是全国电气化达标先进县，尤其是投资2.4亿元、装机3.75万千瓦的斗晏电站的建成和发电，为寻乌县的经济发展和社会的全面进步提供了新的动力。

2010年实现生产总值306609万元，其中第一产业94636万元，第二产业95375万元（其中工业86317万元），第三产业116598万元。三次产业对经济增长的贡献率分别为21.29%、46.31%和32.40%。非公有制经济快速发展，实现增加值164090万元，占GDP的比重为53.5%。完成工业总产值309953

万元，其中规模以上工业总产值达 123981 万元，实现工业增加值 86317 万元，其中：规模以上工业增加值达 29759 万元，实现主营业务收入 117714 万元，实现利税总额 22041 万元，实现税金 7040 万元。

3. 安远县概况

安远县位于赣州市南端，东毗会昌县、寻乌县，南邻定南县，西连信丰县，北接于都县、赣县。距赣州市 172 千米，距省会南昌市 586 千米。安远县国土面积 2374.59 平方千米，占赣州市面积的 6%，江西省面积的 1.4%。2014 年，安远县户籍总人口为 398126 人。

安远县是人民军队建设史上的重要转折地、中央苏区反"围剿"斗争的重要前沿阵地、苏区精神的重要发祥地。苏区时期，安远县是会（昌）寻（乌）安（远）中心县委的组成县份。1927 年 10 月 22 日，朱德同志、陈毅同志等率南昌起义军余部在天心圩进行了"天心整军"，这是著名的"赣南四整"的开端，是人民军队从失利走向胜利的重要转折点，是人民军队建军思想的源头之一。据 1932 年中共江西省委统计，安远县 10.01 万人中有 12618 人参加红军，12052 人支前作战，平均每 8 人就有 1 人参加红军，有名有姓的烈士 2136 人，为革命的胜利做出了不可磨灭的贡献。

区位优越，交通已经有较大改善。安远县处于闽、粤、赣三省交会处，境内有 2 条高速公路（S80、S41）、3 条国道（G238 南昌—惠来、G357 东山—泸水、G358 石狮—水口）、3 条省道（S226 遂川—龙布、S317 长宁—正平、S453 利村—龙布）、9 条县道。其中高速公路里程 128.2 千米；国道里程 167.9 千米（二级以上公路为 140.8 千米，占比约为 84%）；省道 102.3 千米（二级以上公路 21.2 千米，占比约为 22%）；县道 207.7 千米（三级以上公路为 106.3 千米，占比约为 52%）；乡道 377.9 千米（四级以上公路为 293.7 千米，占比约为 78%）；专用公路和村道等其他农村公路共计 704.5 千米。18 个乡（镇）100% 通达客车；151 个行政村 100% 通水泥（油）路；25 户以上自然村 100% 通水泥路。除蔡坊乡和新龙乡外，其余 16 个乡镇通达三级以上公路。距广州 368 千米，距深圳 350 千米，距厦门 495 千米，是珠江三角洲、闽南三角区的直接腹地和内地通往沿海的重要通道之一。

资源丰富。矿产资源丰富，已探明稀土、钼、电气石等 36 个矿种，还有优质的地热资源。其中，稀土远景储量约达 30 万吨，稀有金属元素含量位居全国前列；初步探明钼金属量达 28 万吨，储量位居全国第三。丰富的果业资源，全县果业面积达 40 万亩，其中脐橙达 26.8 万多亩，年产量超过 30 万吨，是全国无公害脐橙生产和出口示范基地县，也是"中国脐橙之乡"和赣南脐橙的核心主产区。生态资源丰富。安远县地处南岭山脉的延续地带，属中低山与丘陵区。其中山地面积 297 万亩，是典型的内陆山区县，安远县森林覆盖率达到 84.3%，是全国平均水平的 4 倍，比江西省平均水平高 20 个百分点。境内"三百山"是香港同胞饮用水源头，故称"东江源头三百山"。

安远县工业经历了曲折而艰难的发展历程。20 世纪 80 年代国有企业、乡镇企业得到快速发展，先后创办了木材厂、造纸厂、活性炭厂等以木材加工为主的工业企业。20 世纪 90 年代中后期，受市场经济的冲击，乡镇企业日益式微，国有工业企业经营困难，纷纷倒闭、破产，大量工人下岗待业。期间，为改变工业落后局面，曾着力发展私营经济，积极开展招商引资，但受交通、通信、资源、人才特别是观念和指导思想等主客观因素的制约，国有工业改制破产后，私营经济也难有起色。进入 21 世纪，安远县委、县政府结合县情，制定"产业富民，工业兴强，生态立县"的发展战略，着力发展工业经济，主动承接沿海发达地区产业转移，发展矿产工业和脐橙精深加工，先后引进明俊、明达等近 20 家具有相当实力的企业落户安远县，形成脐橙加工、矿产、冶金、食品、制药等为主导的工业体系。截至 2005 年，安远县内已有地方工业企业 17 家，涉及建材加工、矿产开发、森林开采、果品保鲜、服装生产、电器组装、机械制造、药材研制、玩具制造等 30 余种门类，安远县工业年产值由 1986 年的 3396.73 万元提高到 23672.6 万元。

在工业发展方面，安远县坚持走"工业兴县"的发展道路，并以重点工业项目为主抓手，以工业园区为平台。安远县工业园是经江西省政府批准的省级工业园，成立于 2002 年 4 月，总规划面积 1.15 万亩，其中九龙小区 800 亩，版石小区 10700 亩。形成了以稀土、钼为主的矿产品精深加工业、生物制药业、电子音响业、食品加工业四个主导产业。2011 年，安远县规模以上工业企业

15 家，实现工业总产值（含稀土公司）201212 万元，同比增长 79.4%；规模以上工业实现主营业务收入 183431 万元，同比增长 65.1%；实现利税 47322 万元，同比增长 238.5%，比上年提高 102.7 个百分点；实现工业增加值 47485 万元，同比增长 21.6%。工业产品销售率为 92.5%，比 2010 年下降了 7.9 个百分点。工业经济效益综合指数达 395.23%，同比上升 210.83 个百分点。

（二）会寻安生态经济区的提出

会寻安生态经济区的提出经历了不断完善的过程。从笔者读到的文献看，这个设想出现于 2017 年会昌县下发的《关于贯彻落实〈江西省贯彻落实促进中部地区崛起"十三五"规划实施方案〉的通知》（以下简称《通知》）中。《通知》提出"加强与寻乌县、安远县的交流合作，争取设立'会寻安'经济振兴合作区并上升为苏区振兴国家战略"的设想。此后，该设想不断完善，2019 年 1 月，赣州市出台了《关于建设会寻安生态经济区的意见》（以下简称《意见》），正式作出了建设会寻安生态经济区的决定。

会昌县、寻乌县、安远县位于赣州市东南部，处于赣、闽、粤三省交界处，呈等腰三角形分布，是江西省唯一同时辐射珠三角和海西经济区的区域。三县均为东江源头县、江西省生态文明示范县，生态地位特殊。围绕生态保护和绿色发展，赣州市委、市政府积极探索谋划推进会寻安生态经济区建设，不断强化源头保护、夯实绿色屏障、狠抓修复治理、厚植绿色优势、完善制度体系、探索发展新业态。《意见》指出，会昌县、寻乌县、安远县是赣州市的南大门，是国家扶贫开发重点县、东江源头县、江西省生态文明示范县，在推进生态文明试验区建设中具有重要地位，为此，将按照高质量、跨越式发展要求，坚持走生态优先发展之路，致力打造山水林田湖草综合治理示范样板、东江流域生态保护与修复试验区和赣粤闽边绿色发展先行区。

二、会寻安生态经济区的产业布局

（一）产业总体布局

根据《关于建设会寻安生态经济区的意见》，会寻安定位于打造一个示范样板、一个试验区、一个绿色发展先行区。

围绕上述发展定位,在产业发展上,一是发展循环产业、绿色产业。大力发展绿色循环产业,规划建设会寻安绿色循环产业园,重点承接粤港澳、闽东南产业转移,大力发展战略性新兴产业和绿色循环产业,共建绿色循环产业园。积极推进绿色化改造,支持会昌县、寻乌县、安远县工业园创建国家级、省级绿色园区。二是支持县域首位产业发展。具体而言就是支持会昌县氟盐化工产业绿色化改造,支持寻乌县以高效节能产品为引领,做大做强通用设备制造业,支持安远县引进电声器件制造、手机制造、数码电池等新型电子项目策应赣粤电子信息产业带建设。

(二) 支持会寻安生态经济区的政策

第一,支持赣商回乡创业。建设返乡创业集聚区,打造多元化返乡创业平台,优化返乡创业环境,加大对会寻安三县的返乡创业贷款支持力度,加强创业指导,强化创业培训,推进校企合作,为返乡创业者提供保姆式、个性化服务。

第二,探索构建资源有偿使用制度,建立健全生态补偿机制,完善生态环境监管和考核制度。加快补齐基础设施短板,完善生态环保设施,加快铁路和机场建设,加密高速公路网络,推进国省道提升改造,优化农村路网布局,健全能源基础设施,完善水利基础设施,健全现代信息网络。强化保障措施,加强组织领导,加大资金项目支持,倾斜安排用地指标,强化人才智力支撑,打造生态文明制度创新先行区。

为深入贯彻落实党中央、国务院关于推进生态文明建设的各项政策方针,更好地发挥国土在生态文明建设的空间载体作用,赣州市国土资源局紧紧围绕市委、市政府提出的加快会寻安生态经济区建设,结合工作职能制定出台了六条政策措施,加快推进赣州生态文明建设,具体如下。

一是将补充耕地项目立项、验收权下放至生态经济区,由当地人民政府负责项目立项验收。生态经济区占补平衡以县域自行平衡为主,项目建设确实无法落实占补平衡的,纳入耕地占补平衡指标市级调剂库指标予以优先安排。

二是倾斜安排生态经济区用地计划,除单列下达年度新增建设用地计划外,专项下达扶贫用地计划,全力配合支持生态经济区符合条件的项目列入省大中型项目、省重点工程,使用省级预留计划指标。

三是指导生态经济区用好城乡建设用地增减挂钩政策，结合"空心房"整治，积极申报城乡建设用地增减挂钩项目，加快推进项目区实施和验收。增减挂钩节余指标允许在省域内流转使用，所得收益通过支出预算用于脱贫攻坚和乡村振兴。

四是支持利用未利用地、灾毁园地和低质残次林地开发利用。在保护自然生态的前提下，对坡度小于25°、符合土地利用总体规划和生态文明建设的，可利用未利用地、因"黄龙病"所致灾毁废弃园地等进行整治开发，验收合格后，新增加的耕地可用于耕地占补平衡。

五是下放建设用地预审审批权限。推进行政审批制度改革，简政放权，对生态经济区域范围内，属赣州市发展和改革委员会立项的建设项目用地，分别委托县级国土资源部门进行建设项目用地预审，预审结果报赣州市国土资源局备案。

六是拓展生态经济区新业态、新产业供地方式。非营利性医疗、养老、教育、文化、体育等社会领域用地，除可按划拨方式供应土地外，鼓励以出让、租赁方式供应土地。营利性社会领域用地，以招拍挂或协议出让等有偿方式供应，土地出让价款可在规定的最长期限内按合同约定分期缴纳。试点采取先租后让、租让结合方式供应项目用地。

第二节　会寻安片区工业振兴分析

一、会昌县工业振兴情况

（一）促进工业振兴的主要政策

1. 产业布局情况

经过长时间的努力，会昌县已经建立以新型矿产、新型建材和特色食品加工为主的产业体系。2009年规模以上工业企业总数就达到29家。产业集群发展呈现新局面，矿产业、食品加工业、建材业三大支柱产业实现总产值、税金分别占规模以上工业企业总额的 73.2%、77%。工业项目建设稳步推进，鹰鹏化工年产 2 万吨氢氟酸（一期）、红山铜矿日处理 1000 吨矿石、锦顺达年产 3000 吨锡材、小山锡业年产 3000 吨锡材等项目竣工投产；五丰年产 2 万吨米粉（一期）项目已完成基建工程，红狮年产 400 万吨水泥（一期）、九二盐业年产 30 万吨离子膜烧碱（一期）等项目进入了实质性建设阶段。会昌县财政投入 4000 万元完善县工业园、九二工业基地，启动中泰华威科技园建设，工业平台承载力和吸引力不断增强。2011 年时工业对经济增长的贡献率进一步提高。会昌县规模以上工业实现增加值 13.3 亿元、主营业务收入 64 亿元、利税总额 8.8 亿元，分别增长 19.9%、61.2%、49.4%。其中，矿产、食品、建材三大支柱产业实现工业总产值、主营业务收入、利税总额分别增长 48.9%、52.6%、59%。红狮日产 4500 吨水泥项目、华达昌新上年产 2 万吨米粉项目竣工投产，九二盐业年产 30 万吨离子膜烧碱（一期 10 万吨）项目建设进展顺利。工业平台建设成效明显，会昌县台商创业基地基础设施如期开工并加快推进，九二基地获批江西省首个"氟盐化工产业基地"。

显然，会昌县工业发展同样以工业园区为主要载体。其中，会昌工业园区规划面积 8000 亩，2003 年经江西省人民政府审批核准用地面积 2000 亩。到 2010 年底，园区开发土地面积 1200 亩，使用面积 1100 亩。园区产业定位以"双密集型"（劳动密集、资金密集）企业为主。2016 年，工业园区扩区和调整区位获江西省政府批准，重点发展的产业从以食品为主的米粉生产、脐橙深度加工、酱干、蔬菜加工为主的新型食品加工转化成以氟盐化工、医药中间体、食品加工、新型建材、现代轻纺等主导产业。会昌县台商创业基地是会昌县工业中长期发展规划的重点建设项目，规划已于 2011 年 2 月经江西省发展和改革委员会以"赣发改产业字〔2011〕336 号"文批复。规划面积 880 公顷。基地涵盖南北两区，其中北区重点发展生物（制药）、食品产业；南区重点发展服装、电子信息产业。构建成以生物和食品研发基地、服装设计基地、"四大产业"生产基地、仓储基地为主体的台商创业基地。会昌县盐产业基地规划已于 2007 年 2 月经江西省发改委以"赣发改工业字

〔2007〕145号"文批复。依托会昌县丰富的盐、锡、萤石矿产资源，重点发展盐、锡、氟盐化工产业。2011年6月21日江西省工业和信息化委员会授予该基地"江西省氟盐化工产业基地"的称号，成为江西省首个获得"江西省氟盐化工产业基地"称号的县。江西会昌县氟盐化工产业基地以会昌县筠门岭镇为主体，以氯碱、氟化工为主导产业，产业初具规模。

以上述工业园区为委托，会昌县确立了新型工业发展格局。致力于打造工业"三大板块"集群，即南部氟盐化工、中部食品药品及轻工、北部新型建材。审慎谋划氟盐化工产业，集约发展以水泥为代表的建材业和以制盐为代表的盐产业。引导以"中国米粉""会昌县传统酱干""会昌县传统酸枣糕"为代表的食品工业提升发展，引进和扶持原材料适宜在本土种植的食品、药品工业大力发展。鼓励和引导"金龙锡业""石磊矿业"等企业引进具有现代企业管理经验和开拓创新勇气的高级管理人才，树立品牌效应，建设完整的产业链条。通过合作和合资等手段，联合湖南盐业、云南锡业等外力靠大联强矿产资源类工业。

为了建设生态经济示范区，发布了《关于建设会寻安生态经济区的意见》提出在原有产业基础上，提出会昌县的首位产业是氟盐化工，发展目标是将会昌氟盐化工进行产业绿色化改造。应该说，会昌县的产业布局需要围绕绿色发展重新定位，重新进行调整，并出台与此匹配的支持政策。

2. 主要支持政策

第一，大力发展绿色经济的政策。出台了《中共会昌县委会昌县人民政府关于培育经济发展新动能实施意见》《会昌县推进绿色经济发展实施方案》《关于推进会昌县循环经济示范县建设工作的实施意见》，鼓励支持新能源、节能环保产业、智慧农业、特色林业等绿色产业加速形成，建立以战略新兴产业为驱动力的循环型产业集群。制定《会昌县"小散乱污"企业整治专项行动方案》《会昌县砖瓦窑行业整治集中宣传活动方案》《进一步开展砖厂专项整治行动实施方案》，依法整治取缔"小散乱污"企业，淘汰违法违规生产、不符合规划、生产技术落后、存在安全隐患的砖瓦窑企业，进一步打造一批布局合理、科学规划、符合行业标准、资源节约型、环保设施齐全并达

标排放的高标准砖厂，实现制砖行业生态绿色发展。《会昌县重金属与危险废物污染防治专项行动实施方案》明确到 2016 年底，会昌县城镇集中式地表饮用水水源重点重金属污染物指标达标率达到 100%；对列入江西省省级危险废物重点监管的赣州亚泰钨业有限公司规范化管理抽查合格率达到 90% 以上。将专项行动中行之有效的措施和经验常态化，建立重金属和危险废物污染防控长效机制。出台了《会昌县开展生产建设开发项目破坏生态环境行为集中整治工作方案》，切实解决生产建设开发项目造成水土流失破坏生态环境问题，进一步加强山地林果及矿产资源开发中的生态保护和水土保持工作。制定《会昌县"十三五"节能减排综合工作方案》，到 2020 年，会昌县万元地区生产总值能耗比 2015 年下降 16%，能源消费总量增量控制在 54.57 万吨标准煤以内；会昌县化学需氧量、氨氮、二氧化硫、氮氧化物排放总量比 2015 年分别下降 4.30%、3.80%、33.23% 和 14.65%。

为确保上述工作有效开展，相继成立了东江流域生态环境保护和治理项目推进领导小组、生态综合执法大队等机构，主要实施森林资源保护、水污染防护、河道管理、渔业保护、水土保持、矿产资源开采、土地管理等生态环境治理中的执法和承担生态环境领域行使案件和重大疑难行政处罚案件的查处等工作。

第二，大力开展招商引资的政策。《关于 2018 年开放型经济工作的实施意见》明确了 2018 年开放型经济工作重点围绕工业园区，突出首位产业，做强工业；大力开展精准招商、招大引强，优化营商环境，加快推进项目落地，并把开放型经济工作纳入会昌县重点工作考评内容。为做好招商引资工作，会昌县充分利用赣南苏区振兴、国家支持贫困地区上市挂牌"IPO 绿色通道"等政策，专门出台鼓励企业上市相关政策措施，成立产业发展引导基金、工业投资公司，引导社会资本参与投资企业。为有效吸引外来资金进入会昌县投资，《会昌县招商引资优惠政策》涵盖多方面的优惠，如用地优惠的规定：企业工业用地使用权通过招、拍、挂方式出让，出让底价为人民币 5.6 万元/亩，使用期限为 50 年等。此外，还有纳税奖、纳税台阶奖、纳税翻番奖、规费减免、技术创新、标准厂房等方面的优惠政策。《会昌县经济和社会发展若干优惠政策（试行）》则涵盖对矿产品精深加工、外贸出口等多项扶持举措，符合会昌县氟盐化工、有色金属和非金属矿产产业发展规划要求，新、改、扩建的矿产品精深加工企业以及"两头在外"矿产品贸易企业可享受该优惠政策。为了提高透明度，公开了《会昌县涉及招商引资企业的收费相关项目及标准》，并实行了《会昌县投资企业缴费卡》制度。对所有收费项目、标准、年限等，实行一次性告知；未列明的收费一律免交。未经江西省及省以上批准的行政事业性收费一律免交，实行零收费；符合江西省及省以上规定的收费按标准下限收取。会昌县内服务性收费按标准下限的1/3以内收取。

第三，精准帮扶企业发展的政策。为减轻企业负担，对不合理、不合规的涉企收费一律取消，对强制性服务收费按标准下限的20%收取。下发《关于实行办事清单管理推进"最多跑一次办结"改革的实施方案的通知》《会昌县推进"一窗式"审批服务模式改革实施方案（试行）》《简政放权减证减时利企便民专项活动方案》《会昌县第二批"一次不用跑"和"跑一次办结"办事清单》《关于做好证明事项清理工作的通知》，推进"最多一次办结"改革，切实做到没有法律法规规定的证明事项一律取消。会昌县出台的《关于精准帮扶企业的实施意见的通知》明确了20条帮扶措施。在缓解企业资金困难方面，设置还贷周转金规模超3000万元，会鑫公司每年为工业企业提供担保1.5亿元以上。在企业招工和人才引进方面，每年资助培训企业经营管理人才20名、小微企业创业创新人才200名、产业技术工人1000人。同时，大力支持企业创新，安排1000万元设立战略性新兴产业投资引导基金，安排500万元设立企业技改专项扶持资金。制定了《会昌县企业信用体系监管暂行办法》以提高企业信用意识，促进交易安全，营造良好的信用环境。《会昌县企业倒贷资金管理办法》规定，会昌县财政在2000万元的基础上，增加3000万元，共计提供5000万元给会鑫担保公司设立倒贷资金。修订出台了新的倒贷资金管理办法，彻底取消企业纳税门槛限制，降低企业申请条件。大力推广"创业信贷通""小微信贷通"和"财园信贷通"融资模式，与会昌县内多家银行机构签订协议，大幅度增加合作银行，扩大企业支持范围，进一步为会昌县内符合国家产业发展和信贷政策的企业解决"还旧续贷"

资金暂时周转困难，降低企业融资成本。与此同时，还积极引导企业在新三板挂牌融资，举办了全国中小企业股份转让系统公司资深专家专题讲座等系列活动，并制定出台了《关于加快推进企业进入全国中小企业股份转让系统挂牌的实施意见》，大力提倡并鼓励企业利用资本市场改制上市，对在新三板成功挂牌的企业，会昌县财政将给予兑现奖励，即会昌县企业如成功挂牌新三板，可获250万元奖励（其中省级50万元、市级120万元、县级80万元）。如成功挂牌主板，可获1250万元奖励（其中省级500万元、市级250万元、县级500万元）。同时，对已具备上市条件的企业，会昌县积极牵线搭桥，力促券商与意向挂牌企业深度合作，引导其尽快启动上市计划，并主动做好跟踪服务，帮助重点培育企业解决各种困难和问题。出台了《会昌县关于降低企业成本优化发展环境的若干政策措施》，从落实税收优惠政策、大幅降低涉企收费、支持企业内部挖潜等13个方面制定了100条有针对性的措施，帮扶企业解难题渡难关。暂停征收防洪保安资金。从2016年5月1日起，暂停征收企业按销售（营业）收入0.12%计算缴纳的防洪保安资金；对所属期为2016年4月30日（含）以前的企业销售（营业）收入，仍按原规定计征企业应缴纳的防洪保安资金；对所属期为2016年5月1日（含）以后的企业销售（营业）收入，已计征入库的防洪保安资金，企业可按规定程序申请退库。

为加快推动个体工商户转型发展，鼓励引导其向现代企业转变，增强市场竞争力，制定了《会昌县支持个体工商户转型升级为企业实施方案》。下发了《会昌县质量强县工作规划（2018～2020年）的通知》，强化全面质量管理，开展质量提升行动，全面提升发展质量总体水平。

第四，积极打造工业发展平台的政策。制定《会昌工业园区环境综合整治专项行动工作方案》，淘汰落后产能，取缔非法企业，关停整改无望的企业，解决工业园区的突出问题，确保工业污染源达标排放。为发挥工业园区在主攻工业中的主平台作用，出台了《关于推进会昌工业园区创新升级的意见》，围绕产业集群、企业集聚、用地集约、要素集合，推动工业园区（含九二氟盐化工产业基地、台商创业基地）向产城融合新城和智能化、生态化、服务化的"一城三化"转变，加快工业园区基础设施投入、单位面积产出和产业集中度"三个提升"，实现工业园区规模总量和质量效益的跨越发展。为加快主攻工业步伐，培植一批有发展前景的工业企业，特在会昌县台商创业基地单独开辟一块区域，建设工业创业小区，并制定了工作方案。方案明确规划了实际用地面积200亩，引进落户企业40家以上。方案确定了小区的建设规划，并对落户企业明确了一系列的优惠政策等。为优化会昌县的工业发展布局，充分发挥西江镇资源和区位优势，实施产业发展与精准扶贫相结合，积极探索创新精准扶贫思路，弥补会昌县北部乡镇无工业发展平台的"短板"，引领产业发展，加快贫困群众脱贫致富步伐，结合实际，特制定《会昌县西江工业小区扶贫车间规划建设实施方案》，该工业小区建成后，可承接200家以上中小微企业入驻，吸纳1.2万就业人口，带动3000贫困人口脱贫致富。

第五，做大做强首位产业的政策。2014年，会昌氟盐化工产业集群被列入江西省60个重点产业集群之一。为打造首位产业，会昌县成立了氟盐化工产业基地的专职管理机构，并出台了支持氟、盐化工产业发展的一系列政策后，为进一步做大做强氟盐化工首位产业，推进氟盐化工产业集约化、集群化发展，明晰氟产业集聚区、盐产业集聚区建设目标思路、产业规划、建设任务、扶持政策和保障措施，形成园区资源优势，实现"主攻工业、三年翻番"的目标，又根据《赣州市关于促进氟盐化工产业发展的实施意见》，会昌县制定了《关于促进氟盐化工产业发展，打造氟盐产业集聚区的实施意见》（以下简称《实施意见》）。《实施意见》提出以萤石和盐资源为依托，坚持"以氟化工为主体，基础盐化工为配套，精细盐化工为方向"的产业定位，按照"资源配置科学化、产业扩张链式化、项目组合集群化、园区建设高新化"和"产城融合"的理念，以石磊集团公司、九二盐业公司两个骨干企业为龙头，破解发展瓶颈，协同资源要素，突出以商招商，着力把氟产业集聚区、盐产业集聚区打造成为全产业链产业园、高新技术产业园、绿色生态产业园。力争到2018年，实现氟盐化工产业集群主营业务收入达80亿元、利税达15亿元、税收达3亿元以及到2020年主营业务收入达100亿元、利税达20亿元、税收达 5 亿元的目标。《实施意见》在多方面制定了优惠政策，如项目用地，氟产业集聚区、盐产业集聚区内企业用地使用权通过招、拍、挂方式出让，出让底价为每亩 5.6 万元人民币，使用期限为 50 年，免缴企业用地保证金。对企业自行平整土地且项目按招商引资合同及项目调度计划如期开工的，在工业发展基金中给予每亩 4.6 万元的奖励，奖励资金统一在项目基础完工后 10 天内一次性拨付到位。此外还有基础设施建设补助、纳税奖励、招商奖励、金融、创新及人才扶持、项目审批办证等。高标准、高起点规划了《江西会昌县氟盐化工产业基地总体规划》《江西会昌县氟盐化工产业基地控制性详细规划》，总规划面积为 1 万亩，首期规划面积为 5000 亩。《会昌县氟盐化工产业最严格的安全生产责任制（试行）》要求全面加强氟盐化工产业安全生产监督管理工作，严格落实安全生产企业主体责任、部门监管责任、政府属地责任，防止危险化学品安全事故发生，保障人民群众生命财产安全，保护环境。

（二）政策落实及其成效分析

1. 政策落实情况

第一，坚定不移主攻工业，创特色、铸品牌、成"一极"。把做强工业作为经济发展的重头戏来抓，筛选确定主攻工业重点项目，采取"一名县领导、一支队伍、一套机制、一抓到底"的措施，对项目的洽谈、签约和落地，实行全程跟踪、全程服务，推动重大工业项目建设提速。2016 年，共确定 20 个主攻工业重大项目，总投资 43.8 亿元。重点打造矿产品精深加工基地、新型建材生产基地、特色食品加工基地。依托矿产资源优势，发展首位产业——氟盐化工产业。依托岩盐、萤石资源，围绕九二盐业、石磊矿业等骨干企业，重点抓好 30 万吨离子膜烧碱等一批重大产业项目建设，发展壮大首位产业。依托锡、铜资源，围绕金龙锡业、锦顺达锡业、小山锡业、红山铜业、龙威锡业等骨干企业，抓好锡、铜（钨）等系列矿产品精深加工项目。依托北部乡镇丰富的石灰石资源，以红狮水泥为龙头，推动水泥产业扩产能、上规模、出效益。以水泥建材带动关联产业的发展，着力培育一批环保建材、瓷土等重点骨干企业，把 323 国道沿线建设成为会昌县北部新型建材产业聚集地。

紧紧依托丰富的优质稻、大豆等农产品资源,扶持江西五丰、华达昌、美好食品、金昌食品等食品加工骨干企业,重点抓好营养米粉、碗装保鲜快熟米粉、酱干等项目建设。发展农副产品精深加工,提高产品附加值。

在主攻工业上,会昌县以九二工业基地、台商创业基地为两大核心区域,全面培育产业集群。以氟盐化工产业被确定省重点工业产业集群为契机,积极采取"抓点、连线、扩面、健体"立体式推进,按照"壮大龙头、延长链条、做大园区、完善市场"的要求,促进产业集群、集聚、集约发展,做大做强氟盐化工首位产业。在主攻工业时,紧紧抓住会昌县被列为赣州市循环经济试点县的有利时机,大力发展循环经济。推广应用高效、节能、降耗和环保的新技术、新工艺、新装备,积极推进清洁生产,发展生态型企业,建设一批循环经济企业、环境友好型企业和示范企业。以矿产品产业、建材产业等行业为重点,推广应用循环利用、再制造、零排放等新技术,促进资源节约、环境保护。积极鼓励企业实施技改创新,引导企业加大科技研发经费投入,鼓励企业与大专院校和科研机构联合创办节能减排技术中心和研发机构,提高企业原始创新、集成创新和引进消化吸收再创新的能力,不断加大节能减排力度。

在主攻工业工作中,会昌县着力育强龙头企业,制定龙头企业发展计划,对龙头企业实施"一企一策"精准帮扶,鼓励企业通过靠大联强、增资扩产、技术创新等方式做大做强,同时,积极引导小微企业集聚发展,不断增强工业经济发展后劲与活力。在政府的有力支持下,江西石磊氟材料有限公司投入研发的锂电新能源、光学氟材料等十余种含氟超材料,全部拥有自主知识产权,六氟磷酸锂工业装备技术处于世界领先水平。

第二,积极推进工业园区建设,增强加快发展、转型发展承载力。做优工业平台,扎实推进"一园二基地"建设,把"一园二基地"的规划,与产业布局、城市发展、土地利用、现代物流等规划有机地衔接起来,引导企业和产业集聚、集群发展,实现资源的集约利用。把九二工业基地建成氟盐化工、锡产品精深加工产业集聚地;把台商创业基地建成新能源、新材料、生物医药、电子信息等新兴产业基地;把会昌工业园区逐步建成以食品加工为主的生态工业区。

2016 年，会昌工业园区扩区和调整区位获江西省政府批准，总体规划面积由 108.6 公顷扩大至 367.07 公顷，其中扩区面积 258.47 公顷、调整区位面积 108.6 公顷。会昌县围绕"主攻工业、三年翻番"的决策部署，细化目标任务，大力实施园区提升工程，积极推进工业项目建设。会昌工业园区采取"挂图作战"的方式，把项目建设作为主攻工业的着力点，明确时间节点，倒排工期，主动为企业办理报批、报建有关手续，积极协调施工用水、用电事宜，帮助企业缓解资金问题，确保落户项目开工、施工无障碍，实现早开工、早竣工。2016 年，台商创业基地新落户项目 14 个，其中投资 1.08 亿元的年产 70 万平方米重竹地板项目、投资 8000 万元的年产 1 万吨竹笋罐头加工项目和分别投资 3000 万元的倡寿食品、玉豆豆制品等项目已开工建设，其余项目也正在加紧做好开工前准备。通过推动产业规模化、集群化发展，九二工业基地已成为推动会昌县工业发展的最重要引擎。

第三，积极实施招商引资和开放带动战略。依托紧邻长三角、珠三角、闽三角的独特区位优势，会昌县充分利用具有江西第二大盐矿、江西省唯一同时拥有岩盐和萤石矿产资源的得天独厚资源优势，高品质策划并推介了一批带动性强、投资规模大、发展前景好的优质项目。以首位产业招商为抓手，采用走出去引进来战略，由会昌县领导牵头，成立首位产业氟盐化工产业专项招商队，分别前往上海、浙江、江苏、广东、福建等地开展氟盐化工产业专项招商，举办招商推介会。同时，会昌县创新招商方式，充分利用互联网平台，大力推进网上招商，加大宣传、推介力度；主动与现有落户企业沟通，充分调动在外务工经商人士投资家乡、建设家乡、服务家乡的积极性，引进上下游及配套产业项目。为加快推进项目落地建设，会昌县还积极做好征地、办证、协调、用工、融资、信息等服务工作，兑现优惠政策，上下联动开展安商服务。通过加强对外招商引资，加快基础项目建设。仅在 2018 年上半年，会昌县共计外出招商 80 余批次，接待客商 140 余批次，共签约引进项目 18 个，总投资 31.81 亿元。其中，工业项目 13 个，现代农业项目 3 个，总部经济项目 2 个。2017 年，基地氟盐化工产业实现工业总产值 45.83 亿元，利税总额 4.98 亿元。

第四，大力帮扶企业。深入贯彻落实精准帮扶企业的各项政策，帮助企业降低用工、用电、用气、物流等生产运营成本，增强盈利能力，全力做好项目开工建设到投产的全程服务，建立例会机制，对重点项目审批、备案等给予全方位的支持帮助，千方百计破解资金、用工等瓶颈制约，合力解决项目建设中的难题，为工业企业发展提供全方位保障。2016 年，会昌县政府与中国建设银行赣州分行、江西银行赣州分行、赣州银行、九江银行赣州分行 4 家银行签约，共同合作设立振兴发展产业基金。振兴发展产业基金主要按照"政府引导、多元出资，市场运作、防范风险"的原则进行投资运作，其中，产业基金总规模 30 亿元人民币，其中首期规模 10 亿元，原则上将用于园区建设、工业发展、精准帮扶、新型城镇化、现代农业、现代服务业、基础设施建设等。自 2015 年设立倒贷资金以来，累计为 83 家企业提供了 91 笔共计 5.4 亿元的倒贷资金支持，极大地帮助企业解决了短期资金融资难题，缓解了中小微企业融资压力，优化了会昌县的融资环境。

2. 主要成效

会昌县规模以上工业发展情况如表 3-1 所示。

表 3-1　会昌县规模以上工业发展情况

年份	企业数量（家）	总产值（万元）	工业增加值（万元）	主营业务收入（万元）	工业产品销售率（%）
2012	29	785000	202800	758000	
2013	49	—	247000	961000	
2014	—		304000	1084000	
2015	—	≥1000000	323400	≥1000000	
2016	64	—	353000	1346000	
2017	—	—	—	—	
2018	—	—	—	—	

注：①"—"表示不详；②2014 年新增规模以上企业 5 家。

资料来源：作者根据会昌县历年发布的政府工作报告、国民经济和社会发展统计公报公布的相关数据收集整理。

2012 年，会昌县工业经济逆势上扬。康力斯年产 50 万平方米人造微晶地板等 7 个项目竣工投产，投资 20.7 亿元的石磊氟化工新型制冷剂系列项目等 10 个重大项目开工建设，石磊氟化工有限公司的新型环保制冷剂系列项目成为会昌县有史以来投资最大的工业项目。新增规模以上工业企业 4 家，总数达到 29 家。争取建设用地指标 7358 亩，氟盐化工产业基地、台商创业基地基础设施建设扎实推进，燕子窝工业项目"退城进园"工作顺利启动。招商引资成效明显，先后在江门、淄博等地举办招商推介会，全年累计签约项目 53 个，其中亿元项目 37 个；引进 5000 万元以上内资项目 19.7 亿元，增长 173.6%；实际利用外资 3644 万美元，增长 10.1%；实现出口创汇 2871.6 万美元，增长 44.4%，被评为江西省招商引资进位赶超先进单位、江西省外贸出口进位赶超先进单位。全民创业氛围浓厚，新增私营企业 265 家、个体工商户 2364 户。会昌县实现生产总值 60.2 亿元，增长 13.9%，增速位居赣州市第一；三次产业比由 2011 年的 23.8：42.7：33.5 调整为 2012 年的 23.7：41.6：34.7。规模以上工业增加值为 20.28 亿元，增长 19.7%；实现规模以上工业总产值 78.5 亿元、主营业务收入为 75.8 亿元、利税总额为 10.7 亿元，分别增长 16.6%、15.4% 和 19.9%。

在 2013 年经济形势极为复杂、下行压力加大的背景下，工业实现了有质量、高速度的增长。亚泰钨业（一期）等 14 个项目竣工投产，石磊氟化工新型制冷剂等 14 个项目开工建设。企业帮扶成效明显，全年帮助企业解决信贷资金 9.3 亿元，新增规模以上企业 22 家，总数达到 49 家。"五丰牌"米粉荣获"江西名牌产品"称号。台商创业基地、江西省省级氟盐化工产业基地基础设施建设扎实推进。燕子窝工业园企业"退城进园"、工业园区"扩区调区"和矿产资源整治整合工作进展顺利。招商引资成效明显。成功举办了 2013 年江西会昌县（深圳）招商推介会、2013 年江西（会昌县）氟盐化工产业发展推介会等招商活动，全年签约项目 38 个，总投资 71 亿元；全年引进 5000 万元以上内资项目实际进资 13 亿元，增长 21.6%。实现生产总值 67.6 亿元，按可比价格计算，比上年增长 11.6%，增速位居赣州市第 4 位，分别高于全国、江西省、赣州市 3.9、1.5、1.1 个百分点。其中第一产业实现增加值 14.8 亿元，增长 4.6%；第二产业实现增加值 28.7 亿元，增长 16.1%；第三产业实现增加值 24.1 亿元，增长 10.7%。三次产业比由 2012 年的 23.7∶41.6∶34.7 调整为 2013 年的 21.9∶42.5∶35.6；500 万元以上固定资产投资 31.6 亿元，增长 29.4%；完成 500 万元以上固定资产投资 33.2 亿元，增长 35%；实际利用外资 4087 万美元，增长 12.2%；出口总额达 4660 万美元，增长 62.3%；规模以上工业增加值达 24.7 亿元，增长 15.9%；会昌县规模以上工业企业实现主营业务收入 96.1 亿元、利税总额 12.6 亿元，分别增长 26.4%和 17.6%。

2014 年，在国内外复杂严峻的经济形势下，会昌县采取多项举措促进工业发展，会昌县工业经济呈现稳中向好的良好发展势头。促成湖南盐业首期投资 1.95 亿元与九二盐业增资扩股。都市王牌年产 60 万套服装生产线等 5 个项目竣工投产。台商创业基地东区初显规模，西区完成土地平整 1000 亩，落户项目 28 个。燕子窝工业企业"退城进园"取得新进展，已有 12 家企业签订协议。重大项目引进实现新突破。进一步明确了招商路径，组建了 7 支产业招商队，精准招商，招大引强。全年签约引进项目 26 个，总投资 65.95 亿元；利用江西省外境内 5000 万元以上项目进资 14.52 亿元，增长 14.1%。出台了支持非公有制经济发展的 20 条措施，在放宽准入条件、鼓励全民创业、促进产业升级、加大财税扶持、优化金融服务、完善发展平台等方面为非公有制经济"保驾护航"，会昌县个私企业达到 15724 家，总注册资本 57.8 亿元，分别增长 12.6%、32.8%。会昌县实现生产总值 73.3 亿元，增长 9.1%；500 万元以上固定资产投资 38.1 亿元，增长 20.6%。实际利用外资 4797 万美元，增长 2.3%；出口总额 5773 万美元，增长 18.8%，增速居赣州市第三。产业结构不断调整优化，三次产业比调整为 20.9∶42.7∶36.4。全年规模以上工业增加值 30.4 亿元，增长 12%；会昌县规模以上工业企业主营业务收入突破百亿元大关，达到 108.4 亿元，增长 12.8%，利税总额达 14.7 亿元，增长 16.3%。

2015 年，会昌县纵深推进"工业强县"战略，加快产业转型升级，三次产业比为 19.7∶40.3∶40。会昌县生产总值 79.94 亿元；规模以上工业增加

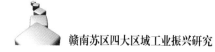

值达 32.34 亿元；500 万元以上固定资产投资 45.1 亿元；出口总额达 6535 万美元；实际利用外资 5226 万美元。规模以上工业企业总产值、主营业务收入均突破百亿元大关。并在《江西省人民政府关于表彰 2013～2015 年度加快工业发展加速工业崛起先进单位的决定》（赣府字〔2017〕号）中，获得了"年度贡献奖"先进单位称号。

2016 年，会昌县化传统资源优势为产业优势，力推产业向科技要效益，工业经济迅猛发展。"放管服"改革加快推进，会昌县本级衔接上级审批事项 22 项、取消行政许可事项 62 项。"五证合一、一照一码"登记等商事制度改革稳步推进，市场活力进一步迸发。产业扶贫信贷通、财园信贷通、财政惠农信贷通、小微信贷通、创业信贷通 5 个政策性融资平台发放贷款 11.1 亿元，有效缓解了融资难题。会昌县重大工业调度项目 19 个，总投资 29.2 亿元；石磊氟材料六氟磷酸锂、九二盐业离子膜烧碱、亚泰钨业（二期）超细碳化钨粉等 12 个工业项目竣工投产。首位产业氟盐化工取得新突破，年主营业务收入实现 30 亿元。工业园扩区调区顺利通过江西省政府审批，园区面积扩至 367 公顷。九二氟盐化工基地 1000 米安全卫生防护距离拆迁任务全面完成。降成本优环境专项行动深入开展，全年累计为企业减负 2 亿元。华达昌公司、亚泰钨业公司被中华人民共和国科学技术部（以下简称国家科技部）认定为高新技术企业，实现了零的突破。积极培育中小成长型企业，全年净增规模以上企业 14 家。加大企业产品品牌、商标培育力度，有效注册商标达 715 件，比 2015 年末净增 191 件，增长 36.45%；新增江西名牌产品 2 个、江西省著名商标 4 件。全年实现地区生产总值 90.04 亿元，同比增长 10.1%，增速居赣州市第三位。500 万元以上固定资产投资 52.9 亿元，同比增长 17.3%。实际利用外资 5761 万美元，同比增长 10.2%。规模以上工业增加值 35.3 亿元，同比增长 8.9%。会昌县规模以上工业企业实现主营业务收入 134.6 亿元、利税总额 18.1 亿元，分别同比增长 12.8% 和 13.4%。规模以上工业企业主营业务收入、工业固投超额完成"主攻工业、三年翻番"年度任务。

2017 年，主攻工业加速推进。工业用电量增速居赣州市第一。会昌县主攻工业重点调度项目20个，实现了以氟盐化工产业多功能食用盐、无水氟化氢、碳酸锂、医药中间体、甲烷氯化物等为首的13个项目竣工，其中市级调度项目7个实现竣工，县级调度项目6个，实现了突出抓好氟盐化工首位产业，首位产业集群初步成形，新上氟盐化工项目17个，其中石磊氟化工甲烷氯化物、九二盐业5万吨多功能用盐等7个项目竣工投产。石磊氟材料公司被国家科技部认定为高新技术企业。九二氟盐化工基地、台商创业基地基础设施不断完善，九二污水处理厂及配套管网工程建成并投入使用，燕子窝工业园30家企业退城进园全面完成。生产总值首次突破百亿元大关，达到104.22亿元，增长9.7%，增速居赣州市第五。完成500万元以上固定资产投资61.25亿元，增长15.8%，增速居赣州市第二。实际利用外资6337万美元，增长10%。进出口总额达8850万美元，增长12.65%；其中出口总额达8355万美元，增长12.15%。规模以上工业增加值增长9.8%，增速居赣州市第三；工业投资31亿元，增长47.4%，增速居赣州市第五。2017年商标注册申请286件，核准注册219件。截至2017年12月15日，有效注册商标达932件，比2016年末净增217件，同比增长30.35%，为会昌县商标有效注册量连续2年增速超过30%。

二、寻乌县工业振兴分析

(一) 促进工业振兴的主要政策

1. 产业布局

由于历史、地域、环境等诸多方面的原因，截至2010年，寻乌县一直处于交通不便（既无铁路也无高速公路）、投入不足（无一项市级以上投资项目）、工业基础差（无一个中型以上企业）、经济薄弱（长期处于赣州市经济增长的低端）的状态，是典型的山区农业小县。为发展工业，寻乌县不断加强招商引资环境建设，兴办了稀土冶炼、矿产品加工、陶瓷制品生产、果品分级包装等企业，中小企业的发展规模有了较快的增长。"十二五"规划时期，寻乌县立足稀土、果业、瓷土等资源优势，确立了"以稀土和钼矿为主的矿产品精深加工业、以柑橘为主的果品加工业、以高档陶瓷为主的新型建材业"为三大工业支柱产业，推动优势产业转型升级，并加大承接产业梯度转移力度，积极发展机械、电子、制药、服装等环保型、劳动密集型产业，不断优化产业结构。同时，按照"科学规划、优势先行、分类发展"的思路，不断完善园区基础设施建设，精心打造项目承接平台。2011年，寻乌县规模以上工业企业已达到19家。其后，寻乌县提出了改造提升传统产业、大力发展战略性新兴产业的产业发展战略，具体如下。

第一，改造提升传统工业。大力实施优势产业技术装备改造升级行动，以稀土、建材、食品为重点，鼓励引导企业通过技术改造、模式创新等手段，推动产业链向中高端延伸，不断提高企业产品核心竞争力，形成集群发展新格局。

稀土新材料及应用产业。寻乌县委、县政府下发了《关于主攻工业促进寻乌县振兴发展的意见》中明确指出要把稀土产业打造成支撑县域经济发展的支柱产业，把寻乌县打造成国家级稀土永磁材料产业基地。为此，寻乌县立足稀土资源优势，在现有稀土分离、初加工及资源回收利用的基础上，以终端产品为主攻方向，推动稀土产业链条向磁性材料、发光材料、储氢材料、催化材料等功能材料及应用产品生产拓展延伸，提高产品附加值和资源回收利用比例，壮大稀土产业集群，提升企业自主创新能力和市场竞争力。积极引导企业争取央企、国企帮扶，重点支持县内现有稀土企业通过兼并重组方式加入六大稀土集团。加强与江钨集团的对接，鼓励支持寻乌县南方稀土责任有限公司产业链向稀土功能材料及应用产品生产延伸；加大对寻乌县恒源科技开发有限公司培育力度，力推企业在"新三板"挂牌，促进企业稀土合金、稀土磁材和永磁电机生产项目落地；加大与浙江通诚磁材有限公司的对接，推进赣州通诚稀土新材料有限公司稀土抛光粉生产线建设；鼓励泰鑫稀土扩大稀土金属生产规模，延伸磁材产品生产线；加快推进弘昇稀土技改步伐，促使企业不断发展壮大。同时积极引进一批稀土功能材料及应用产品国内知名企业。稀土新材料及应用产业主营业务收入在2016年达到13亿元，2017年达到15亿元，2018年达到20亿元；到2018年上市企业力争达到1家，新入规企业达到2家，固定资产投资达到4亿元，培育主营业务收入

5 亿~10 亿元的龙头企业 2 家；到 2020 年实现主营业务收入 24 亿元。

新型建材产业。围绕构建以高端化建材产品为重点，防水、保温、隔热及装饰材料等建材新产品为补充，加快推进新型建材产业集群建设步伐。积极推动环球陶瓷二期和总部搬迁项目、世纪陶瓷一期工程投产及第二条生产线建设的实施；鼓励环球陶瓷、世纪陶瓷加快推进稀土尾砂资源化利用技术研发和产业化进程。以现有陶瓷生产技术为基础，加大薄型化陶瓷产品的研发力度，着力打造多功能建筑材料。加快推进万年青水泥二期 60 万吨粉磨生产线建设，形成年产 120 万吨的生产规模。积极推动文峰钢铁、竞成建材等钢铁企业生产工艺转型，积极与钢材应用企业配套，产品向管材、板材、型材或特钢产品升级。新型建材产业主营业务收入在 2016 年达到 15 亿元，2017年达到 17 亿元，2018 年达到 20 亿元；到 2018 年上市企业力争达到 1 家，新入规企业达到 2 家以上，固定资产投资达到 5 亿元，培育主营业务收入 5 亿~10 亿元的龙头企业 1 家、10 亿元以上的 2 家；到 2020 年实现主营业务收入25 亿元。

食品产业。依托丰富的柑橘等农产品资源，以初级加工向精深加工转变为主线，促进种养、加工、冷藏、流通、销售等环节的衔接。以龙橙果业、杨氏果业为龙头，推动形成以果品精深加工为重点，大力发展果汁、精油、洗涤用品等产品；以颖川堂绿色食品为牵引，大力发展精品茶油、优质茶叶、休闲食品等特色现代食品。以龙橙果业为龙头，推进果皮（渣）、油茶壳（枯）资源化利用，切实转化为有机肥料等产品。全力打造寻乌县地域精品品牌，努力把寻乌县建成江西省的特色食品生产基地。食品产业主营业务收入在 2016 年达到 6 亿元，2017 年达到 7 亿元，2018 年达到 10 亿元；到 2018 年上市企业力争达到 1 家，新入规企业达到 2 家，固定资产投资达到 2 亿元，培育主营业务收入 5 亿~10 亿元的龙头企业 1 家、10 亿元以上的 1 家；到 2020年实现主营业务收入 15 亿元。

第二，培育发展战略性新兴产业。坚持数字化、网络化、智能化方向，把握"中国制造 2025""互联网+"协同制造等战略机遇，进一步培育壮大稀土新材料、新能源、生物医药三大新兴产业，战略性新兴产业主营业务收入

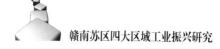

在 2016 年达到 9 亿元，2017 年达到 14 亿元，2018 年达到 20 亿元；到 2018 年新入规企业达到 5 家，累计新增固定资产投资 25 亿元以上；到 2020 年实现主营业务收入力争突破 25 亿元，努力形成县域经济新支点。

新能源产业。积极引进央企和行业骨干企业，发展高山风力发电项目，加快推进基隆嶂、乱罗嶂、项山甑、阳天嶂等高山风力发电项目。实施"国家光伏发电领跑者计划"，建设诺通、爱康等光伏发电项目，实施"光伏扶贫工程"，大力发展屋顶光伏发电项目。依托水利资源优势，配合新兴能源开发利用，加快推进小水电资源整合步伐，加大抽水蓄能电站和智能电网建设力度。通过发展应用项目，争取向产品生产领域拓展，培植壮大新能源产业，积极打造江西省省级新能源产业基地。

生物医药产业。重点发展现代中药、生物制药、生物制剂等产业，构建医药产业链条，培育壮大医药产业集群。支持医药企业发展带动农户种植中药材，建立健全寻乌县中药材生产经营管理规范（GAP）基地。重点支持地康药业有限公司，增强企业技术创新和产品研发能力；引进有实力的企业发展生物制药产业，形成中草药种植、药品研发、生产、销售和配送的完整产业链条。

2016 年，寻乌县省级产业园获批，石排工业园区、黄坳民营创业园区、生态科技文化产业园区布局大局已定，寻乌县"一园三区"的工业发展格局初步形成。

经过进一步优化，机械机电制造成为寻乌县的首位产业。并提出围绕机械机电首位产业配套招商，围绕产业集聚，完善产业链，做实、做细每一件工作。其后，该名称得到进一步优化，被称为通用设备制造业，该产业涵盖对智能装备制造、工程机械加工、通用设备及核心部件、基础零部件和原材料及应用等细分领域。寻乌县打造首位产业的工作得到《关于建设会寻安生态经济区的意见》（以下简称《意见》）的肯定。《意见》明确提出，支持寻乌县以高效节能产品为引领，做大做强通用设备制造业。

2. 主要支持政策

第一，建设生态文明，大力发展绿色产业的政策。早在 2010 年，寻乌县出台的《寻乌县三年强攻工业实施方案》就强调加速新型工业化进程，实现绿色崛起。《寻乌县 2017 年度东江流域生态环境保护和治理实施方案》全面落实环境保护目标责任制，加强生态创建和环境治理，推动发展循环经济和低碳经济，着力构建寻乌县生态安全格局。《寻乌县 2015 年环境保护工作要点》要求完成一项刚性任务（污染减排）、实施二项治理（九曲湾库区环境保护综合治理、国土江河综合整治东江流域治理）、推动三项工作（"三净"专项行动、生态创建、环保机制改革）、实现四个提升（团丰桥水质、斗晏电站断面水质、国家重点生态功能区县域环境质量考核、环保能力）。《寻乌县 2018 年大气污染防治专项行动实施方案》要求切实抓好大气污染防治工作，确保完成寻乌县年度大气污染防治目标任务。《寻乌县生态环境保护集中宣传活动方案》紧紧围绕打好污染防治攻坚战及中央环保督察整改"回头看"，开展全方位、多角度集中宣传活动。《寻乌县打好转型升级硬仗攻坚方案》指出，打好转型升级硬仗是经济发展的重中之重，必须主动转变发展方式、寻求新的动力生成，积极发展绿色经济，推进首位产业发展升级，推动寻乌县经济保持中高速增长、迈向中高端水平。

第二，积极建设工业园区的政策。经过 2008～2012 年的努力，寻乌县初步建成了以时代创意工业园和石排工业园区为龙头的产业转移承接平台。2014 年，江西省政府批复同意筹建省级工业园区，从而开启了寻乌县工业园区建设的新阶段。为进一步加快批而未用土地消化利用，拓展用地空间，破解土地供需矛盾，避免土地闲置浪费，全面提升土地节约集约利用水平，制定了《寻乌县批而未用土地处置工作实施方案》，全力消化"批而未用"土地，对"批而未征、征而未供、供而未用"的建设用地进行分类造册、查清原因、积极盘活；对排查出的批而未用土地，在分析原因的基础上，利用法律、经济和行政手段，促使建设用地使用权人尽快开工建设。

第三，主攻工业政策。下发了《关于印发〈寻乌县三年主攻工业推进计划（2016～2018 年）〉的通知》以及新型建材、食品药品、电子信息、稀土等产业发展若干政策。出台了《寻乌县医药产业发展扶持政策二十一条》《寻乌县中医药健康服务发展规划（2016～2020 年）》，加大对科技创新园区的规划建设及投资力度，促进医药等相关产业集聚发展，支持发展中医药健康服务相关产品研发、制造，推动中药材种植业绿色发展和相关制造产业转型升级，形成一批具有核心竞争力的中医药企业和产品。制定了《寻乌县扶持食品产业发展若干政策》，重点支持脐橙（蜜桔）、油茶、茶叶、猕猴桃等大宗农产品的深加工，促进食品产业快速发展。出台了《寻乌县鼓励城乡劳动力向石排工业园区集聚政策17条（试行）》《寻乌县支持机电机械产业发展人才集聚政策19条（试行）》《寻乌县扶持机电机械制造首位产业发展二十二条》等有针对性的激励措施，对智能装备制造、工程机械加工、通用设备及核心部件、基础零部件和原材料及应用等通用设备制造产业细分领域给予大力扶持。

第四，招商引资政策。为加快承接沿海产业转移步伐，寻乌县制定《关于加快推进承接产业转移促进县域经济又好又快发展的决定》《寻乌县2010年招商引资工作的意见》《寻乌县2010年招商引资项目考评办法》，围绕以稀土为主的矿产品精深加工业、陶瓷为主的建材业、柑橘为主的果品深加工业、劳动密集型企业进行重点招商，把寻乌县打造成承接长珠闽产业转移的优势区。出台了《2011年全县招商引资月活动实施方案》，要求紧紧围绕"招大商、大招商"，大力改善投资环境、改进服务质量和提高办事效率，切实提高招商引资实效。面对招商引资的激烈竞争，积极转变思路，将原来以土地、财税为主的传统支持政策过渡到以产业引导基金等为主的金融支持政策，推动形成"资本+招商"新模式。寻乌县工投公司设立首期5亿元产业发展引导基金。《寻字〔2015〕27号中共寻乌县委 寻乌县人民政府关于做好2015年招商引资工作的意见》要求坚持产业招商、实行点题招商、推进全民招商。注重项目服务，相继出台了《寻乌县政府投资项目管理办法》《寻乌县政府投资重点建设项目双公示制管理暂行办法》《寻乌县政府投资基本建设项目预决算审计办法》。同时，针对招商引资企业，建立了部门联席会议商议、决策、落实等机制，从制度、机制上保证项目审批合法合规。坚持招商与安商并重，加大项目的落地推进力度，做到签约一个项目、落地一个项目、竣工一个项目。大力实施"赣商回归、赣人兴赣"工程，大力支持返乡创业人员进入科技创新型、资源利用型、劳动密集型、农副产品加工型、出口创汇型、现代服务型等产业或行业，制定了《关于鼓励寻乌县乡贤回归创业发展的意见》，内含118条"降成本、优环境"专项政策，为企业提供全方位、"保姆"式的优质服务。同时，对乡贤返乡投资的企业除执行西部大开发政策外，还出台用地保障、税费优惠、金融信贷、科技创新、品牌培育、人才用工等九个方面的支持政策。

第五，大力改善营商环境的政策。一是不断加大放管服改革力度。先后出台《关于在市场体系建设中建立公平竞争审查制度的实施意见》《寻乌县实施政务环境优化工程行动计划》《寻乌县简化优化公共服务流程方便基层群众办事创业工作方案》《寻乌县推进"一窗式"审批服务模式改革实施方案（试行）》《寻乌县行政服务中心"容缺受理"管理办法》《寻乌县行政服务中心"行政审批中介服务超市"管理办法（试行）》《寻乌县满意度短信回访系统运行考评方案》《全县"减证便民"专项行动实施方案》《寻乌县人民政府办公室印发关于实行办事清单管理推进"最多一次办结"改革的实施方案的通知》《寻乌县第三批"最多一次办结"行政许可、公共服务事项清单》《关于进一步清理规范县本级行政审批中介服务事项的决定》《关于进一步加强行政服务中心建设的实施意见》《关于做好证明事项清理工作的通知》《关于取消和调整一批行政权力项目等事项的通知》《寻乌县人民政府关于取消31项行政许可事项证明材料的决定》《寻乌县人民政府关于取消和调整一批行政权力事项的通知》《寻乌县人民政府办公室关于开展涉及产权保护的规范性文件清理工作的通知》，把该"放"的彻底放开、该"减"的彻底减掉、该"清"的彻底清除，做到所有审批事项程序简化、时限明确，扎实推动寻乌县"一次不跑"和"只跑一次"改革，切实为市场主体添活力、为人民群众增便利，不断优化寻乌县营商环境。二是陆续出台了《进一步降低企业成本优化发展环境的若干政策措施》《关于建设企业诉求反应机制的通知》《寻乌县工业园区企业从业人员子女就学、就业、住房、医疗暂行管理办法（试行）》，切实减轻了企业的发展负担。三是出台了一系列缓解资金紧张的政策。《寻乌县促进全县融资性担保行业发展的意见》《寻乌县"财园信贷通"

和"小微信贷通"融资工作实施方案》《寻乌县"创业信贷通"试行方案》《2017 年度"小微信贷通"和"创业信贷通"工作方案》《寻乌县 2017 年度"财园信贷通"融资工作实施方案》。充分发挥财政资金的使用效益和导向作用，有效缓解中小微企业融资难、融资贵问题。制定了《寻乌县就业和社会保障工作稳增长帮扶企业发展的若干意见》，给予企业社保补贴、给予重点企业培训补贴。

第六，推动企业转型升级的政策。出台了《关于加快培育规模以上工业企业的实施意见》《寻乌县支持个体工商户转型升级为企业实施方案》，从资金支持、税费优惠等方面，积极鼓励支持有实力、有条件的个体工商户转型升级为企业、工业企业升级为规模以上企业，提升其市场竞争力。制定了《寻乌县贯彻〈江西省质量发展纲要（2011～2020 年）〉实施方案》《寻乌县质量强县工作方案》《关于加强质量认证体系建设促进全面质量管理实施方案》《寻乌县落实赣州市创建"全国质量强市示范城市"工作实施方案》，深入实施"质量稳县、质量强县、质量促县"战略，着力助推寻乌县实现"主攻工业、三年翻番"目标。在寻乌县范围内形成一批质量水平高、品牌影响力大、核心竞争力强的优势企业；打造一批品牌形象突出、服务平台完备、质量水平一流的现代企业和产业集群；建成一批设备先进、技术水平高、公共服务能力强的质量技术基础设施平台。

（二）政策落实及其成效分析

1. 政策落实情况

第一，以新型工业化为方向，坚定不移主攻工业，培育规模企业，壮大工业经济。不断加大财政投入力度，真金白银支持工业发展。设立县级工业发展基金 2000 万元，仅 2012 年至 2013 年 9 月，寻乌县财政拨付工业基础设施建设资金高达 2.1 亿元。立足区位优势和资源优势，实行错位发展，避免与其他县（市、区）同质化竞争，培育发展特色优势产业，持续推进稀土新材料及应用、新型建材、新能源、食品药品四大主导产业的发展，不断延伸产业链，促使产业集聚发展。加快规模以上企业发展步伐，整合利用资源，将优势资源向优势企业集中，仅 2014 年就安排工业产业重点项目 22 个，预计总投资 24.57 亿元。加快信息化与工业化深度融合，引导企业加强"产学研"合作，进行技术升级改造，提升产品质量，创立自主品牌。支持杨氏果业与华中农业大学合作建立博士后工作站，帮助环球陶瓷实施好国家"863"计划并申报国家级高新技术企业。审时度势、反复论证，抓住沿海发达地区产业转移机遇，培育通用设备制造首位产业，引领工业经济转型升级。坚持以"龙头企业拉动、配套企业跟进、产业集群发展"的思路大力推动通用设备制造首位产业发展。通过首位支持、首位招商、首位服务，目前，以生产电机为轴心的前端铸造、电线电缆和后端配套的空压机、水泵、减速设备、工业冷水机、环保设备等生产企业一应俱全，一个完整的通用设备制造产业链逐步形成。据统计，2017 年，寻乌县引进首位产业项目 21 个，总投资89.18 亿元，占工业项目总签约资金的 88.05%。

第二，积极打造工业发展平台。为了夯实产业发展平台，寻乌县坚持以园区平台建设为一号工程。一是优化园区布局。在着力抓好石排工业园区、黄坳民营创业园区建设的基础上，布局好南桥、留车、菖蒲等乡镇园区板块的建设工作，努力形成"县城园区挑大梁、乡镇板块作支撑"的良好格局。二是加快园区升级。提高园区集约化水平，加快推动园区升级。三是提升园区承载力。加快园区基础设施及公共服务配套设施建设，完善水、电、路、购物、娱乐等基本承载要素，完善金融、医疗、教育、公租房等公共服务，尤其要用好江西省补贴政策，加快标准厂房建设，不断夯实工业承接平台，让工业项目有承载、能落地。四是打造特色产业园区。结合稀土废弃矿区综合治理，全面完成了稀土新材料产业基地建设；鼓励全民创业，建立民营创业园；对接产业转移，建陶瓷产业园；延长果业产业链，建果品加工产业园。五是积极做好园区调区扩区工作，不断优化工业园区规划布局，完善园区基础设施及配套服务功能，高起点规划、高标准建设，推动工业园区发展升级。按照"一园三区"的布局和"干一年、看三年"要求，把园区平台建设作为工业发展、招大引强的主战场和主阵地，对园区进行再布局、再优化，做到既满足产业发展的功能需求，又做到"量身定做"，确保产业发展拥有良好载体。着力打造通用设备制造产业集聚区，全力保障企业落户用地需求。截至

2018 年上半年，寻乌县签约通用设备制造首位产业项目 34 家，落户石排园区 21 家，其中已开工建设 17 家，已投产 4 家。目前，寻乌县工业园建成区面积 1.3 万亩，标准厂房面积 80 万平方米。

第三，大力招商引资。寻乌县按照"建链、强链、补链"的思路，紧紧围绕产业链招商，着力培育壮大产业集群。在具体工作中，实施"三大招商"的方式，抓实三项活动，强化三项保障。"三大招商"方式，一是实施专业招商。围绕重点招商产业，组建稀土、现代农业、陶瓷建材、新兴产业等产业招商小分队；组建驻广东、上海两支招商专业小分队。二是推进全民招商。三是实施委托招商。抓实三项活动，即开展百日招商活动；组织参加江西省、赣州市举办的系列招商活动；组织好寻乌县举办的招商推介活动。强化三项保障，即强化领导力量保障，坚持领导力量向招商工作倾斜，实行寻乌县党政班子成员负责带队；强化用地保障，把做好项目用地保障当作招商强工的重点来抓；强化督查保障，坚持每月一督查、每季一通报、半年一考核、年终一总评制度。通过现场办公、承诺公示和下发督办单等方式，将各项工作落到实处。

坚持首位产业、首位招商。围绕首位产业，重点瞄准珠三角、长三角和海西经济区等发达地区通用设备制造龙头企业，实行"一对一叩门""点对点对接"，开展"全链条、全要素、全服务、无障碍"立体招商。同时通过抓中间、带两头、引全链，引进上下游企业，形成产业链。借助粤港澳大湾区产业转移及深圳市帮扶寻乌县的机遇，全力打造"政策洼地"和"投资热土"，争取形成引进一个、带来一批、跟进一群的良好氛围，吸引更多企业来寻乌县投资兴业。

寻乌县不仅为外来投资企业在用地、税收等方面制定了一系列优惠政策，而且对引进项目采取"县领导+部门"一对一挂点帮扶，从企业签订合同、办证服务到企业开工兴建、竣工投产等方面均提供全方位服务，切实营造出"想发展、议发展、促发展"和"敬商、亲商、安商、扶商、富商"的浓厚氛围。

第四，精准帮扶企业，进一步优化发展环境。寻乌县坚持提升优化营商环境不动摇，牢固树立"营商环境就是生产力"的理念，急企业之所急、想企业之所想、解企业之所难。为加强与企业的沟通联系，及时了解、解决企业需求，寻乌县以打造优质"软环境"为着力点，制定实施主攻工业三年翻番推进计划、精准帮扶企业实施意见，形成"1＋2＋N"服务工业发展政策体系，强化"四个一"联系企业帮扶机制（每个重点企业安排一名挂点县领导、一个挂点单位、一名挂点干部、一个服务金融机构跟踪帮扶）；开通了企业帮扶 APP 平台，只要企业有需求，随时可以通过软件、电话、短信等方式通知解决，实现了个性化的"按铃"服务；对寻乌县涉企服务单位进行"评分"，对测评排名后三位的单位给予全县通报批评。围绕让企业"省心"，在符合政策的前提下开通"绿色"通道，实行联审联批、限时办结、一站式收费等制度，为企业提供"一站式受理、一次性告知、一条龙审批"的便捷高效服务。加大财税支持力度，大力推进"财园信贷通""小微信贷通"工作，搭建政银企三方合作平台，为企业发展提供"流动的血液"，解决企业融资难、融资贵问题。

深入贯彻落实创新驱动发展战略，对高科技和高附加值的项目实行"一事一议"政策，支持企业增加研发投入，鼓励企业完善科技创新平台和项目建设，通过自主创新，购买高等院校、科研院所的科研成果进行转化等方式，建设以企业为主体、市场为导向、产学研相结合的技术创新体系，引导企业走"专、精、特、新"发展道路。2016 年，寻乌县财政安排 150 万元用于奖励 2015 年企业技术创新成果，奖励金额同比增长 35%。2015 年，寻乌县专利申请量 155 件、授权量 87 件，同比分别增长 235%、295%。同时，恒源科技、爱馨泰电子、通洲塑胶 3 家企业成功申报高新技术企业，实现了高新技术企业零的突破；石湾环球陶瓷、江西杨氏果业等 5 家企业与科研机构、高等院校建立了产学研合作关系，省级可持续发展实验区获批。2015 年和 2016 年，寻乌县连续两年被授予江西省专利十强县，其中专利申请量 558 件（列江西省第 17 位），同比增长 260%；授权量 443 件（列江西省第 12 位），同比增长 409.2%（列江西省第 1 位）。

2. 主要成效

寻乌县规模以上工业发展情况如表 3-2 所示。

表 3-2　寻乌县规模以上工业发展情况

年份	企业数量（家）	总产值（万元）	工业增加值（万元）	主营业务收入（万元）	工业产品销售率（%）
2012	—	—	—	—	—
2013	30	310313	75263	308791	99.25
2014	—	—	95000	—	—
2015	37	415894	109073	146154	—
2016	53	471598	120177	471598	100
2017	59	573800	192500	566200	—
2018	—	—	—	—	—

注：① "—" 表示不详。

资料来源：作者根据寻乌县历年发布的政府工作报告、国民经济和社会发展统计公报公布的相关数据收集整理。

2013 年，寻乌县紧紧抓住推进赣南苏区振兴发展的有利时机，用足、用活中央、江西省、赣州市对"国定贫困县"的各项政策，把工业经济工作列为最重要的议事日程，依托资源优势，大力实施"兴工强县"发展战略，壮大优势产业。通过引进战略投资者，加强与中电投、大唐发电、中电建等大型央企对接合作，大力发展优势特色产业，加快发展稀土高端应用、风力发电新能源等战略性新兴产业，促进果业产业和建材工业等传统产业转型升级。提升园区承载能力，重点做好稀土新材料产业基地和物流的建设力度、民营创业园的创建投入使用，加大对重点企业的帮扶力度，出台服务聚焦、人才聚集、政策倾斜等举措，工业经济在下行压力加大的情况下稳步上行，增长速度明显加快。

寻乌县 500 万元以上固定资产投资完成 250786 万元，比 2012 年增长28.1%，人均达 7946 元。按经济成分分：国资企业投资 107921 万元，增长55.8%；有限责任公司投资 6547 万元，增长 202.7%；股份有限公司投资

14625万元，下降21.7%；私营企业投资117543万元，增长22.1%。按产业结构分：第一产业没有投资，与2012年不可比；第二产业投资86635万元，增长30.0%，其中，工业投资86635万元，增长30.0%；第三产业投资164151万元，增长40.2%。从分行业看，亿元以上工业项目比2012年增加4个，投资额比2012年增加5600万元，增长57.3%。外向型经济稳中提升。2013年共签约外资项目2个，签约资金2960万美元。实际利用外资1582万美元，增长10.24%。2013年出口创汇金额为869万美元，增长16.88%。个体、私营企业不断壮大。2013年末，个体、私营企业数达到11723家，比2012年增加1441家；从业人员35435人，比2012年增加7582人。全县实现生产总值43.91亿元，同比增长10.5%；工业固定资产投资8亿元，增长20.01%。新增规模以上工业企业6家，规模以上工业企业达30家，实现总产值310313万元，增长19.07%；实现增加值75263万元，增长16.75%；实现主营业务收入308791万元，增长25.88%；实现利税53769万元，增长29.76%；实现利润28893万元，增长34.37%；实现销售产值307983万元，增长24.82%，产销率为99.25%。

2014年，寻乌县坚持招商强工不动摇，全年实际进资14亿元，增长14.6%。加大金融扶持企业力度，全年发放"财园信贷通"贷款1.68亿元，"小微信贷通"贷款1.24亿元。扎实推进工业平台建设，省级工业园区筹建获得江西省政府批复，新增工业用地1500亩。工业经济运行平稳，2014年实现规模以上工业增加值9.5亿元，增长11.4%；利税总额6.3亿元，增长7.9%。预计2014年实现生产总值52.4亿元，增长9.2%。固定资产投资31.2亿元，增长24.5%。

2015年，寻乌县坚持把主攻工业摆在更加突出位置，制定了"四个一"挂点服务企业（项目）制度，服务企业实现全覆盖、常态化。在赣州市简政放权及优化发展环境民意调查中，寻乌县得分分别列全市第3名和第2名。扎实开展招商攻坚活动，2015年签约合同项目11个（其中亿元以上项目6个），实际利用内资16亿元，增长14.3%；实际利用外资2005万美元，增长72.1%。完成出口总额3693万美元，增长233%。稀土新材料产业基地新增建设用地 2115 亩, 黄坳民营创业园扩园工程新征土地 801 亩。新增规模以上企业 5 家, 总数达 37 家。新增高新技术企业 3 家, 实现了寻乌县高新技术企业零的突破。着力破解企业融资难问题, "四个信贷通"两年累计发放贷款 7.85 亿元, 其中"小微信贷通"发放贷款 1.64 亿元, 列全市第 2 位。

寻乌县 500 万元以上固定资产投资完成 364385 万元, 比 2014 年增长 16.7%, 人均达 12440 元。按经济成分分: 国资企业投资 146543 万元, 下降 12.3%; 有限责任公司投资 86102 万元, 增长 3743.8%; 股份有限公司投资 4656 万元, 下降 87.9%; 私营企业投资 124516 万元, 增长 19.3%。按产业结构分: 第一产业投资 7357 万元, 实现了零突破; 第二产业投资 107110 万元, 增长 1.0%, 其中, 工业投资 107110 万元, 增长 1.0%; 第三产业投资 249918 万元, 增长 21.2%。当年新开工项目完成投资 72234 万元, 下降 39.1%。从投资项目看, 2015 年比上年增加 27 个项目。5 亿元以上产业项目固定资产投资 27000 万元, 增长 41.6%。个体、私营企业不断壮大。2015 年末, 个体、私营企业数达 14885 家, 比上年增加 1681 家; 从业人员 53107 人, 比上年增加 11317 人。2015 年, 寻乌县实现生产总值 558144 万元, 按可比价格计算, 比上年增长 9.0%, 增速居赣州市第 14 位。其中, 第一产业增加值达 164485 万元, 增长 4.1%; 第二产业增加值达 169776 万元, 增长 9.7%; 第三产业增加值达 223883 万元, 增长 11.3%。三次产业结构由 2014 年的 30.1∶31.4∶38.5 调整为 2015 年的 29.5∶30.4∶40.1, 产业结构有所好转。寻乌县规模以上工业总产值 415894 万元, 增长 11.48%; 工业增加值达 109073 万元, 按可比价格计算, 增长 9.1%。寻乌县规模以上工业企业财务状况稳中趋好。实现主营业务收入 146154 万元, 增长 11.30%; 实现利润总额 32698 万元, 增长 12.45%; 实现利税总额 70439 万元, 增长 9.07%, 其中, 税金 37741 万元, 增长 6.31%。寻乌县规模以上工业企业主要产品产量多数保持"两位数"增长。具体产品有: 发电量 42279 万度, 增长 8.64%; 水泥 928696 吨, 增长 17.68%; 钢筋 93123 吨, 增长 14.93%; 商品混凝土 62101 立方米, 增长 14.88%; 纸制品 34065 吨。增长 9.61%; 齿轮 1270 吨, 增长 11.89%。

2016 年, 寻乌县紧紧围绕"主攻工业、三年翻番"的决策部署, 全面推进主攻工业行动计划，以"项目建设为主抓手、园区建设为主阵地、企业发展为突破口、降本增效为手段"，奋力开创工业经济发展新局面。以创新驱动为引领，积极培育首位产业，壮大优势产业，提升园区承载能力，深入推进"降成本、优环境"专项行动，扎实开展强企惠企政策落实"回头看"，确保各项政策举措落实到位。严格按照"四个一"挂点帮扶机制，完善精准帮扶企业手机 APP 平台，重点解决好企业用工、办证、用电、融资等共性问题和涉企重大个性问题。工业经济在下行压力加大的环境下稳步前行，平稳地发展。2016 年高新技术企业 4 家，比 2015 年增长 33.3%。全年净增规模以上工业企业 17 家，年末规模以上工业企业达 53 家。荣获赣州市三类县"2016 年度主攻工业先进县（市、区）"和"2016 年度全年开放型经济工作先进单位"。

2016 年 500 万元以上固定资产投资完成 426330 万元，比 2015 年增长 17.0%，人均达 14496 元。按经济成分分：国资企业投资 175099 万元，增长 19.5%；有限责任公司投资 154003 万元，增长 78.9%；股份有限公司投资 17172 万元，增长 268.8%；私营企业投资 1074480 万元，下降 13.7%。分产业结构看：第一产业投资 2300 万元，下降 68.7%；第二产业投资 147135 万元，增长 37.4%，其中，工业投资 147135 万元，增长 37.4%；第三产业投资 276895 万元，增长 10.8%。当年新开工项目完成投资 119983 万元，比上年增长 23.6%。从投资项目看，2016 年比 2015 年增加 28 个项目。5 亿元以上产业项目固定资产投资 136101 万元，增长 25.9%。外向型经济稳定发展。2016 年共签约外资项目 2 个，签约资金 2860 万美元。实际利用外资 2209 万美元，增长 10.2%。2016 年出口创汇金额为 4580 万美元，增长 24.0%。初步核算，全年实现地区生产总值（GDP）62.23 亿元，比上年增长 9.4%。其中，第一产业增加值达 17.80 亿元，增长 4.3%；第二产业增加值达 18.36 亿元，增长 9.5%；第三产业增加值达 26.07 亿元，增长 13.1%。三次产业对 GDP 增长的贡献率分别为 21.1%、21.6% 和 57.3%。三次产业结构由 2015 年的 29.5：30.4：40.1 调整为 2016 年的 28.6：29.5：41.9。非公有制经济较快发展，2016 年非公有制经济增加值 31.15 亿元，比上年增长 9.5%，占 GDP 的比重为 50.1%。全年规模以上工业实现总产值 471598 万元，比 2015 年增长

16.58%；实现增加值 120177 万元，增长 10.0%；实现主营业务收入 471598 万元，增长 16.58%；实现利税 79503 万元，增长 4.61%；实现利润 47355 万元，增长 20.24%；实现销售产值 471598 万元，增长 16.58%，产销率为 100%。

寻乌县积极落实 2017 年工业攻坚行动计划，进一步加强园区建设、推进项目建设、精准招商举措、加大产业扶持力度，工业攻坚工作有力推进，首位产业地位逐渐显现。加快建设机器设备制造、医药制造业、电子电力、科技信息等新兴产业。新型工业不断壮大，"一矿独大"的格局加速扭转，非矿产业增加值占到工业增加值的 86.1%，机械机电、电子电力、果品加工等产业已成为工业经济的重要支撑。寻乌县加大招商引资力度，招大引强，一批机电机械项目相继落户寻乌县，并通过强化政策扶持，夯实园区平台，优化政府服务，机电机械产业链条快速完善，产业集群成型在望。首位产业版图正逐渐拉开，以整机为龙头，以铸造、电机等核心零部件生产及原材料供应配件加工、物流等为配套的通用设备产业链初现雏形。

2017 年，寻乌县生产总值达到 70.82 亿元；实际利用外资 2430 万美元；出口总量为 5339 万美元。实现规模工业总产值 57.38 亿元；寻乌县实现工业增加值 19.25 亿元，占寻乌县 GDP 的 27.2%，同比增长 9.3%，居赣州市第 5 位；实现主营业务收入 56.62 亿元，同比增长 16.9%，居赣州市第 8 位，高于赣州市平均水平 1.7 个百分点；实现利润 6.70 亿元，同比增长 23.1%，增速较 2016 年提高 2.9 个百分点，居赣州市第 8 位，高于赣州市平均水平 2.6 个百分点；寻乌县规模以上工业企业总数达到 59 家。寻乌县工业用电量达 21339 万千瓦时，同比下降 35.11%，占寻乌县用电量的 50.19%；寻乌县工业固定资产投资达到 18.98 亿元，同比增长 28.8%，增速排赣州市第 10 位。

2018 年寻乌县工业经济企稳向好，逐渐进入赣州市第一方阵。1～10 月，寻乌县规模以上工业增加值增长 9.2%，比江西省赣州市平均水平分别高 0.2 个百分点和低 0.1 个百分点，在赣州市排第 11 位。实现工业总产值 436594 万元，增长 27.47%，实现主营业务收入 424931 万元，增长 22.9%，完成利税 57677 万元，增长 26.08%，其中，税金达 15491 万元，增长 0.97%。主营业务收入利润率达 9.99%，同比提高 0.76 个百分点。截至 10 月底，500 万元以上固定资产投资增长 13.3%，比江西省、赣州市平均增速高 1.9 个、1.6 个百分点，居赣州市第 1 位，其中，2018 年新增固定资产增长 296.5%，民间投资增长 10.1%。2018 年项目入库数大幅增加，施工项目数 102 个，同比增加 53 个，增长 108.2%，其中，2018 年新开工项目 54 个，同比增加 37 个，增长 217.6%。1~10 月，寻乌县出口总额 38140 万元，增长 67.9%，增速居赣州市第 3 位，高于江西省、赣州市平均水平 69.0 个和 64.8 个百分点。1~10 月，实际利用外资 2054 万美元，增长 8.3%，增速居赣州市第 8 位。实际引进江西省外资金（5 千万元以上）项目 14 个，资金额达 18.87 亿元，增长 16.12%，其中，亿元以上 13 个，外贸出口连续保持良好发展势头。

综上所述，可以看出，寻乌县的工业经济运行总体良好，并主要呈现出以下特点：

第一，从工业布局来看，经济发展集中在园区。目前，寻乌县工业主要集中在县城周边、文峰乡黄坳工业园区及石排工业园区，营业收入占了寻乌县工业经济的 75%，而罗珊、晨光、菖蒲等边远山区占比较少。

第二，从产业结构来看，首位产业逐渐形成。目前，寻乌县工业重点发展机电机械、食品药品、新型建材等产业。近年来，寻乌县围绕首位产业，加快推进产业向上游、下游纵向延伸，切实打造出具有寻乌县特色的产业体系，切实打破了产业结构传统单一的局面。其中，2017 年项目建设 43 个，首位产业有 8 个，占 18.60%，其中 2017 年列入市级调度的 18 个亿元以上项目中，首位产业项目 2 个（孺子牛机器人制造项目、高效节能电机项目）占 11.11%。首位产业已显雏形，规模以上工业企业数中，机电机械企业已有 4 家；世纪陶瓷、石湾环球陶瓷等新型建材企业良好发展，弥补了因脐橙黄龙病带来的产能上的不足，使寻乌县工业经济继续呈现稳定增长的态势。

第三，从发展趋势来看，经济后劲不断增强。一方面大力开展点题招商活动。在贯彻落实赣州市委、市政府"赣商回归、赣人兴赣"战略，寻乌县委、县政府"每周 3 名县级领导带队外出招商"制度的基础上，进一步完善创新招商方式，以"抓中间、带两头"，念好"整"字经思路，开展针对电机及精密机械制造产业链划分组建各招商队伍的点题招商活动，瞄准珠三角、长三角和海西经济区等发达地区、国内机械制造龙头企业开展全方位招商，全链式推进机电及精密机械制造产业发展。另一方面大力推进项目建设。主攻项目建设，以"项目为零、实绩为零"的鲜明考核导向，领导围绕项目干、部门围绕项目转、干部围绕项目忙、资金围绕项目投的良好态势。推动工业攻坚项目化，建立项目滚动开发机制，实现"竣工一批、新开一批、谋划一批"，及时更新和完善项目库。

第四，从发展环境来看，发展环境不断优化。一是工业承接平台不断完善。按照"干一年，看三年"的工作思路，咬定目标，挂图作战。"干一年"，即2017年重点抓好石排工业园区建设，2018年重点发展黄坳工业园区，2019年重点发展科技创新园区。精心筑"园"，用"园区化"模式来引领产业升级模式，实现了战略性新兴产业机电及精密机械制造"无中生有"，科技创新引领传统产业钢铁转型升级改造"有中生新"。二是项目服务水平不断提高。继续推进"四个一精准帮扶"企业机制，责任单位专门安排一名骨干为责任干部，全天候、全程化、全职能、"保姆式"对口服务企业，倒排工期安排紧凑，形成了"企业动嘴、干部跑腿"的新型政务环境。如寻乌县城市管理局服务富阳生物科技项目，全程帮助企业办理落户所需的注册、办证、立项等手续，降低了企业落户时间；寻乌县工业和信息化局服务洛锡高效节能电机项目，帮助企业解决了高管子女入学和招工难问题，切实做到企业满意、企业顺心。三是产业扶持力度不断加强。出台了《寻乌县支持机电机械产业发展人才集聚政策19条（试行）》《寻乌县鼓励城乡劳动力向石排工业园区集聚政策17条（试行）》《寻乌县医药产业发展扶持政策二十一条》《寻乌县工业项目建设用地若干政策措施》《寻乌县扶持食品产业发展若干政策》等有针对性的激励措施，充分发挥企业的主体作用，激发经理、董事长、厂长管理积极性，激发有功人员加强企业管理，增加主营业务收入和企业利税。

寻乌县工业经济在转型中发展，在逆势中前行，势头积极向好，稳增长、促发展、调结构等工作取得了良好成绩，但受国内外形势和长期积累的因素影响，一些领域的问题还比较突出，主要体现在以下两个方面：

第一，部分经济指标没有达到预期效果。以 2017 年为例，工业企业入规、主营业务收入、工业用电量、首位产业产值等指标总量与增幅没有达到预期目标。一是稀土、矿石开采等几家停产、半停产，新舟稀土、上都矿业、新天地铁矿均已停产且于 2017 年 12 月底退库，很大程度影响了工业经济增长；二是机电机械企业产值偏低，寻乌县 2017 年 59 家规模以上工业企业中机电机械企业有 8 家，合计产值仅有 4.59 亿元，仅占整体总量的 8%；三是工业企业入规数增长趋缓，2017 年全年新增 9 家（大唐国际、国家电投、添添工贸、爱康新能源、孺子牛、洛锡实业、顺星电子、德旺工艺、巨华科技），注销 1 家（聚兴泰电子），退库 7 家（文峰钢铁、竞成建材、永泰机械、上都矿业、新舟稀土、新天地铁矿、东江源绿色食品），因此 2018 年在库数量还有 54 家；四是工业经济下行压力持续加大，工业总产值、主营业务收入增长趋缓，未完成 2017 年全年规模以上工业主营业务收入 60 亿元的目标任务。

第二，推进工业建设进程中的问题较多。一是园区建设历史欠账较多。因往年投入不足，园区基础设施如道路、桥梁、给排水和公共服务、配套生活设施如银行、超市、餐饮等建设滞后，园区管理机构人员少、办公条件差，服务保障功能有限。二是招工难，人才缺乏。园区企业一线生产工人难招，技能人才紧张，在一定程度上制约了企业的发展。三是项目建设用地征用不到位。主要是土地征用、调标、流转问题，制约项目进展。四是融资难、融资贵问题仍然存在。当前，企业融资难、融资成本高等长期制约企业发展的问题依然存在，在解决企业资金问题上依然存在思想不够解放、办法举措不多、成效不明显的问题。

三、安远县工业振兴分析

（一）促进工业振兴的主要政策

1. 产业布局

经过几十年的奋斗，安远县工业已经形成了四大主要产业，即以稀土、钼为主的矿产品精深加工业、生物制药业、电子音响业、食品加工业。尤其是电子音响业，由于安远县委、县政府高度重视发展电子信息产业集群，出台了一系列优惠政策，为产业发展提供了良好的投资环境，已经拥有较为完备的电子音响生产链条，拥有一批电子信息生产企业，劳动力资源丰富，具备了发展电子信息产业集群的基础。2011年，安远县规模以上工业企业发展到15家，培育成长型企业7家，规模以上工业实现总产值20.12亿元、主营业务收入18.34亿元，分别增长79.4%和65.1%；实现增加值4.75亿元、税收1.6亿元，分别增长21.6%和117%。安远县唯一的产值超亿元、税收超千万元的工业骨干企业——江西明达公司增长势头强劲，2011年实现产值、主营业务收入和利润分别达到8.3亿元、7.24亿元和3.18亿元，分别比2010年增长1.28倍、75.7%、5.94倍。启动了工业园调（扩）区工作，完成园区基础设施建设投入4000多万元，新建标准厂房2.5万平方米，工业发展平台继续得到改善。以稀土深加工为龙头，以电子产品、生物制药、农产品加工为支撑的工业产业集群加速形成。其发展顺序是重点培育壮大矿产品深加工、电子信息产业集群，有序发展农产品深加工、清洁能源产业集群。

适应生态文明建设的需要，《关于建设会寻安生态经济区的意见》对安远县首位产业进行了规划，站在赣州市整体产业布局的高度，将新型电子信息产业作为其首位产业，支持安远县引进电声器件制造、手机制造、数码电池等新型电子项目策应赣粤电子信息产业带建设。显然，这是对其原有主导产业的聚焦和进一步提升。

2. 主要支持政策

第一，打造绿色工业的政策。出台了《安远县2014年度省级重点污染源治理工程"以奖代补"项目实施方案》《关于进一步加强稀土矿业秩序监管工作的通知》，加强废弃稀土矿区环境综合治理，严厉打击和遏制非法开采稀土行为，巩固稀土专项整治成果，切实维护稀土矿业秩序。制定《安远县扶持食品工业产业发展优惠政策（试行）》（以下简称《优惠政策》），做大做强农副产品深加工产业，全面提升安远县食品产业规模和竞争力，促进食品产业快速健康发展。在财税扶持、金融服务、用地优惠、用工保障、人才支持等方面，《优惠政策》均给予较大支持。凡在安远县固定资产投资1000万元以上或年纳税（特指增值税和企业所得税，下同）50万元以上，且符合安远县食品产业发展规划的企业，在享受国家、江西省、赣州市现有相关优惠政策的同时享受本优惠政策。

第二，改善营商环境的政策。按照上级统一规定，及时废止不合时宜的各种文件，为市场主体松绑，并将安远县政府决定废止和修改下列规范性文件通过各种主流媒体在政府门户网站、主流新闻媒体上公布，以提高透明度。《安远县关于降低企业成本优化发展环境的若干政策措施》提出落实税收优惠、奖励政策和大幅降低涉企收费，有效降低企业融资成本，适度降低企业用能用地成本，进一步降低企业物流成本，积极降低企业财务成本，打造良好的营商环境，提升企业盈利能力。出台了《安远县企业挂牌上市奖励扶持办法（试行）》，鼓励和扶持安远县企业挂牌上市，有效推动中国证券监督管理委员会（以下简称证监会）《关于发挥资本市场作用服务国家脱贫攻坚战略的意见》（证监会公告〔2016〕19 号）有关政策在安远县落地。制定《安远县"质量兴县"实施办法》《关于印发安远县县长质量奖管理办法的通知》，进一步提升质量管理水平，增强企业核心竞争力。

（二）政策落实及其成效分析

1. 政策落实情况

第一，狠抓项目建设。牢牢把握赣南苏区振兴发展的大好机遇，把项目建设作为第一抓手，坚持项目带动，助推振兴发展。吃透《国务院关于支持赣南等原中央苏区振兴发展的若干意见》等"1+4"文件精神，根据安远县实际，做实项目建议、可研论证等前期工作，建立动态管理项目储备库，谋划一批破解瓶颈的基础设施项目、改善民生的社会事业项目、推动发展的产业项目。在科学包装项目的基础上，坚持自上而下争取项目。紧盯中央、江西省、赣州市改革动向和投资导向，加强与交通运输部、供销合作总社等国家部委和江西省、赣州市相关部门的沟通协调，抓住"央企入赣"的机遇，争取在农业农村、城镇建设以及交通物流等方面有重大项目落户。进一步完善项目推进机制，以"十大基础设施项目""十大产业项目"等为龙头，全力推进项目建设。落实重点工程县领导、部门责任，解决工程建设中的节点、难点问题。强化督办制度，对所有重点项目进行全程跟踪督办，以目标倒逼责任，以时间倒逼进度，以督查倒逼落实，加快重点项目建设进度。强化项目建设要素保障。整合国有资产，依托城投、国投等融资平台，扩大融资规模。积极实施土地增减挂钩等"三项试点"，大力争取用地指标。依法依规强力抓好重点项目土地、房屋征收工作，保障重点工程顺利推进。

第二，坚定主攻工业，发展生态产业，壮大工业经济总量。坚持在保护生态的前提下，大力发展工业。坚定不移主攻工业，实现"三年翻番"，力争到2020年，安远县规模以上工业主营业务收入突破100亿元。科学定位发展方向，大力发展矿产品深加工、电子信息、新能源、农产品加工等工业主导产业，促进资金、土地等要素向主导产业集中，加快产业集聚。策应国家取消稀土等资源出口配额限制的政策，逐步构建以稀土、钼矿为主的矿产品深加工产业集群。制定电子音响产业扶持政策，规划建设电子音响产业园，支持科迪、高美等电子音响企业建立产业联盟，开展企业间协作配套，提升产业规模和竞争力，逐步构建以电子音响、电子元器件为主的电子信息产业集群。以打造"清洁能源大县"为目标，加大风电、光伏等新能源项目建设力度，逐步构建新能源产业集群。鼓励农产品加工企业技改升级，优化产品结构，提升企业产能，引导扶持养生堂、天华等企业开展农产品深加工，实现传统农业企业向工业企业转型升级，逐步构建以果品、食用菌、特色食品加工为主的农产品加工产业集群。积极做好节能减排工作，鼓励企业推广应用新工艺、新技术、新设备，推行清洁生产。加大环境保护综合执法力度，新建工业项目严格执行"三同时"制度，对重点行业、重点企业排放实施重点监控和治理。

壮大工业产业集群，加快首位产业集群发展。按照产城一体的理念，科学规划产业发展空间和资源配置，引导关联企业集中布局。逐步推进九龙工业园区企业"退城入郊"，推动电子音响、农产品加工等产业聚集城北工业园区，引导矿产品深加工、纺织服装、林木加工等产业向版石工业园区发展，形成一批特色产业集聚区。紧扣电子信息首位产业，借助IPO扶贫绿色通道和"一司一县"结对帮扶政策，努力引进一批科技含量高、带动力强的龙头企业，积极推动具备条件的企业上市挂牌。争取手机整机生产、荣晖电路板、杉美精密配件、浩力勋新能源等项目早建成、早投产。用好重大工业项目投资引导基金，扶持电子信息企业增资扩产。主动融入"赣粤电子信息产业带"，逐步形成电子信息产业集群效应。

第三，加快平台建设，提升工业支撑能力。高规格规划工业园区、高门槛招进入园企业、高水平管理工业园区。按照产城一体化思路，全力推进城北工业园"五通一平"建设，严格管控九龙工业园建设行为，统筹推进版石工业园改造提升工程。完善工业平台。加快城北工业园水、电、路、气、网络等基础设施建设，推进企业员工宿舍、商业场所等配套服务设施建设，建成城北和版石工业园污水处理厂，确保达到企业入驻投产条件。在建成城北工业园10万平方米标准厂房的基础上，完成新建20万平方米标准厂房，新开工建设70万平方米标准厂房。加快建设产城新区，完善园区"五通一平"以及员工宿舍、文化休闲、企业服务中心等配套服务设施。建成创业大道、新安大道、西环路、新龙大道等路网。建设商业街、住宅小区、学校、医院等重点项目，实现产城一体化发展。进一步规范园区管理，严厉打击园区私自交易土地和乱搭乱建等违法行为。创新园区服务管理机制，建立投融资、科技研发、信息共享等服务平台，打造"智慧型"园区。科学规划产业园区发展方向，探索推行工业用地弹性出让制度，建立以投资强度、亩均税收为核心的园区考评体系，提升园区投入产出率和资源利用率。

第四，强化招商引。围绕主导产业，突出招商重点，着力引进战略投资者和龙头企业，延伸产业链条。优化招商环境，清理完善招商引资优惠政策，对来安远县投资的大型企业，按"一事一议"原则实行优惠政策。健全招商引资工作机制，落实考评奖惩。创新招商方式，突出专业招商，强化专业小分队产业招商，大力开展对外驻点招商。落实部门单位责任招商，实行行业对口招商。鼓励以商招商，加大奖励力度，通过企业、商会、协会引进企业。创新方式方法，利用江西省政府网站"投资江西"专栏以及电子商务平台进行网络招商。加强与沿海地区经济联系，加大承接海西经济区产业转移力度，着力打造承接沿海地区产业转移的桥头堡和山海协作的示范区。充分利用与粤港地区一衣带水的关系，招引粤港地区经济实体来安远县投资兴业、反哺源区。紧紧围绕电子信息首位产业和食品加工产业，加大产业链招商，着力引进一批电子信息及其上下游配套产业项目。突出招大引强，着力引进央企、总部型企业、行业领军企业和高新技术企业。严把招商项目准入门槛，注重项目效益产出、税收贡献、环保要求等指标，提升招商项目质量。大力实施"安商回归"工程和农民工返乡创业工程，鼓励和吸引安远县户籍在外商人回乡创业。

第五，精准帮扶企业。构建"亲""清"新型政商关系，完善"四个一"帮扶机制，建立企业问题台账动态管理督办机制，帮助企业解决实际困难。开展降低企业成本行动，降低企业交易、人工、物流、用电、用地成本，严厉打击对企业的乱收费行为。用好用活"财园信贷通"等信贷政策，组建东江源担保公司，强化落实金融"四项制度"，保障企业运行资金"不断链"。大力实施中小企业成长工程，促进个转企、小升规、规改股、股上市，积极推动有条件的企业挂牌上市。支持企业引进和培养创新人才，开展自主创新和技术改造，增加优质产品供给，创立自主品牌，提高产品质量和市场竞争力。

2. 主要成效

安远县规模以上工业发展情况如表3-3所示。

表3-3 安远县规模以上工业发展情况

年份	企业数量（家）	总产值（万元）	工业增加值（万元）	主营业务收入（万元）	工业产品销售率（%）
2012	22	201000	55000	201000	—
2013	—	217000	56000	204400	—
2014	—	255437.1	69700	250800	—
2015	27	289807	79200	288300	—
2016	29	—	83000	312600	—
2017	—	—	—	332000	—
2018	—	—	—	—	—

注：①"—"表示不详；②2013年新增规模以上工业企业4家；2014年新增5家；2017年新培育入规企业10家。

资料来源：作者根据安远县历年发布的政府工作报告、国民经济和社会发展统计公报公布的相关数据收集整理。

2012 年，基本完成版石工业园 1500 亩土地征收工作。投入 3200 万元实施了园区河堤防洪、路灯照明、道路建设等一批工程项目，园区基础设施进一步完善。推进了工业园调扩区工作，启动了园区发展规划编制。全年实际进资 10.5 亿元，实际利用外资 2005 万美元（其中现汇进资 540 万美元）；实现外贸出口 1676 万美元，增长 27%。安远县共签订了以台商创业基地、九龙山风力发电为主的 10 个招商引资项目，签约资金总额达 30.21 亿元；其中：工业项目 6 个，合同签约资金为 28.34 亿元，占总签约资金的 93.8%；特别需要提出的是，已核准的九龙山风电项目是安远县历史上第一个与央企合作的项目。规模以上固定资产投资 9.3 亿元，同比增长 33.5%。安远县完成生产总值 39.9 亿元，完成计划的 100.2%，按可比价计算，增长 10.8%，其中：第一产业增加值为 12.45 亿元，增长 4.3%；第二产业增加值为 9.9 亿元，增长 14.3%；第三产业增加值为 17.55 亿元，增长 13.7%。三次产业结构由 2011 年的 32∶25.3∶42.7 调整到 2012 年的 31.2∶24.8∶44。安远县规模以上工业企业发展到 22 家，其中新增规模以上企业 7 家。安远县规模以上工业实现总产值 20.1 亿元、主营业务收入 20.1 亿元、增加值 5.5 亿元，分别增长 4.7%、6.5% 和 13.5%。按轻重工业分，轻工业实现产值 76351 万元、重工业实现产值 124887 万元，同比分别增长 8.5% 和 2.6%。按经济类型分，国有及控股企业完成产值 14278 万元、外商及中国港澳台企业完成产值 55407 万元、其他经济类型企业完成产值 131553 万元，同比分别增长 9.4%、12.4% 和 1.4%。

2012 年安远县规模以上工业企业实现利税总额 2.87 亿元，同比下降 31.8%；工业经济效益综合指数为 216.96%，同比下降 178.27%。大幅下降有三个主要原因。一是受国内外市场需求疲软等宏观经济下行因素的影响，安远县工业企业产销下降，经营成本的上升又进一步压缩了企业利润空间。二是明达公司由于稀土分离指标不足等原因生产经营压力加大，较大程度地影响了全年主要工业指标的完成。三是工业用电量呈现逐月回落态势，但进入第四季度后，工业用电量下滑的势头得到了减缓。

2012 年安远县规模以上工业主要产品产量及增长速度如表 3-4 所示。

表 3-4　2012 年规模以上工业主要产品产量及增长速度

品名	单位	2012 年	比上年增长（%）
灯具及照明装置	万套	156.7	264.6
钼精矿	吨	283.4	19.0
软饮料	吨	1417.7	−79.9
精制茶	吨	239.1	29.1
服装	万件	665	65.0
中成药	吨	731.7	53.7
单一稀土金属	吨	1100	−63.2
塑料制品	吨	8061.3	17.6

资料来源：安远县 2012 年国民经济和社会发展统计公报。

2013 年工业经济加快发展。完成城北工业园一期和版石工业园土地征收 3371 亩。工业园调扩区工作取得实质性进展。小微企业创业园成功获批。加大帮扶企业力度，积极帮助科迪电子、明达公司等工业企业解决发展难题。推进政银企对接，帮助 36 家企业融资 3.62 亿元。2013 年培育新增规模以上工业企业 4 家。招商引资步伐放缓，争项争资工作卓有成效。受用地等相关要素制约，2013 年招商引资步伐放缓。全年共签约引进 7 个项目，签约资金总额达 9.2 亿元，仅为上年同期的 30.5%；其中工业项目 5 个，项目涉及风力发电、矿产品深加工、食品加工和汽车用品生产等领域。全年实际利用外资 2207 万美元，同比增长 6.4%；其中现汇进资 20 万美元，同比下降 96.3%。外贸出口出现萎缩，实现出口总额 1025.21 万美元，同比下降 38.8%。铁心硬手抓稀土整治，全面开展非法开采稀土清查、打击和整顿工作，创新建立"一点双责"长效机制，安远县 104 个非法矿点无一复产，生态得到初步恢复治理。安远县完成生产总值 44.5 亿元，同比增长 9.5%；其中第一产业增加值为 13.9 亿元，增长 5.2%；第二产业增加值为 10.9 亿元，增长 11%；第三产业增加值为 19.7 亿元，增长 10.4%；三次产业结构比由 2012 年的 31.2：24.8：44 调整为 2013 年的 31.3：24.4：44.3。完成规模以上固定资产投资 11.92 亿元，增长 28.4%。全年实现工业增加值 9.3 亿元，增长 10.6%。全年新增规模以上工业企业 4 家。规模以上工业企业完成产值 21.7 亿元，增长 6.1%；实现增加值 5.6 亿元，增长 10.2%；实现主营业务收入 20.44 亿元，增长 0.1%；实现利税总额 2.57 亿元，下降 9.9%。

2014 年安远县工业实力显著增强。争取交通运输部对寻全高速、宁定高速和安远县农村公路升级改造项目给予大力支持，寻全高速安远县至信丰县段竣工通车，结束了安远县不通高速的历史，并启动了《安远县交通运输发展规划（2014~2030 年）》编制工作。争取建设用地指标 2355 亩，创历史新高；新征收城北工业园一期土地 880 亩，园区开泰大道、开创大道建设进展良好，工业发展平台进一步得到夯实。2014 年签约引进招商项目 6 个，实际利用内资 13.04 亿元、外资 2321 万美元，分别增长 13.4% 和 5.2%；500 万元以上项目固定资产投资 26.1 亿元，增长 119%，增幅居全市第一。扎实开展企业帮扶，促进实体经济发展。通过"小微信贷通""财园信贷通"为 135 家企业提供贷款 2.15 亿元。7 家规模以上工业企业实现增资扩产，创历史新高。外贸出口总额达 1006 万美元，同比减少 1.8%。工业用电量增长 19.9%。培育新增规模以上工业企业 5 家。年完成生产总值 48.8 亿元，增长 9.3%；其中第一产业完成产值 14.6 亿元，增长 4.3%；第二产业完成产值 11.9 亿元，增长 11.6%；第三产业完成产值 22.3 亿元，增长 11.3%；三次产业结构比由 2013 年的 31.3∶24.4∶44.3 调整为 2014 年的 29.8∶24.4∶45.8。全年实现工业增加值 10.2 亿元，同比增长 11.6%。

通过培育新增规模企业、加快企业转型发展等措施，构建了多点支撑的产业发展格局，基本上退出了以稀土为一枝独大的格局，工业实力显著增强，经济效益明显好转。安远县实现规模以上工业总产值 25.54 亿元（见表 3-5），同比增长 10.7%。实现规模以上工业增加值 69659 万元，同比增长 12.1%，排赣州市第 8 位，同比前移 10 位。规模以上工业企业完成主营业务收入 25.08 亿元，实现利税 2.89 亿元，同比分别增长 15.2% 和 8.1%，工业经济效益综合指数为 212.6%，同比提高 15.7 个百分点。

表 3-5 安远县 2014 年工业统计数字

指标名称	2014 年累计（万元）	累计比 2013 年同期增长（%）
一、工业总产值	255437.1	10.7
（1）按轻重工业分：轻工业	149127.5	15.0
重工业	106309.6	5.2
（2）按经济类型分：国有及控股企业	17465.9	5.9
外商及中国港澳台企业	90174.6	12.5
其他经济类型企业	147796.6	10.2
二、工业销售产值	251000.1	15.2
国有及控股企业	17465.9	5.9
三、固定资产投资总额	261072	119.0
工业投资	40622	26.1
四、规模以上工业增加值	69659	12.1

注：①工业总产值为年主营业务收入在 2000 万元以上的规模以上独立核算工业企业的统计数据。②固定资产投资为计划投资额 500 万元及以上项目（包括房地产）。③生产总值绝对数按当年价计算，增长速度按可比价。

资料来源：安远县统计公报。

2015 年，安远县交通建设取得重大突破，寻全高速全线通车，宁定高速（安远县段）快速推进，G238 塘村至龙布、G357 牛犬山至信丰县、S226 小垄至龙布、S317 安远县至寻乌县、X403 里田至心怀 5 条出境公路全部完成升级改造。工业发展平台不断夯实，城北工业园和版石工业园基础设施不断完善，工业投资"硬环境"得以改善。服务监测更加全面，实施重点企业精准帮扶，建立了金融"四项制度"等企业帮扶政策，继续推行"财园信贷通""小微信贷通"，提供信贷资金 4.15 亿元，促进政银企融资对接，工业发展"软环境"不断优化。创新招商引资方式，开展"招商引资百日会战"活动，共签约 8 个项目，签约资金 16.27 亿元，引进亿元项目 4 个。2015 年实际利用内资 14.75 亿元，同比增长 1.7%；实际利用外资 2560 万美元，同比增长 10.3%；出口总额达到 1722 万美元，同比增长 71.1%。安远县地区生产总值实现 52.4 亿元，按可比价计算，增长 9%，其中第一产业增加值达 14.9 亿元，增长 3.8%；第二产业增加值达 12.1 亿元，增长 8.1%；第三产业增加值达 25.4 亿元，增长 12.6%；三次产业结构由 2014 年的 29.8：24.4：45.8 调整为 2015 年的 28.4：23.1：48.5。2015 年完成 500 万元以上固定资产投资 309631 万元，同比增长 18.6%。其中工业固定资产投资完成 32935 万元，同比下降 18.9%。工业经济运行质量有所改善。完成工业增加值 10.3 亿元，按可比价计算，增长 7.9%。规模以上工业增加值 7.92 亿元，按可比价计算，增长 8.7%。安远县 27 家规模以上工业企业实现主营业务收入达 28.83 亿元，同比增长 14.5%；实现利税总额 2.6 亿元，同比增长 1.2%，工业固定资产投资达到 3.29 亿元，8 家规模以上企业实现增资扩产，全年工业用电量 9125 万千瓦时，同比下降 13.1%。规模以上工业经济效益综合指数达 201.1%，同比下降 2.1 个百分点。安远县工业用电量为 9125 万千瓦时。2015 年安远县规模以上工业主要产品产量及增长速度如表 3-6 所示。

表 3-6　2015 年规模以上工业主要产品产量及增长速度

品名	2015 年	2015 年比 2014 年增长（%）
灯具及照明装置（万套）	183	28.6
商品混凝土（万立方米）	13.83	25.5
人造板（万立方米）	2.26	16.9
精制茶（吨）	247.7	13.8
中成药（吨）	705.2	−17.3
单一稀土金属（吨）	1256.3	19.1
塑料制品（吨）	15508.7	21.2
纸制品（吨）	28892.6	17.4
稀有稀土金属矿（吨）	293.9	5.5
齿轮（吨）	1541	6.6

资料来源：安远县 2015 年国民经济和社会发展统计公报。

2016 年安远县工业经济发展实现新突破。宁定高速建成通车，车头 220 千伏输变电站建成送电，安远县通用机场建设纳入省"十三五"规划，G358

虎岗至和务及 G238 塘村到龙布等国省县道升级改造、中国供销·赣南脐橙交易中心、狮头山风力发电等重大项目顺利实施，为安远县加快工业经济发展提供了强有力的支撑。重点围绕电子轻工、矿产品深加工、清洁能源、纺织服装、农产品深加工、旅游开发及旅游产品加工等主导产业，积极组织参加江西省、赣州市举办的各种大型招商经贸活动，共签约项目 16 个，签约资金 17.33 亿元，增长 6.4%。央企入赣项目投产率位列赣州市第一。年度投资规模、投资过亿元项目数、项目开工率均创历史新高。

工业园区调区扩区获江西省政府批准，园区总面积由 499.5 亩扩大至 2016 年的 6960 亩，实现了当年获批、当年入企、当年投产，"一园三区"格局基本形成。1800 亩平台平整、标准厂房、污水处理厂等一批项目快速推进。出台"降成本、优环境"专项政策 39 条，大力扶持企业发展，与赣州银行合作设立旅游和工业产业发展投资基金 30 亿元；积极开展政银企对接，"五个信贷通"放贷 11 亿元，提供企业信贷周转资金 1.9 亿元，帮助企业解决了融资、用工等难题。培育规模以上工业企业 4 家，新认定高新企业 2 家。2016 年完成生产总值 58.54 亿元，增长 9.0%；其中第一产业增加值为 16.15 亿元，增长 4.3%；第二产业增加值为 12.86 亿元，增长 7.7%；第三产业增加值为 29.54 亿元，增长 12.4%；三次产业结构由 2015 年的 28.4∶23.1∶48.5 调整为 2016 年的 27.6∶22.0∶50.4。固定资产投资 36.54 亿元，增长 18%，连续三年排在全市前列；实际利用外资 2821 万美元，同比增长 10.2%；外贸出口 3824.73 万美元，增长 122.1%，增幅列赣州市第 1 位。2016 年完成工业增加值 10.9 亿元，按可比价计算，增长 7.4%。净增 2 家规模以上工业企业达 29 家，规模以上工业企业完成增加值 8.30 亿元，增长 8.1%，实现主营业务收入 31.26 亿元、利税总额 3.3 亿元，分别增长 17%、24.5%；规模以上工业固定资产投资达到 5.02 亿元，增长 52.4%，全年工业售电量 5238 万千瓦时，减少 17.7%。

2017 年工业经济势头强劲，发展步伐加快。工业平台初具规模，园区基础设施日趋完善，城北工业园区 10 个重大项目（总投资 6.88 亿元）累计完成投资 4.1 亿元，版石工业园 3 个重大项目（总投资 4950 万元）累计完成投资约 3300 万元。园区水、电、通信网络以及标准厂房、污水处理厂等配套设施建设快速推进。工业用电量企稳回升，全年达 5557.9 万度，增长 6.1%。首位产业发展初显成效，引进了嘉源华、杉美等一批电子信息企业，园区电子信息企业达 17 家。大力开展中小企业的成长帮扶，解决企业融资、用工等难题，年度新增入规企业 10 家。招商引资成效显著。成功举办江西安远县（东莞）招商推介会、"安商回归恳谈会"等招商推介活动，全年共引进项目 25 个，签约资金 62.14 亿元，分别增长 108.3% 和 292.7%。荣晖电子线路板项目，成为近年来首个签约总投资 15 亿元以上的工业项目。南佳盛电子、金橙电子等项目实现当年签约、当年投产。"五个信贷通"发放贷款 12.22 亿元，其中，"小微信贷通"和"创业信贷通"两项指标超额完成赣州市下达任务，排位居赣州市前列。年度入规企业实现历史性突破，新培育入规企业 10 家。全县完成生产总值 66.78 亿元，增长 9.1%。其中第一产业增加值为 15 亿元（市基数调整后产值）；第二产业增加值为 14.73 亿元，增长 14.5%；第三产业增加值 32.77 亿元，增长 10.9%；三次产业结构由 2016 年的 27.6∶22∶50.4 调整为 2017 年的 24∶23.6∶52.4。固定资产投资 41.7 亿元，增长 14.2%；完成工业固定资产投资 9.2 亿元，同比增长 84%。安远县规模以上工业增加值同比增长 8.6%；实现主营业务收入 33.2 亿元，同比增长 17.3%；实现利润 2.8 亿元，同比增长 23%。

2018 年安远县主要工业数据如表 3-7 所示。

表 3-7 安远县 2018 年 11 月工业主要统计数字

指标名称	2018 年 11 月实际（万元）	2018 年累计（万元）	累计比 2017 年同期增长（%）
一、规模以上工业总产值	35306.6	305652.2	21.0
（1）按轻重工业分：轻工业	22315.8	205893.6	34.9
重工业	12990.8	99758.6	-0.3
（2）按经济类型分：国有及控股企业	919.5	15865.4	-18.6
外商及中国港澳台企业	5259.7	74153.2	10.6

续表

指标名称	2018 年 11 月实际（万元）	2018 年累计（万元）	累计比 2017 年同期增长（%）
其他经济类型企业	29127.4	215633.6	29.9
二、规模以上工业销售产值	30886.2	302082	21.0
三、规模以上工业增加值（1~10 月）	—	—	10.0
四、固定资产投资总额	—	—	10.6
其中：工业投资	—	—	20.0
房地产开发投资	4000	46251	28.9
五、工业售电量（万度）（1~10 月）	522.12	5835.89	37.99

资料来源：安远县政府官网。

综上，由于交通等基础设施不断改善，安远县的区位优势不断显现，工业发展取得的进步是非常明显的。但是，尽管如此，由于人口、国土面积等各方均属于小县，其整体规模较小，相较于其他大县，安远县的工业仍然有较大的增长空间。因此其经济总量一直较低，在赣州全市的排名依然靠后。

第四章 西部绿海生态经济区的工业振兴

第一节 研究概述

一、赣州西部绿海概述

(一) 赣州西部概况

赣州西部主要指大余、崇义、上犹三县。三县具体概况如下。

1. 大余县

大余古称南安，位于赣、粤、湘三省交汇处，是江西的"南大门"，东北与南康市相连，东南与信丰县接壤，西北与崇义县毗邻，南与广东省南雄襟连，西界广东省仁化县。赣韶铁路正式运行，323 国道横贯全境，县城南安镇距赣州市 85 千米，距南昌市 512 千米。国土面积 1368 平方千米，总人口 31 万。

自然资源禀赋丰富。大余被称为"世界钨都"，是世界钨业的发祥地。中华人民共和国成立后，先后成立了西华山、漂塘、下垄、荡坪四大中央直属钨矿。目前，有大矿山 21 个、开采区 26 个，已探明钨、锡、钼、金、银、铜、铋等矿种 90 种，钨的累计探明储量 38 万多吨。旅游资源丰富，森林覆盖率达 76.6%，空气质量常年保持Ⅰ级标准，常年保持一类、二类水质，章江出境断面水质达标率 100%，是国家主体功能区示范区、国家生态文明先行

示范区、江西省首批低碳经济试点县，荣获江西生态文明十佳示范县、"江西省卫生城市""江西省花园城市""江西省园林城市"、2016年度全省环境保护工作先进单位等称号。丫山景区是国家 AAAA 级旅游景区、省级重点风景名胜区、江西省首批乡村休闲文化旅游示范点，负氧离子含量平均值达19万/立方厘米，PM2.5个位数值的天数每年在300天以上，是全国全民健身户外活动基地、国家登山基地。大余被评为江西旅游发展十佳县、"中国最美乡村旅游目的地""中国最美绿色生态旅游名县""中国花木之乡""中国瑞香之乡""中国农旅电商示范县"。大余还是赏梅的观光佳地。"庾岭寒梅"是我国历史上四大探梅胜地之一，有"南枝花落，北枝始开"的奇观，现有新造千亩梅花大观园。

大余拥有江西省唯一、周边省市唯一的省级钨及有色金属深加工基地。建成了大余县有色金属新能源材料首位产业园，进驻了海创钨业、天盛金属、悦安超细、明发矿业、云锂材料、年龙辉硬质合金等60余家钨及有色金属企业，形成了集采掘、冶炼、加工、应用、贸易、科研、展示、销售于一园的完整产业体系。海创钨业公司研发的"铵盐体系白钨绿色冶炼关键技术和装备集成创新及产业化"项目荣获国家科技进步二等奖。大余荣获"全省专利工作进步十强县""全省2013~2015年度加快工业发展加速工业崛起先进单位"称号。同时，新材料、高新电子信息、食品药品等新产业发展迅猛，科比特无人机、千陶新材料、润泽药业等一大批高科技产业项目纷纷进驻大余。有蔬菜、茶树菇、豪猪等绿色有机无公害特色农业产业基地110多个。南安板鸭是中国驰名商标。大余被评为"国家农产品质量安全示范县"。

目前，大余围绕转型发展这一条主线，着力建设生态名县、旅游名县、文化名县，主攻工业，加快打造"三区、三基地"发展平台（即国家资源枯竭城市转型示范区、国家生态文明先行示范区、国家主体功能示范区，以及省级钨及有色金属精深加工产业基地、现代农业生产和特色食品加工基地、文化生态旅游休闲基地）。随着《国务院支持赣南等原中央苏区振兴发展的若干意见》（国发〔2012〕21号）的出台，赣韶高速公路与在建的赣韶铁路穿越县境，大余县的发展环境正在发生根本性变化。2011年2月8日，赣州市人民政府同意大余县启动第四轮城市总体规划修编,更加有利于以城镇化拉动产业结构大调整、产业规模大扩张。

2. 崇义县

崇义县位于江西省西南边陲,东与南康县接壤,南与大余县和广东省仁化县相交,西与湖南省汝城县、桂东县毗邻,北与上犹县交界。总面积2206.27平方千米,人口22万,距赣州市90千米。

资源禀赋丰厚。矿藏资源丰富,成矿条件好,品种多,储量大,分布广。全县已探明矿种有27种,查明有资源储量的矿种16种,以钨、煤、锡最为丰富。全县钨保有储量15.2万吨,在中国县级排名第一,锡储量为3.5万吨,煤储量为1000万吨,硅储量为230万吨。植物资源丰富。崇义位于赣湘边界罗霄山脉东麓,是赣西—赣西北山地森林生态屏障主体分布地区,也是罗霄山脉水源涵养生态功能区的核心区域,是一个"九分山半分田,半分道路、水面和庄园"的典型山区县。山区良好的生态适宜各种绿色果品生长,南酸枣、刺葡萄、茶叶、竹笋、高山有机大米等资源富集。全县林地面积269万亩,占国土总面积的89.3%,其中生态公益林94万亩、商品林175万亩。活立木蓄积量1400万立方米、毛竹1亿根,位居全省首位,每年可提供商品材20万立方米、商品竹1000万根。旅游资源丰富且独具特色,有"中国空气负离子含量最高的旅游风景区"阳岭,有被誉为"华东户外运动第一山"的齐云山,有"地下宫殿"之称的聂都溶洞群,更有"中国最大的客家梯田"上堡梯田,"不是漓江胜似漓江"的陡水湖,还有保健养生的茶滩温泉,资源多、品位高、体量大。

目前,全县有矿业企业62家,其中矿业规模以上企业21家,钨制品年生产加工能力为全省最大、全国知名,已建成钨精矿—APT—钨粉和碳化钨粉—硬质合金棒材、刀具和工具及硬面材料的较完整产业链条。章源钨业于2010年成功上市。全县初步形成了以齐云山南酸枣糕、君子谷野生刺葡萄酒为龙头的绿色食品产业体系,其中君子谷野生刺葡萄酒荣获亚洲葡萄酒质量大赛金奖。全县有木材加工规模以上企业7家(红杉木业、鑫丰人造板、新泰昇炭业、红杉炭业、华森竹业、崇盛竹业、盛竹公司),林产工业发展潜力

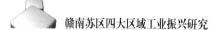

巨大。

3. 上犹县

上犹县地处赣州市西部，东邻南康，南毗崇义，西接湖南桂东，北毗遂川。素有"水电之乡、茶叶之乡、观赏石之乡"的美誉。全县总面积 1543 平方千米，总人口 32 万，是国家扶贫开发重点县、罗霄山区集中连片特困地区扶贫攻坚县，被评为中国低碳旅游示范县、国家绿色能源示范县。

区位交通便捷。赣崇高速已全线贯通，上犹到赣州中心城区和飞机场只需 30 分钟车程，属于广州、深圳等沿海城市 3 小时交通圈范围。现在，赣州都市区总体规划已经把上犹纳入中心城区。

资源禀赋丰富，生态环境优良。境内山清水秀、风光旖旎，全县森林覆盖率达 81.4%，接近全国平均水平的 4 倍；空气质量始终保持在优等，水质均达到二类以上，据中科院地理研究所专家检测，上犹江是整个长江流域保持最好的水系之一。旅游资源丰富。拥有五指峰、陡水湖两个国家级森林公园，达到国家 1~5 级标准的景点 162 处。有被誉为"世界级旅游珍品"的赣南森林小火车，被称为"江南树种王国"的赣南树木园，被称为"河谷冰臼"的古冰川遗迹燕子岩等旅游景点。水电资源充足。全县共有大小水电站 46 座，总装机容量 18 万千瓦，年均发电量近 7 亿千瓦时，水力发电量居赣州市之首。特别是国家和地方先后在上犹江梯级开发兴建 5 座大中型水电站后，形成了"一线串五珠"的壮丽美景。

上犹县乘着苏区振兴发展的东风，按照依托主城区、融入主城区、成为主城区的路径，大力实施"同城发展、绿色赶超"战略，着力培育玻纤新型复合材料和数控机床两大工业产业集群，全力推进黄埠、文峰、南湖三大新区建设，加快打造"一条鱼（生态鱼）、一幅画（油画）、一块石（观赏石）、一杯茶（茶叶）、一列小火车（森林小火车）"生态旅游五张名片。

（二）赣州西部绿海的由来

早在 2012 年，就有学者指出，在赣州西部三县发展生态旅游有着良好自然条件——23 个各具特色的生态景区；优越的旅游环境——成熟的赣州旅游品牌（生态赣州、江西宋城、客家摇篮、红色故都）；广阔的客源市场——特大型中心城市赣州、四省通衢、辐射台港澳；国家和地方有力的政策支持等。因此，赣州西部三县发展生态旅游前景广阔（吴学群，2012）。2014年，赣州西部旅游联盟协作会在崇义召开，崇义、上犹、大余三县签订《赣州西部旅游联盟框架协议》，三县确定"赣州西部绿海"的统一旅游品牌，实现资源共享、抱团发展。由此，赣州西部绿海概念横空出世。

二、西部绿海产业布局

《赣州西部旅游联盟框架协议》的签订，标志着以打造赣州西部生态旅游经济圈为目标的赣州西部旅游联盟正式成立。"天然氧吧"崇义、"一湖清水"上犹、"梅花圣地"大余，三县毗邻，山川秀丽，两条高速公路将三地旅游景点串成一线。三县通过资源共享、抱团发展，形成"崇义看山、上犹看水、大余看花"的旅游格局，着力打造赣州西部生态旅游经济圈。应该说，三县打造旅游强县的战略是基于各自都拥有特色各异的丰厚的旅游资源所做出的产业选择。三县中，崇义县森林覆盖率达88.3%，有中国空气负氧离子含量最高地——阳岭；有赣南第一高峰——齐云山；有中国最大客家梯田——上堡梯田。面对优良的自然条件，该县提出了"建设景区化"的发展理念，让城市建设和旅游景区融为一体。上犹县毗邻崇义，连接赣州中心城区，山奇水秀，森林覆盖率达83.6%，空气质量长年处于1级标准，有陡水湖、五指峰两个国家级森林公园。该县提出依托区位和生态两大优势，擦亮"一条鱼、一幅画、一块石、一杯茶、一列火车"的生态旅游"五张名片"。作为崇义邻居的大余县，素有江西"南大门"之称，有承载无数历史回忆、江南现存最长最完整的梅关古道，有令人忘却城市喧嚣的秀美丫山，更有汤显祖《牡丹亭》中描述的最美爱情圣地。该县深挖牡丹亭、理学、梅花等多元素文化内涵，着力建设珠三角、港澳地区的旅游休闲后花园。三县地缘相亲，区位优势明显，旅游景点集聚。虽然具有不一样的旅游发展规划，但战略目标都是围绕旅游资源进行产业布局，打造旅游强县。

《赣州西部旅游联盟框架协议》的签订，为三县抱团发展、协作共荣搭建了很好的平台，有利于集中力量办大事，解决目前三县旅游部门孤军作战、

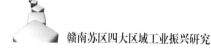

营销力度不够、重复建设等问题。联盟成立以来，三县联合出资300万元设立联盟发展资金，编制了《赣州西部旅游联盟线路规划（2014~2019）》，明确了旅游联盟的主体形象、产品包装、线路安排、营销计划，通过制作宣传资料、强化媒体合作、举办旅游推介会等形式，不断打响"赣州西部绿海"旅游品牌，三县生态旅游产业迅速发展壮大。

上犹、大余、崇义赣州西部三县以旅游联盟的形式，抱团打造赣州西部生态旅游经济圈，做强做大赣州西部生态旅游，不仅可以带动三县旅游产业的发展，而且有助于推动赣州区域性旅游中心的建设，做大做强旅游产业，逐步在赣州形成"红看瑞金、于都、兴国，绿看崇义、上犹、大余"的旅游格局。

综上，上犹、大余、崇义赣州西部三县已经在旅游产业发展上建立了一体化协作机制且得到了赣州市的肯定与支持，但是，目前尚未看到三县工业发展上的统一布局。

第二节　西部绿海生态经济区工业振兴分析

一、大余县工业振兴情况

（一）促进工业振兴的主要政策

1. 产业布局

大余位于我国重要的南岭成矿带东段，县境西北部山脉受燕山期地质构造运动的影响，形成世界著名的钨矿床。自德国牧师邬礼亨在西华山首次发现钨到1918年大量开采，钨产量和质量跃居世界前列，成为中国钨矿业的鼻祖，始有"世界钨都"之称。1949~2009年，大余县生产钨精矿35万吨，占全国同期总产量的12.7%，为国家提供利税24亿元，对国家的价值贡献达44亿元。与此同时，县属矿山企业在随后的几十年来也得到了相应的发展，尤其是改革开放以来，随着企业转制和民营企业的出现，大余县矿业经济不断发展。以钨为主的采掘、精选、加工、冶炼、贸易等矿产业税收比重已占全县财政收入的半壁江山。显而易见，钨产业已主导着大余县的工业经济命脉，历来是该县工业经济的一面旗帜，成就了大余县的工业经济，也是全县利税贡献最大、致富人数最多的行业。

大余县的钨资源经过一百多年的开采，已进入钨资源枯竭期。中央驻县四大钨矿企业经国家批准均转制，县属两个国有矿山也在 2003 年转制。按现有开采进度，大余的钨资源预计到 2025 年基本采尽。随着国家对矿产资源进行综合治理，中央驻县四大钨矿、县属地方国有钨矿相继实施政策性关闭破产，钨矿采掘棚组数量从 350 家急剧减少到 100 家左右。矿产品税收占财政收入的比重逐年下降，从 2007 年的 51.3%降低至 2012 年的 36.3%，吃资源饭为特征的增长方式难以为继。

长期的矿山开采，给大余县留下了严重的环境污染问题。全县共有5595.9 万吨含重金属的废石和尾砂，淤积堵塞河道 258 千米，占用损毁土地3.45 万亩，污染影响农田林地 22.5 万亩。全县废弃矿山破坏的土地总面积约15.1 平方千米，水土流失面积 221.51 平方千米。根据全国污染源普查结果，大余县被国务院列为全国重金属污染综合防治重点区域，农村饮水不安全人数高达 4.72 万人，被确诊的矽肺病人累计 5453 人，死亡比例达 88.8%。

大余矿产资源枯竭，工业结构失衡。全县 35 家规模企业中，以钨为主的资源型企业 20 家，占规模企业总数的 57.1%。2012 年，规模以上钨采掘加工业实现主营业务收入 44.08 亿元，利税 2.33 亿元，分别占全部规模以上工业总量的 81.9%、79.8%。工业结构内部粗放型产业多，耗能污染行业多，初级产品多，单体企业多，淘汰落后产能的任务十分迫切。

面对上述情况，大余一直进行工业结构调整，大力发展替代性产业，非矿产业在工业内部所占的比重有所提高。依托丰富的钨矿资源，大余县形成了采选、冶炼和加工为一体的钨及有色金属产业，在提升产业集群化水平方面进行了初步探索。大余县培育了以钨加工为核心的有色冶金、以羰基铁粉为主导的新材料、以南安板鸭为特色的食品加工、以金边瑞香为代表的花卉种植等优势产业，具备了产业转型的现实基础。

2011年初步核算，全县规模以上工业总产值566603万元，比上年增长77%，其中地方规模以上工业总产值496928万元，增长80.1%。全县规模以上工业增加值176892万元，按可比价格计算，比上年增长19.5%，其中地方规模以上工业增加值150287万元，增长22.3%，工业产品销售率93.6%。全县地方规模以上工业主营业务收入473092万元，增长73.4%；实现利税总额20415万元，增长134.9%，实现税金12872万元，增长199.9%。在全县地方规模以上工业中，钨、新材料、新能源、旅游工业、新医药五大产业集群实现工业总产值439642万元，增长91%，占地方规模以上工业的88.5%。年末工业园区实际开发面积4.03平方千米，入园投产企业51户；全年园区累计完成基础设施投入1.4亿元，比上年增长12%；全年园区招商实际到位资金9.86亿元，比上年增长72.7%；园区内规模以上工业企业实现工业总产值35.32亿元，增长85.2%。主要工业产品产量如表4-1所示。

表4-1 2011年大余年主要工业品产量

产品名称	产量	比上年增长（％）
钨精矿（吨）	22683.85	14.7
地方（吨）	17475.3	20.9
服装（万件）	41.38	225.8
水泥（万吨）	12.83	10.0
多味花生（吨）	4153	148.8

注：统计范围为辖区内全部规模以上工业企业。

资料来源：大余县统计局。

非矿产业发展尽管取得了相当大的进展，但规模小、档次低和科技含量不高的问题一直没有突破。2011年11月，大余县被国务院确定为第三批资源枯竭城市。国家发改委、省政府高度重视转型规划编制工作，相继提出具体而明确的要求。《大余县资源枯竭城市转型发展规划（2013～2020年）》（以下简称《转型发展规划》）直面问题，在综合大余政策优势、产业优势的基础上，提出了大余工业产业结构转型的思路——培育特色工业，以接续替代产业为抓手，大力发展钨及有色金属深加工产业，重点培育接续替代产业基地，走出一条符合大余县实际的产业结构转型之路。一是建设钨及有色金属深加工产业基地。钨及有色金属产业是大余县经济支柱，要通过增加科技含量，拉长增厚产业链，促进传统产业向价值链高端转移，提高整体经济效益。到 2015 年，钨产业深加工实现主营业务收入 100 亿元，工业增加值 30 亿元。到 2020 年，实现 1~2 家企业上市，把大余县建成钨及有色金属深加工产业基地和钨原矿交易集散地，争取举办世界钨产业论坛，并打造永久会址。二是打造高新材料产业基地。对接国家战略性新兴产业，把高新材料产业作为主攻方向。以钨为原材料培育接续产业，占领高新材料产业制高点，争取在转型中获得行业主导权，赢得长远发展的支撑力。重点支持悦安超细金属有限公司成为国家级高新技术企业，引进上下游和配套关联企业，创建省级高新材料产业园。到 2015 年实现规模以上企业主营业务收入 20 亿元，工业增加值 5.5 亿元，争取有 1 家企业上市，高新材料产业基地初具规模；到 2020 年，实现规模以上工业企业销售收入超过 60 亿元。三是培植电子信息、食品药品和精细化工产业集聚区。依托现有企业，重点发展壮大以 LED 器件及应用产品为主的电子信息产业集聚区，以南安板鸭、肿瘤冻干粉针等产品为主的食品药品产业集聚区。规划建设精细化工产业园区，推动沿海精细化工产业落地并形成规模。通过专业园区形成整体品牌，推进优势产业的基地化和高端化，实现比重提高、结构优化和发展提速。到 2015 年，三大产业集聚实现规模以上企业主营业务收入 25 亿元，实现工业增加值 7 亿元；到 2020 年，实现规模以上企业主营业务收入超过 70 亿元。

《转型发展规划》还提出配套建设现代物流重要枢纽。依托钨及有色金属加工等传统产业，发展现代物流，建设赣粤湘三省物流网络体系的重要枢纽，打造联通全国的区域性现代化物流园区。围绕对接长珠闽发展战略，沿赣韶高速公路和在建的赣韶铁路两侧，打造矿业、农产品两大物流板块，培育壮大 1~2 家年货物吞吐量 10 万吨以上企业。引导企业把自办物流剥离给第三方物流，降低生产成本，促进生产厂家和物流企业互惠联动，推动传统物流向现代物流转型。到 2015 年，物流产业增加值占现代服务业比重达 15%，对 GDP 的贡献率达 3%。

在产业空间布局上，《转型发展规划》要求产业向园区集中。提高产业集聚度，引导企业向园区集中，形成一批特色鲜明的区域经济中心。一是强化园区效应。整合资源，有计划地收缩点状分布的乡镇园区，避免在产业定位上照抄照搬，在产业培育上喜新厌旧，在产业选择上贪多求全，在产业格局上自成体系。二是搭建重点平台。重点建设好大余工业园，提升规模效应、集聚作用和承载能力，提高单位面积的投资强度、产出规模和效益贡献，打造县域经济重要增长极和发展主动力。三是打造特色乡镇。根据资源禀赋，培育一批综合型、工贸型、工矿与农林型和生态旅游型城镇。其中综合型为中心城区和黄龙镇；工贸型为新城镇、池江镇和青龙镇；工矿与农林型为左拔镇、樟斗镇和浮江乡；生态旅游型为吉村镇、河洞乡和内良乡。

《大余县国民经济和社会发展第十三个五年规划纲要》（以下简称《纲要》）以上述布局为基础，以"中国制造 2025"为引领，大力推进主攻工业攻坚战，以传统优势产业为基础、新兴产业为先导，做大总量、做强基础、提升质量，致力于构建绿色工业体系，努力实现"三年翻番"目标。具体布局如下。

第一，打造百亿矿业产业集群。引进战略投资者，通过收购、兼并重组、入股等方式整合矿产资源和矿产企业，推动钨及有色金属产业向高端新材料及精深加工应用升级，配套建设钨及有色金属精深加工、钨产品电子交易、钨产品研发、钨产品展示、产品检测、仓储物流六大平台，全力打造全国重要的钨及有色金属精深加工产业基地和钨联网集聚地。鼓励企业与央企、国内外 500 强企业合作，重点开发高性能硬质合金、亚微、超细硬质合金、高性能钨基合金、耐热抗震特种钨丝及高性能涂层刀具、硬质合金硬面材料、钨及钨合金材料等系列深加工及应用产品，培育主导产业链、龙头企业和名牌产品，提高加工附加值和回收利用水平。同时，加大矿产资源勘查力度，重点围绕老矿区开展矿山深部和外围找矿。以天盛金属新材料、明发矿业、日荣钨业、东宏锡业等企业为支撑，大力发展资源综合利用产业。到 2020

年，钨及有色金属精深加工产业规模以上企业实现主营业务收入 170 亿元、利税总额 12 亿元。

第二，打造百亿食品产业集群。加快农工融合发展食品业。建设食品产业园，推进牡丹亭、奥野等食品加工企业退城进园。充分利用现有产业基础，按照产业化、基地化、规模化、品牌化、标准化发展原则，抓好优质安全、精深加工、集约发展等关键环节，实现食品产业由松散布局向集聚发展。鼓励支持以南安板鸭公司、牡丹亭食品公司为龙头组建食品企业集团，重点围绕多味花生、板鸭、熟食、烫皮等名特优产品，以市场为导向，研究开发一批有市场需求的系列新产品。改季节性生产为常年生产，唱响"中国板鸭之乡"，做强"南安"牌、"牡丹亭"牌等本土食品品牌。充分挖掘特色农产品加工潜力及产业链，以初级加工向精深加工转变为主，促进加工与种养、流通和销售等环节的衔接。推动个体食品加工户转企业，培育奥野食品公司等 20 家以上企业入规。到 2020 年，力争食品企业集团年产值达到 20 亿元，至少 1 家企业上市，食品产业集群总产值超 100 亿元。

第三，培育特色新兴产业。积极拓展新材料产业。依托江西悦安超细金属等企业的技术研发实力，推动新材料产业向下游延伸，鼓励并引导企业抓住新材料产业向高精尖方向发展的机遇，重点开发新能源电池正极材料、营养补铁剂、高频软磁器件、粉末冶金、硬质合金棒材、异型合金等新材料产品与技术，推动新材料产业爆发式增长，打造全省重要的新材料产业集聚区。到 2020 年，形成一家世界最大的超细金属粉体龙头企业，新材料规模以上企业实现主营业务收入超 15 亿元、利税 1.2 亿元。

第四，促进电子信息产业发展。在巩固发展众能光电、旭光电子等企业的基础上，大力承接沿海地区电子信息产业转移，迅速壮大电子信息企业数量，提升产业发展质量。重点发展量大面广的新型显示器、绿色电子机电、新型电子元器件、LED 及绿色照明、新能源配套电子元器件等产品。提高应对智能制造重点领域应用需求的系统化供给能力，培育以智能终端为代表的新增长点，打造全省重要的电子信息产业集聚区。到 2020 年，电子信息产业规模以上企业实现主营业务收入 15 亿元、利税 1 亿元。

第五，打造生物制药产业。以润泽药业和邦达高科为龙头，突出增强企业技术创新能力，研究开发新型中成药、中药材中间产品—中药标准提取物、抗癌药等现代生物药品和医疗器械产业。壮大药业生产规模，引进一批制药龙头企业，推进润泽药业二期项目建设，积极扶持润泽药业上市，进一步提升产品的市场竞争力、占有率，建设江西省重要的生物医药产业集聚区。到2020 年，生物制药产业规模以上企业实现主营业务收入 10 亿元、利税 1.2亿元。

第六，加快发展成长性新兴产业。以德林安防科技集团为龙头，加快安防产业园建设，促进高科技特种消防器材、光伏发电、新能源汽车等具有增长潜力的成长性产业的快速发展，做大新兴产业规模和层次，形成若干个主营业务收入超 10 亿元的特色新兴产业集群。发挥产业政策导向和促进竞争功能，整合资源、资金、技术、人才等要素，统筹研发和科技应用，为新兴产业培育和拓展市场创造有利条件。完善支持新兴产业发展的财税、金融、技术、人才等优惠政策，加大企业研发投入所得税前加计抵扣力度。鼓励企业上市和发行债券，扩大直接融资规模。

在空间布局上，《纲要》提出产业向园区集聚，促进工业园区扩容提效。推动工业园区扩区调区，以工业园区为载体，引导关联产业集中布局，促进产业关联配套发展，建设一批战略性新兴产业集聚区，形成集群式发展格局。新华工业小区主要发展钨及有色金属精深加工、新材料、旅游食品产业，打造成钨及有色金属精深加工产业基地。新世纪工业小区主要发展电子信息、科技制造、生物制药等产业。新城工业小区主要发展电子电器、装备制造业及其他战略性新兴产业等，形成战略性新兴产业集聚区，打造成承接珠三角产业转移基地。深化园区体制机制改革，推进管理标准化、服务企业化和去行政化，提升园区服务水平。深入实施科技入园工作，为工业企业的核心增长提供科技支撑。加大园区平台建设。完善提升新华、新世纪工业小区，推进新城工业小区建设尽快成型，择机启动工业新区开发，拓宽工业发展平台。实施园区提升改造工程，增强园区项目承载力。严格执行园区用地投资强度、容积率等控制性标准，支持通过招商引资和前店后厂等模式建设标准厂房，5

年累计新建标准厂房 30 万平方米。推进小微企业创业示范基地建设。大力清理闲置用地，盘活空置厂房，提高园区集约化水平和投入产出效益。配套建设科研、检测中心、仓储物流、电子商务交易展示、金融担保、人才等公共服务平台。完善园区供水、供电、排水、排污、污水处理、通信、新市民公寓等基础设施体系，着力发展产业综合体，推进产城融合。

经过调整，园区产业布局日趋合理。形成了以钨及有色金属产业、新材料、电子信息、食品药品和精细化工等主导产业，规划实施了"钨及有色金属产业园""小微创业园""民企创业园""返乡创业园""LED 产业园""食品药品产业园"等特色产业板块。根据产业定位，新世纪工业小区以发展电子电器、轻工日化、科技制药为主；新华工业小区以发展钨、钼、铜、锡等有色金属加工、新材料及相关制造业为主；新城工业小区以承接沿海机械制造、电子信息产业转移为主。

《大余县 2018 年贯彻新理念培育新动能工作要点》进一步推进大余县新旧动能转换，提出加快发展新制造经济、深入发展绿色经济，具体如下。

新材料。加快推进海创钨业 2000 吨钨粉、碳化钨粉、500 吨盾构合金项目、隆鑫泰钨业退城入园，1000 吨硬质合金项目、金钻钨钼公司年产 1000 吨超细碳化钨粉项目建设，加快悦安超细上市步伐，全力打造有色金属新材料精深加工产业园。积极争取赣州港为大余设立有色金属新材料指定口岸。

新能源汽车及配套。围绕新能源汽车与储能等领域需求，培育扶持以云锂材料、丫山钨业、科立鑫新材料为重点的新能源汽车电池材料企业，着力引进和发展动力电池正极材料及前驱体、碳酸锂等配套基础锂盐材料、动力电池负极材料、动力电池电解液（质）项目，推进形成新能源汽车动力电池产业链。鼓励研发汽车维修设备系列产品，重点引进一批掌握核心先进技术、拥有自主品牌并能自主开发的汽车零部件企业。

航空（通航）。加快引进中国通用航空航天（香港）等高端通用航空器生产厂商，推进通用航空产业园、科比特航空产业园（二期）等项目建设，积极探索通航公共服务市场，鼓励全县公安、消防、医疗卫生、国土资源、应急、交通运输、农业、水利、电力等部门加大力度购买通航服务。

电子信息。加快推进新世纪高新电子产业园、冬宝光电科技产业园建设，大力承接沿海地区电子信息产业转移，提升产业发展质量。

食品药品。以食品产业园为载体，推进牡丹亭、奥野等食品加工企业入园技改升级。加快润泽药业二期项目建设，积极扶持润泽药业上市，进一步提升产品的市场竞争力、占有率。

节能环保。重点支持工业节能技术、清洁生产及资源综合利用新技术新产品开发与推广。推进绿色制造体系建设，推动绿色产品、绿色工厂、绿色园区和绿色供应链全面发展。积极开展工业园区循环化改造。支持企业开展碳汇林项目和参与全国碳排放权交易工作。

新能源。充分利用风能、太阳能等资源，采取集中开发与分散利用相结合的开发方式，重点推进天华山风电场、生物质多能互补集中供热、光伏扶贫等一批项目建设。

在空间布局上，大力建设赣粤、赣闽产业合作区。加强与河源、龙岩、广州等地合作，拓宽探索"飞地园区"等模式，促进人才、技术、信息、资本等生产资源和消费要素实现优化配置和集聚发展，加快产业链延伸拓展，实现资源异地接续和整合。

《大余县配合赣州建设省域副中心城市三年推进计划（2018～2020年）》提出积极配合推进赣州市建设省域副中心城市，努力建设两个中心、一个平台。

一是建设省域金融次中心。推动大余县在地方金融组织体系、中小企业金融服务等方面开展改革试验；加快推进大余县各大金融机构入驻大余县新能源材料科技双创金融中心，打造成为该县金融商务核心区；建设全省政策性金融扶贫试验区，加大与政策性银行对接力度，探索政策性金融扶贫制度创新，产品创新，推动大余县加快脱贫攻坚步伐和实现乡村振兴发展；推动九江银行在大余县设立分支机构，恢复农发行在该县设点，完善银行类金融机构组织体系，丰富银行金融产品种类；推动企业直接融资，大力推动润泽药业、悦安超细等龙头企业上市融资，积极培育海创钨业、江西云锂等前景较好的拟上市企业，推动大余县优质企业到江西联合股权交易中心挂牌展示，完善大余县企业多层次资本市场建设，大力推动企业到资本市场直接融资；加大与省发展升级引导基金、赣南苏区振兴发展基金、赣粤产业投资基金等基金公司对接沟通，争取在大余县设立相关子基金，通过引入基金模式促进大余县产业发展；加快金融产品改革创新，支持农村金融产品和服务方式创新，开展农民住房财产权抵押贷款、土地承包经营权抵押贷款试点；支持符合条件的企业发行企业（公司）债券、中期票据、短期融资券、中小企业集合票据和上市发行融资。

二是建设区域性科研创新中心。建设一批科技企业孵化器、众创空间等科技创新平台和载体；组建申请一批工程技术（研究）中心和重点实验室等科技创新研发平台；积极推动科技计划项目立项、高新技术企业认定、重大人才工程和引智项目；推动符合条件的单位申报建立院士工作站和博士后科研工作站；争取建立县级食品药品检验检测中心。

三是推进重大产业平台建设。完善工业园区路网、供水、供电、污水处理等配套设施，启动新城工业小区北区规划建设，精心打造"一园四区"。积极对接"中国制造2025"，做大做强首位产业，重点在新能源、新材料、钨及有色金属精深加工、资源综合回收利用、新能源汽车及配套五大领域发力，着力打造500亿级产值有色金属新材料产业集群。

2. 主要支持政策

第一，紧抓项目的政策。《关于加强赣南苏区振兴发展项目编制申报工作的通知》要求围绕赣南苏区振兴发展，按照改善民生与发展经济相结合、壮大产业与改善基础设施相结合的原则，紧密对接国家支持赣南苏区振兴发展政策意见和投资方向，扎实做好项目编制申报工作，为项目落实奠定基础。《关于做好2014年重大项目策划包装工作的通知》要求围绕突出壮大钨及有色金属主导产业，加快发展新材料、电子信息、食品药品等新兴产业，创建承接产业转移的产业示范基地，切实推进新型工业化进程方面，策划包装一批重大项目。《大余县人民政府办公室关于做好2015年全县重大项目开发储备工作的通知》要求对接国家"七大工程包"及省"八大类重大工程项目"，争取在战略性新兴产业、承接产业转移、交通、能源、矿产资源保障等十大领域，新开发储备 26 个重大项目，其中进入市级重大项目库项目 19 个。《关于集中精力打好重大项目前期硬仗工作方案》《大余县 2018 年"六大攻坚战"重点工程项目建设实施方案》纵深推进六大攻坚战，扎实推进 2018 年全县重点工程项目建设，其中主攻工业类项目共有 37 个，投资 113.7 亿元，占总投资的 37.8%。下发《关于开展 2011 年争取项目资金和招商项目开发考评工作的通知》等文件，开展争取项目资金和招商项目开发考评工作。

第二，调整产业结构，大力推动工业转型升级的政策。《大余县资源枯竭城市转型发展规划》坚持以接续替代产业统领转型全局，大力发展高端高质高效产业，以较小代价实现可持续发展，最终实现由资源开采型向科技创新型转变，由增长粗放型向发展集约型转变，由结构单一的工矿型城市向生态宜居的现代化山水园林城市转变。为此，大余出台了一系列政策。

一是建设绿色矿业，打造绿色矿业的政策。出台了《大余县绿色矿山建设三年计划工作方案》《大余县 2013 年度矿产资源管理工作要点》《关于印发大余县钨业整合工作实施方案的通知》《大余县开展打击非法盗采和非法开采矿产资源专项整治行动方案》《大余县绿色矿山建设工作推进方案》《大余县稀土整治工作方案》《大余县稀土矿业秩序整治和监管专项行动工作方案》《大余县非煤矿山安全整治工作方案》《大余县开展非煤矿山安全生产大排查"回头看"工作方案》《大余县开展打击非法盗采和非法开采矿产资源专项整治行动方案》，以转变经济发展方式、加快构建保障和促进科学发展的矿产资源管理新机制为主线，加大政策支持，加快绿色矿山建设进程，力争到 2020 年，形成符合生态文明建设要求的矿业发展新模式。制定《大余县"十三五"节能减排综合工作方案》《大余县"小散乱污"企业整治专项行动方案》《大余县土壤污染防治工作方案》《开展大余县 2017 年公共机构节能宣传周活动安排》《大余县 2013~2014 年度"发展生态产业、建设森林城乡"实施方案》《大余县 2013 年生态建设与环境保护工作考核办法》《大余县单位 GDP 能耗统计指标体系实施方案》《大余县单位 GDP 能耗监测体系实施方案》和《大余县"十二五"节能目标考核体系实施方案》等文件，打好污染防治攻坚战，依法整治取缔"小散乱污"企业。到 2020 年，全县万元地区生产总值能耗比

2015 年下降 15%，能源消费总量控制在 38.4 万吨标准煤以内。全县化学需氧量、氨氮、二氧化硫、氮氧化物排放总量分别控制在 6319.2044 吨、858.2439 吨、1866.8687 吨、374.056 吨以内，比 2015 年分别下降 4.3%、3.8%、2.21% 和 3.64%。加快建设资源节约型、环境友好型社会，实现经济发展与环境改善双赢。

二是自主创新能力，壮大发展新动能的政策。出台了《关于打好转型升级硬仗的工作方案》《2015 年全县固定资产投资工作考核方案》《大余县自主创新能力建设"十二五"专项规划》《关于抓紧做好大余县 2018 年推动长江经济带发展相关工作的通知》《关于促进企业技术改造推进工业转型发展的实施意见》《大余县人民政府关于促进企业技术改造的实施意见》《大余县人民政府关于科技兴园兴企兴产业的若干意见》等文件，以提高自主创新能力和增强区域竞争力为核心，深入实施科技创新"六个一"工程，落实创新驱动"1+N"政策体系，推进创新能力建设。实施创新驱动"5511"工程倍增计划，积极推进互联网、大数据、人工智能等与实体经济深度融合，培育壮大电子信息、生物医药、新能源、新材料等新兴产业。扎实推进供给侧结构改革，积极稳妥腾退化解旧动能，破除无效供给，腾笼换鸟，为新动能发展创造条件和空间。到 2020 年，全县高新技术企业达到 15 家，省级企业技术中心、工程（技术）研究中心达到 6 个。发展先进制造业，夯实实体经济，以智能制造为主攻方向，大力发展先进制造业，加快制造强县建设。深入实施工业绿色发展三年行动计划，推进绿色工厂、绿色工业园区、质量安全示范区创建。大力实施智能制造"万千百十"工程，引导和带动各行业智能化技术改造。

三是培育壮大中小企业、助力转型的政策。出台了《小企业创业基地优惠政策》《2011 年大余县实施中小企业成长工程方案》《大余县财政扶持中小企业发展专项资金管理办法》《2012 年大余县实施中小企业成长型工程工作方案》《2012 年大余县推进民营经济"四项工程"建设工作方案》《大余县非公有制经济发展要点》《关于印发大余县 2009 年工业经济工作意见的通知》《关于进一步扶持企业促进工业经济发展的若干措施》等文件，明确了大余县

中小企业发展纳入国民经济和社会发展规划，将作为该县经济工作的重点。大力推进中小企业成长、能人创办企业、小企业创业基地和中小企业服务体系"四项工程"建设，着力培育上规模企业，在"加快"上着力，在"转型"上突破，推动企业快速成长、做大做强，切实壮大工业企业总量。

四是扶持壮大工业龙头企业的政策。《大余县国民经济和社会发展第十三个五年规划纲要》提出发挥龙头企业带动辐射作用。保障工业生产要素，实施精准帮扶，全力抓好龙头企业的土地供应、技术改造、用水用电、融资担保、基础配套等资源要素保障，加大央企对接力度，鼓励企业以兼并重组、嫁接改造、上市裂变等方式，加速培育一批主业突出、创新能力强、关联度大、带动辐射强的龙头企业。加强分类指导，鼓励龙头企业运用新技术、新工艺、新设备创新产品结构，引导中小企业与龙头企业开展合作，完善产业链条，提高专业化协作水平，走集群化发展道路。到 2020 年，引进、新增规模以上企业 80 家，打造和锋电子、伟翔制衣等主营业务收入过亿元的企业超50 家，众能光电、日荣钨业等主营业务收入过 5 亿元的企业 20 家以上，海创钨业、润泽药业等主营业务收入过 10 亿元的企业 10 家以上，德林安防等主营业务收入过 20 亿元的龙头企业 1 家以上，海创钨业、润泽药业等在境内外上市企业 2 家以上。

五是建设新型工业的政策。《大余县国民经济和社会发展第十三个五年规划纲要》《关于加快新型工业化发展的若干政策意见》《大余县重大产业项目绿色通道管理办法》《大余县围绕推进工业化提升办事效能和服务水平工作实施方案》要求深入推进"工业强县"战略，推进"两化"融合与品牌建设，做大做强工业经济。加快推进工业化和信息化融合。抓住"中国制造 2025"和"互联网+"的机遇，推动软硬件开发、标准化及行业应用，引导和支持IT 企业与工业企业合作，促进两化深度融合。出台了《大余县县长质量奖管理办法》《大余县质量兴县实施方案》，大力实施产品质量标准提升行动，支持企业瞄准国内外同行业标杆，推进技术改造，制定以名牌产品、驰名商标、知名商标、中华老字号为核心的品牌战略，加快形成一批拥有自主知识产权和核心竞争力的品牌产品和品牌企业。鼓励企业品牌抱团发展，到 2020 年，全县新增中国驰名商标 3 个、江西省著名商标 5 个、江西省名牌产品 10 个。

第三，积极打造工业发展平台的政策。《大余县 2013 年工业园区建设工作要点》要求突出项目建设进度，加快完善设施平台，推进产业转型升级，努力打造钨及有色金属深加工产业基地和承接产业转移的生态示范区，促进园区经济的加快发展、转型发展、跨越发展。出台了《江西大余钨及有色金属深加工产业基地发展规划》，精心打造钨产业基地，加快建设集采选、冶炼、加工和应用一体化的钨加工企业，使资源向精深加工企业集聚，调整优化提升钨产业结构，达到做大做强钨业的目的。制定《大余工业园化工产业集中区安全发展规划》，指导工业园化工产业集中区的安全发展，优化产业结构。鉴于 2008~2015 年大余县共批准用地为 5598.62 亩，供地面积 3581.04 亩，供地率为 63.96%，经核实，批而未用面积为 3530.73 亩，批而未用率为 63%；坐落在工业园区内的批准用地面积为 2851.49 亩，批而未用面积为 2196.83 亩，坐落在工业园区内的批而未用率为 77%。为进一步盘活利用存量土地资源，充分保障"六大攻坚战"项目用地需求，2016 年出台了《大余县批而未用土地清理处置工作实施方案》，切实做好批而未用土地处置工作，提高全县节约集约用地水平。2018 年出台的《大余县闲置土地和低效用地清查处置工作方案》，坚持最严格的耕地保护制度和最严格的节约集约用地制度，进一步清理处置全县闲置土地和低效用地特别是工业园区闲置低效用地，提升资源利用效率，构建闲置土地和低效用地处置盘活的长效动态管理机制，促进节约集约用地水平明显提升。

第四，努力改善营商环境的政策。一是不断深化"放管服"改革，为市场主体松绑。出台了《大余县经济体制和生态文明体制改革专项小组 2014 年工作计划》《大余县人民政府关于在市场体系建设中建立公平竞争审查制度的实施意见》《大余县人民政府关于精简和调整一批行政审批项目的决定》《大余县政务服务环境专项整治行动方案》《大余县人民政府关于印发大余县行政许可项目和非行政许可审批项目目录的通知》《关于抓紧落实县级行政审批事项进驻县行政服务中心集中运行的通知》《大余县行政服务中心管委会"行政审批中介服务超市"管理办法（试行）》《大余县适应工商登记制度改革加强市场主体后续监管工作方案》《关于建立降低企业成本优化发展环境专项行动信息报送制度的通知》《大余县 2018 年降低企业成本优化发展环境专项行动工作要点》《2017 大余县行政服务中心窗口、乡镇便民服务中心和专业办事大厅工作考评方案》等文件，推动政策落实，转变政府职能，提高行政审批效率，减轻企业负担，降低企业成本、优化发展环境。

二是加强要素供给。出台了《大余县 2012 年开放型经济工作意见》《大余县促进经济平稳健康发展若干政策措施》，帮扶实体经济发展，努力安商。制定《大余县人民政府关于加快大余县服务业发展的意见》，鼓励加快发展现代物流、电子商务等生产性服务业。《大余县 2014 年企业招工服务工作考核办法》要求充分开发和合理利用大余县劳动力资源，积极吸纳周边县、市及外地劳动力，着力破解企业"招工难"难题，进一步营造良好的就业环境，巩固招商成果。制定《关于大余县引进和培育金融人才的实施意见》《关于创新人才政策、推动人才发展体制机制改革、促进大余振兴发展的若干意见》及《大余县红土地人才集聚工程五年行动规划纲要》等文件，要求加强金融人才队伍建设，力争到 2020 年，全县金融行业从业人员达 2000 人。下发《关于建立大余县社会信用体系建设联席会议制度的通知》《大余县中小企业信用担保体系建设实施意见》，进一步完善中小企业信用担保体系建设，稳步推进社会信用体系建设各项工作。出台了《关于做好 2013 年金融工作的指导意见》《大余县 2014 年金融工作要点》《关于印发大余县中小企业转贷资金使用管理补充规定的通知》及《大余县 2012～2013 年金融支持县域经济发展考核奖励办法》《大余县 2014 年金融支持县域经济发展考核奖励办法》《大余县"财园信贷通"融资项目考核办法》等文件，加大信贷投放积极性，努力争取信贷规模和直贷项目，积极盘活存量、优化增量，确保更多信贷资源用于支持大余县工业发展。

（二）政策落实及其成效分析

1. 政策落实情况

第一，全力主攻工业，力推产业转型升级。大余县突出打好"主攻工业攻坚战"，加快项目建设，坚定不移做强产业、做大总量、做优企业，综合施策、精准发力，强化调度、跟踪问效。

做强首位产业，努力咬定首位产业这个经济任务和政治任务，加速产业转型升级。稳步推进钨资源整合，大力引进、培育以发展高端产品为主要目标的钨及有色金属精深加工企业，促进产业集聚发展，将资源优势转化为产业优势。主攻钨及有色金属和废弃矿综合回收循环利用首位产业，推动向高端新材料及应用领域升级；大力发展以明发矿业、日荣钨业等企业为龙头的废弃矿资源综合回收利用产业。抢抓国家实施战略性新兴产业发展规划及延伸产业链规划的机遇，大力发展新能源、精细化工等新兴产业，从而形成主导产业为主、上下游产业配套集群式发展的格局。通过盘活存量企业、培育龙头企业、强链补链引进企业、淘汰落后产能、推动企业技改升级等措施，做强本土品牌，提升产业集群的整体水平。加快海创钨业、隆鑫泰钨业、丫山钨业、金钻钨钼等一批首位产业项目建设，积极抓好开工在建、建成投产、挖潜增效、培育上市等各类项目（企业）的推进。结合首位产业，与中南大学共建全国钨产业集群研发创新基地。积极协助东宏锡业、海创钨业、南安板鸭申报"省级工程技术中心（研发中心）"。大力发展工业设计，实现设计中心与制造业良性互动。充分发挥现有研发平台的作用，为全县有同类需求的企业提供各类科技服务。为进一步拓展工业产业链条，创新生产工艺，县政府出资设立了4000多万元的工业发展专项资金，向企业提供贷款贴息、基金奖励等措施，减轻企业科研资金投入的压力。强化产品质量品牌建设，提高工业产品的性价比。建立引进人才奖励制度，加强人才引进和现代管理方法运用，提升企业生产效益和企业发展竞争力。

做大工业总量。以加快新旧动能转换为中心，以发展新制造经济为重点，着力培育和发展新材料、新能源、新医药、精细化工等新兴产业，奋力开拓产业发展新路径，推动第一、第二、第三产业融合发展，加强工业园区集约节约用地等，全力打好转型升级硬仗，推进经济高质量发展。加快发展新制造经济。完成科立鑫、冬宝光电等一批项目报批手续并开工建设。推进牡丹亭、奥野等食品加工企业入园技改升级，加速润泽药业二期项目建设。积极策应新能源汽车科技城建设，重点引进动力电池材料、新能源汽车零配件等

项目。积极组织符合条件的企业开展工业设计中心申报认定工作，鼓励制造业企业主动购买设计服务，争取市级工业设计创新券补助。引导企业通过融资租赁等模式实施机器换人项目，争取省级技改专项资金支持。加快推进智能制造和技术改造，鼓励企业申报工业互联网和智能制造专项资金，建设智能工厂、数字车间、"机器换人"项目，支持工业企业上云，推动工业互联网建设。

做优中小企业。持续实施"千百十工程"，搭建融资、创业教育培训等中小企业服务平台，加快培育壮大一批"专精特新"中小企业，打造一批行业隐形冠军，引导中小企业走专业化、精细化、特色化、新颖化发展之路，全面增强中小企业核心竞争力和创新驱动力，促进中小企业结构调整和转型升级。2014年，大余有东宏锡制品有限公司、悦安超细金属有限公司、众能光电科技有限公司3家企业上榜全省"专精特新"中小企业名单。

第二，紧抓项目建设，大力招商引强，积极开展安商服务工作。抢抓机遇，全力对接苏区振兴和资源枯竭城市转型工业项目，加快产业结构调整步伐。狠抓工业重点项目节、难点问题。项目引进时，实行无缝对接，主动提供"一站式"服务。一是健全信息沟通机制，把全县招商引资的政策规定、办事程序、服务项目、投诉电话等内容编印成册，在与外商第一次洽谈时将册子交给外商。二是健全跟踪服务机制。强化捆绑式服务，重点招商引资企业及新引进的项目，安排一个专职服务单位，从项目签约、办证、建设到项目投产及生产经营的全过程由专人跟踪服务，及时掌握并帮助解决项目实施每一阶段存在的困难和问题。并对重大招商项目实行县领导跟踪服务制度，实行"一位领导，一套人马，一抓到底"。三是实行逆向服务制度，客商进入县内，引进单位根据项目需要可直接告知相关单位参与项目洽谈工作，任何单位不得推诿、怠慢。确定落户并已签约的招商项目，相关职能部门主动、及时上门联系，靠前服务，县开放型经济工作领导小组对项目进行全程调度。四是完善审批运作机制，实行"一审一核"，尽量缩短办结时限。强化进驻窗口的授权力度，建立落实审批办证"首席代表制"、领导"AB岗"制，提高办事效率。项目建设时，每个项目制订详细的施工进度计划，采取一周一上报，一月一通报的督办方式，狠抓项目建设进度，重点在项目规划、立项、环评、安评、用地、办证及企业融资等方面做好跟踪服务，破解资金、用地、环评、用工等制约瓶颈。做到及时介入，积极提供"全方位"服务。坚决兑现各项承诺，对与客商签订的合同履约情况进行经常性的检查，对国家、省、市规定的优惠政策，逐项落实。

围绕产业定位和发展导向，走出去、请进来，大力开展招商引资工作，严把招商引资项目预审关，特别是引进战略性产业项目、产业龙头带动项目落户大余。改进招商方式，加大招商力度，积极与央企、国企、世界 500 强企业开展对接合作，积极引入投资额度高、土地利用率高、财政贡献率高、产业集中度高的好项目，并狠抓政策项目落地。

按照安商服务工作实施意见和安商服务工作制度，安商服务中心工作人员经常深入企业了解企业生产经营状况，建立走访台账，汇总安商服务工作情况，及时解决企业在生产经营或项目建设过程中遇到的困难和问题，对企业提出的问题明确责任人和办结时限，做好企业的贴身"保姆"。积极构建金融服务平台，每季度召开一次"政银企"联席会议，加强政银、银企之间的沟通与交流，形成政银互动、银企双赢的良好合作环境；加大扶持力度，鼓励银行对重点企业给予贷款扶持。对经营出现严重问题的企业，支持企业资产优化重组，尝试股权运作，鼓励县内企业与有实力的企业通过收购、入股、兼并等多种方式，化解负债风险，摆脱危机，不断做强主业。如 2014 年，在矿产品市场低迷、四大国有矿山全面停产、部分企业资金担保链风险加大等不利情况下，通过开展"领导干部为企业办实事解难题"活动，集中为企业解决融资、办证、环评等实际困难。特别是创新出台了《中小微企业贷款贴息扶持暂行办法》等扶持实体经济的政策措施，县财政拨款 6000 万元，设立 2000 万元工业发展资金、1000 万元中小微企业贷款贴息扶持资金和 3000 万元中小企业转贷资金，引导 8 家银行与 76 户中小企业签约融资 14.03 亿元。开展"财园信贷通""小微信贷通""助保贷"等业务，为 134 家企业融资 2.88 亿元，全力帮助企业化危机、渡难关，保障了实体经济企稳回升。

第三，建设生态工业园区，努力把园区建设成为承载项目的平台、投资热土和创业乐园。作为主攻工业的主战场，大余工业园是经省政府批准建设的省级工业园和生态园区试点单位。按照生态化理念，大余县将工业园区打造成园林生态绿化示范区，建立了完善的园区水循环利用和污染控制体系。从 2010 年起，该县为工业园区高标准规划园林生态绿化系统，以工业园区外围山丘林地及章江等山水体系为背景打造园林生态绿化示范区。2013 年，大余县把工业园纳入县城整体规划和新城镇小城镇规划，实现了城市化和工业化的有机融合，为实现新型工业化、城镇化有机融合奠定了基础。目前，园区发展面积为 9187 亩，其中新世纪工业小区 3000 亩，新城工业小区 1802 亩，新华工业小区 3054 亩，新安食品园 1131 亩。其中，新世纪工业小区紧靠县城，于 2001 年 7 月动工建设，是大余县最早开发建设的首个工业区。新城工业小区是大余县于 2012 年开始规划设立的一个工业新区，园区位于新城镇境内，与南康区交界，处于赣州 1 小时经济圈范围，距大余县城 33 千米，距赣州 50 千米，323 国道、赣韶高速公路、赣韶铁路穿园而过，区位、交通、政策等优势明显。以引进无污染、有税收贡献、有科技含量的优质产业为主，按照"生态建园、效益建园、城镇化建园"的思路，通过高起点规划，高标准建设，将新城工业小区打造成生态工业区、工业旅游景区和产城融合示范区。新安食品产业园选址梅山高速公路出入口一侧连片山地，充分利用拆迁量少、征地成本低等优势，加快启动了新安食品产业园的拓展开发。新华工业小区发展以有色金属加工、新材料、食品药品产业为主；新世纪工业小区以发展电子信息、科技制药为主；新城工业小区坚持宁缺毋滥，通过大项目和大财团的引进，以电子信息及先进制造业等优质产业为主，打造承接产业转移生态示范区；新安食品产业园以食品药品产业为主。整个园区发展思路清晰，产业布局合理。

精心打造"一园四区"，培育产业集群。全面提升稀金谷有色金属新材料精深加工产业园区建设，以打造全国钨及有色金属产业基地和重点交易集散地为目标，着力推进园区平台建设，进一步推动产业发展升级，加快推进钨产业的精深加工。主攻钨及有色金属和废弃矿综合回收循环利用首位产业，推动向高端新材料及应用领域升级；大力发展以明发矿业、日荣钨业等企业为龙头的废弃矿资源综合回收利用产业。全面完成新城工业小区基础设施建设，加快建成生态绿色食品产业园区，突出品牌引领，突出供给侧招商，围绕旅游休闲食品，着力引进了奥野板鸭等21家食品加工企业入园，投入资金达30亿元。进一步提升新世纪电子器件产业园区，发展以无人机整机生产、众能光电、弘盛电子等为龙头的电子信息产业。全面启动2000亩西华山移交尾矿库区转工业园区建设。新建标准厂房50万平方米，为引进更多新企业提供承载平台。推进融资服务创新，打造金融支撑平台，为企业发展装上新引擎。

在园区项目引进中，严把"绿色门槛"。对于每一个洽谈的项目，该县工业园区管委会、招商局、国土局、环保局、水利局等10多个部门都要对项目进行联合评审。如果项目没能通过生态环保、安全生产、单位能耗等数道关口中的任何一关，不论项目投入资金有多大，都会被一票否决。"绿色门槛"并没有挡住客商前来投资的脚步，反而促成了万事达钨业、中油中泰等一批高新项目落户大余。钨及有色金属深加工、新材料、电子信息、食品药品、精细化工五大主导产业的链式发展效应，使大余县生态工业园区迸发出强劲的活力。

2. 主要成效

大余县规模以上工业发展情况见表4-2。

表4-2　大余县规模以上工业发展情况

年份	企业数量（家）	总产值（万元）	工业增加值（万元）	主营业务收入（万元）	工业产品销售率（%）
2012	35	606206.8	251898.7	538130.7	93.6
2013	36	744740.2	245045	713120.9	94.7
2014	43	887032.8	281645	860627.8	—
2015	—	875427	252621	831065	—
2016	—	1038161.1	290382	1060351	—
2017	74	1250304	—	1140617	—
2018					

注：①"—"表示不详；②2016年新增入规企业14家。

资料来源：作者根据大余县历年发布的政府工作报告、国民经济和社会发展统计公报公布的相关数据收集整理。

2012年，大余全年全社会固定资产投资733120万元，比2011年增长17.1%，其中500万元以上投资641896万元，增长30.7%。在500万元以上投资中，工业投资480391万元，比2011年增长36.4%。全年新签外资合同个数5个，比2011年减少3个，新签外资合同金额4425万美元，增长17%，实际引进外资6679万美元，增长10.4%。新签内联合同个数8个，比2011年减少14个，新签内联合同金额11.58亿元，减少50.5%，实际引进内联资金16.5亿元，比2011年增长13.8%。全年外贸出口总值1046万美元，比2011年增长31%。

初步核算，大余2012年全年地区生产总值（GDP）721615万元，按可比价格计算，比2011年增长10.6%。其中，第一产业增加值103725万元，增长4.8%；第二产业增加值373149万元，增长12%；第三产业增加值244741万元，增长10.7%。人均生产总值24781元，增长10.2%。产业结构进一步调整，第一、第二、第三产业增加值占地区生产总值的比重由2011年的14.7∶52.5∶32.8调整为2012年的14.4∶51.7∶33.9。非公有制经济快速发展，实现增加值494197万元，增长11.4%，占GDP的比重达68.5%。全县工业增加值328876万元，按可比价格计算，比上年增长11.7%，工业拉动全县经济增长5.5个百分点，对经济增长的贡献率为52.2%。工业增加值占全县生产总值的比重为45.6%。如表4-2所示，全县规模以上工业总产值606206.8万元，比2011年增长5.8%，其中地方规模以上工业总产值545097.1万元，增长8.3%；其中，钨、新材料、新能源、旅游工业、新医药五大产业集群工业总产值478467万元，增长7.5%，占地方规模以上工业的87.8%。全县规模以上工业增加值251898.7万元，按可比价格计算，比2011年增长13.8%，工业产品销售率93.6%。全县规模以上工业主营业务收入538130.7万元，增长1.1%；实现利税总额29181.6万元，下降33%，实现税金18652.4万元，下降21.8%。

2012年末，工业园区实际开发面积4.03平方千米，入园投产企业50家；全年园区累计完成基础设施投入9600万元，比2011年减少31.4%；全年园区招商实际到位资金7.2亿元，比2011年减少27%；园区内规模以上工业企业实现工业总产值 37.77 亿元，增长 6%。2012 年大余主要工业产品产量如表 4-3 所示。

表 4-3　2012 年大余主要工业产品产量

产品名称	产量	比上年增长（%）
钨精矿（吨）	13348.5	5.6
地方（吨）	17821	19.8
服装（万件）	71.93	-17.7
水泥（万吨）	14.75	14.96
多味花生（吨）	2101	-49.4

注：统计范围为辖区内全部规模以上工业企业。

资料来源：大余县统计局。

　　2013 年，大余全年全社会固定资产投资 891366 万元，比 2012 年增长 21.6%，其中 500 万元以上投资 720631 万元，增长 28.2%。在 500 万元以上投资中，工业投资 381757 万元，下降 11.1%。全年新签外资合同个数 9 个，比 2012 年增加 4 个，新签外资合同金额 8786 万美元，增长 98.6%，实际引进外资 7348 万美元，增长 10%。新签内联合同个数 8 个，新签内联合同金额 300101 万元，增长 159.2%，实际引进内联资金 195200 万元，比 2012 年增长 18.3%。全年外贸出口总值 1591.7 万美元，比 2012 年增长 51.2%。全年生产总值 799760 万元，按可比价格计算，比 2012 年增长 9.8%。其中，第一产业增加值 101732 万元，增长 4.6%；第二产业增加值 414178 万元，增长 12.4%；第三产业增加值 283850 万元，增长 7.9%。人均生产总值 27419 元，增长 9.7%。产业结构进一步调整，第一、第二、第三产业增加值占地区生产总值的比重由 2012 年的 14.4∶51.7∶33.9 调整为 2013 年的 14∶51.8∶34.2。全县工业增加值 365143 万元，按可比价格计算，比 2012 年增长 12.7%，工业拉动全县经济增长 6 个百分点，对经济增长的贡献率为 61.6%。工业增加值占全县生产总值的比重为 45.7%。

　　2013 年，全县规模以上工业总产值 744740.2 万元，比 2012 年增长

23.3%，其中地方规模以上工业总产值 686615.5 万元，增长 26.4%。全县地方规模以上工业总产值中，钨、新材料、电子信息、食品药品、精细化工五大产业集群工业总产值 682638.2 万元，增长 26.5%，占地方规模以上工业的99.4%。全县规模以上工业增加值 245045 万元，按可比价格计算，比 2012 年增长 13.8%，工业产品销售率 94.7%。全县规模以上工业主营业务收入713120.9 万元，增长 33.1%；实现利税总额 58044.5 万元，增长 97.8%，实现税金 29660.4 万元，增长 59%。

到 2013 年底，全县非公企业总数达 10303 家（其中：私营企业 748 家，同比净增 12 家，个体工商户 9555 家，同比净增 179 家），同比增长 10.21%；注册资本 41.73 亿元，同比增长 4.26%；从业人员 8.65 万人，同比增长5.13%；全年实现营业收入 197 亿元，同比增长 3.64%；实现增加值 59.54 亿元，同比增长 12.32%，占全县 GDP（81.1 亿元）的 73.42%；实现利润45583 万元，同比增长 2.13%；上交国家税金 53502 万元，同比增长 16.52%，占全县税金总额（6.5 亿元）的 81.54%、民营经济固定资产投资总额 11.55 亿元，同比增长 11.22%，占全县固定资产投资总额（80.1 亿元）的 14.42%。

2013 年底，大余县规模以上非公工业企业 31 家，占全县规模以上工业企业总数的 86%；2013 年实现营业收入 62.63 亿元，同比增长 37%，占全县规模以上工业企业总收入的 85.67%；实现利润 1.31 亿元，同比净增 1.67 亿元，实现扭亏增盈，占全县规模以上工业企业总利润的 46%；上缴税金 1.99亿元，占全县规模以上工业企业总税金的 67%，同比增长 111.70%。

2013 年末，工业园区实际开发面积 4.03 平方千米，入园投产企业 44 家；全年园区累计完成基础设施投入 9600 万元；全年园区招商实际到位资金86937 万元，比 2012 年增长 20.8%；园区内规模以上工业企业实现工业总产值 461257 万元，增长 10%。2013 年大余主要工业产品产量如表 4-4 所示。

表 4-4　2013 年大余主要工业产品产量

产品名称	产量	比上年增长%
钨精矿（吨）	21083.99	57.95

产品名称	产量	比上年增长%
地方（吨）	16160.1	−7.5
服装（万件）	18.17	−74.7
水泥（万吨）	14.91	1.1
多味花生（吨）	2734	30.1

注：统计范围为辖区内全部规模以上工业企业。

资料来源：大余县统计局。

2014 年，大余新型工业迈出新步伐。园区扩区调区获省政府批准，园区大环评获省环保厅批复。新征工业用地 1540 亩。新城工业小区拉开框架，平整土地 1100 亩。新华工业小区水、电、路等基础设施逐步完善。省级钨及有色金属精深加工产业基地初具规模，龙事达钨业、海创钨业、伟良钨业等一批投资亿元以上的项目基本完工或建成投产，产业集群化态势逐步显现。以悦安超细、众能光电、牡丹亭旅游食品、润泽药业为代表的新材料、电子信息、食品药品等新兴产业发展势头良好，产销同比均增长 25% 以上。

全年全社会固定资产投资 898500 万元，比 2013 年增长 0.8%；其中 500 万元以上投资 736500 万元，增长 2.2%。在 500 万元以上投资中，工业投资 351065 万元，下降 8%。全年新签外资合同个数 11 个，比 2013 年增加 2 个，新签外资合同金额 7622 万美元，下降 13.3%，实际引进外资 8044 万美元，增长 10.3%。新签内联合同个数 8 个，新签内联合同金额 192200 万元，下降 36%，实际引进内联资金 226500 万元，比 2013 年增长 16%。全年外贸出口总值 2016.7 万美元，比 2013 年增长 26.7%。全年实现生产总值 86.12 亿元，增长 8.8%；三次产业比由 2013 年的 14∶51.8∶34.2 调整为 2014 年的 13.1∶52.1∶34.8。2014 年全县工业增加值 394145 万元，按可比价格计算，比 2013 年增长 10.4%，工业拉动全县经济增长 5.1 个百分点，对经济增长的贡献率为 57.5%。工业增加值占全县生产总值的比重为 45.8%。

2014 年，规模以上企业有 43 家。全县规模以上工业总产值 887032.8 万元，比上年增长 13.6%，其中地方规模以上工业总产值 854010.9 万元，同比增长

18.1%。在地方规模以上工业中，钨产业集群总产值 735180.2 万元，增长 19.5%；新材料产业集群总产值 12095.8 万元，下降 5.3%；电子信息产业集群总产值 22384.7 万元，增长 17.8%；食品药品产业集群总产值 5008 万元，增长 25.9%。全县规模以上工业增加值 281645 万元，按可比价格计算，比 2013 年增长 11.3%。规模以上工业主营业务收入 860627.8 万元，增长 15.1%；实现利税总额 58206.7 万元，下降 0.4%，实现税金 31174.4 万元，增长 4.2%。

2014 年末，工业园区实际开发面积 4.03 平方千米，入园投产企业 51 家，比 2013 年增加 7 家；全年园区累计完成基础设施投入 10925 万元，增长 13.8%；全年园区招商实际到位资金 77100 万元，增长 7.1%；园区内工业企业实现工业总产值 538723 万元，增长 10.6%。2014 年大余主要工业产品产量如表 4-5 所示。

表 4-5　2014 年大余主要工业产品产量

产品名称	单位	产量	比上年增长（%）
稀有稀土金属矿	吨	14731	3
钨精矿	吨	14633	3.6
光电子器件	万只	203052	26.3
发光二极管	万只	203052	26.3
水泥	吨	104500	29.9
服装	万件	40.84	8.7

注：统计范围为辖区内全部规模以上工业企业。

资料来源：大余县统计局。

2015 年，全年全社会固定资产投资 1025960 万元，比 2014 年增长 14.2%，其中 500 万元以上投资 863915 万元，增长 17.3%。在 500 万元以上投资中，工业投资 365207 万元，增长 4%。全年新签外资合同个数 4 个，新签外资合同金额 9700 万美元，增长 27.3%，实际引进外资 9065 万美元，增长 12.7%。新签内联合同个数 7 个，新签内联合同金额 434400 万元，增长 126%，实际引进内联资金 260000 万元，比 2014 年增长 14.8%。全年外贸出口总值 2355.1 万美元，比 2014 年增长 16.8%。

大余全年生产总值 909769 万元，按可比价格计算，比 2014 年增长 9.2%。其中，第一产业增加值 109530 万元，增长 3.8%；第二产业增加值 458274 万元，增长 8.8%；第三产业增加值 341965 万元，增长 11.6%。产业结构进一步调整，第一、第二、第三产业增加值占地区生产总值的比重由上年的 13.1：52.1：34.8 调整为 12：50.4：37.6。非公有制经济快速发展，实现增加值 567428 万元，增长 9.3%，占 GDP 的比重 62.4%。全县工业增加值 401069 万元，按可比价格计算，比 2014 年增长 8.6%，工业拉动全县经济增长 4.3 个百分点，对经济增长的贡献率为 46.4%。工业增加值占全县生产总值的比重为 44.1%。

全县规模以上工业总产值 875427 万元，比 2014 年下降 1.5%，其中地方规模以上工业总产值 844296 万元，同比下降 1.3%。在地方规模以上工业中，钨产业集群总产值 723233 万元，下降 1.4%；新材料产业集群总产值 10658 万元，下降 11.9%；电子信息产业集群总产值 27102 万元，增长 6.4%；食品药品产业集群总产值 5841 万元，增长 16.6%。全县规模以上工业增加值 252621 万元，按可比价格计算，比 2014 年增长 8.5%。全县规模以上工业主营业务收入 831065 万元，下降 3.6%；实现利税总额 33302 万元，下降 42.7%，实现税金 27714 万元，下降 10.9%。

2015 年，大余工业经济呈现两大特点。一是矿资源企业运行艰难，轻工业等传统企业运行良好。全球经济不景气，国内经济进入新常态发展，钨等矿产品需求疲软，市场供大于求，价格快速下降，受此影响，全县近 20 多家钨加工企业有 2/3 处于停产、半停产状态。电子、食品和制衣等传统产业企业订单总体平稳，生产平稳发展。其中电子信息产业中超弦电子、旭光电子、众能光电、鑫发电子订单较充足，产销同比增长 15% 以上；南安板鸭、多味花生已进入生产旺季，食品行业中牡丹亭旅游食品公司产量可达 4000 吨，当年上缴税收超过 500 万元。

二是资源综合利用型产业迅速发展。在市场低迷的形势下，大余县充分运用国家产业政策，引导企业积极发展资源综合利用产业。森本新材料公司

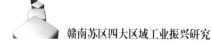
银废渣回收、东宏锡制品公司钨废渣利用、明发矿业铋回收等一批符合政策的资源综合利用企业在市场低迷的形势下，另辟蹊径，灵活运用国家对资源综合型产业的扶持政策，发展迅速，如明发矿业新上年处理1万吨阳极泥有色金属提炼项目2015年4月投产后，成效显著，当年上缴税金2219.4万元。东宏锡业钨渣利用项目已量产。

2015年末，大余工业园区实际开发面积4.03平方千米，入园投产企业53家，全年园区累计完成基础设施投入11260万元，增长3.1%；全年园区招商实际到位资金108455万元，增长40.7%；园区内工业企业实现工业增加值151678万元，增长7.7%，税金总额1.75亿元，同比增长0.36%；实现主营业务收入51.36亿元，同比下降6.82%。食品、电子、服装、日化、制药等产业增长相对较快，通过设立工业发展基金、帮助企业转贷"过桥"和继续开展"助保贷""财园信贷通"等措施，帮扶困难企业融资度困，克服了经济下行和钨及有色金属产业持续低位运行的多重压力，保持了经济平稳态势。2015年大余主要工业产品产量如表4-6所示。

表4-6　2015年大余主要工业产品产量

产品名称	产量	比上年增长（%）
稀有稀土金属矿（吨）	18668	26.7
钨精矿（吨）	18503	26.5
光电子器件（万只）	149229	-26.5
发光二极管（万只）	149229	-26.5
水泥（吨）	123100	17.8
服装（万件）	33	-18.3

注：统计范围为辖区内全部规模以上工业企业。
资料来源：大余县统计局。

2016年，主攻工业攻坚战奋力推进。科学确定钨及有色金属和废弃矿综合回收循环利用为首位产业，推动年龙辉硬质合金、牛斋钨矿技改、日荣钨业矿资源回收利用等21个重大工业项目竣工投产。大力开展新华工业小区周边 1 千米卫生防护距离居民搬迁，全面完成 291 户拆迁协议签订工作。成功争取省政府批准大余县 2 万亩工业园调区扩区，将西华山移交尾矿库区 2000 亩纳入工业园区建设范围，2016 年新增园区面积 4200 多亩。成功申报低丘缓坡试点项目用地 1171 亩。生态绿色食品产业园等一批特色产业园加速推进。建成标准厂房 12.23 万平方米。

大余全年全社会固定资产投资 1085600 万元，比 2015 年增长 5.8%，其中 500 万元以上投资 1004733 万元，增长 16.3%。在 500 万元以上投资中，工业投资 522858 万元，增长 43.2%；工业用电量 1.71 亿千瓦时，增长 12.2%。全年新签外资合同个数 7 个，新签外资合同金额 20980 万美元，增长 116.3%，实际引进外资 10001 万美元，增长 10.3%。新签内联合同个数 18 个，新签内联合同金额 495900 万元，增长 14.2%，实际引进内联资金 291700 万元，比 2015 年增长 12.2%。全年外贸出口总值 4262 万美元，比 2015 年增长 81.0%。生产总值总量突破 100 亿元，达到 100.11 亿元，按可比价格计算，比上年增长 9.2%，增速在全市排第 10 位，同比前移 2 位。其中第一产业增加值 11.8863 亿元，增长 4.2%；第二产业增加值 49.1074 亿元，增长 8.4%；第三产业增加值 39.1125 亿元，增长 11.8%。产业结构进一步优化，第一、第二、第三产业增加值占地区生产总值的比重由 2015 年的 12∶50.4∶37.6 调整为 2016 年的 12.8∶48.5∶38.7。非公有制经济快速发展，实现增加值 632133 万元，增长 9.4%，占 GDP 的比重 62.6%。全县工业增加值 427540 万元，按可比价格计算，比 2015 年增长 8.1%，工业拉动全县经济增长 3.6 个百分点，对经济增长的贡献率为 38.9%，占全县生产总值的比重为 42.7%。

全县规模以上工业总产值 1038161.1 万元，比 2015 年增长 18.3%，其中地方规模以上工业总产值 1004794 万元，同比增长 18.7%。在地方规模以上工业中，钨产业集群总产值 801512 万元，增长 8.2%；新材料产业集群总产值 12731.6 万元，增长 19.5%；电子信息产业集群总产值 35767.1 万元，增长 32%；食品药品产业集群总产值 95633.7 万元，增长 559%。以钨为主、多业并举、多元支撑的产业新格局加速形成。

全县规模以上工业增加值 290382 万元，按可比价格计算，比 2015 年增长

9.2%。规模以上工业主营业务收入 1060351 万元，增长 18.3%；实现利税总额 62512.9 万元，增长 61.6%，实现利润总额 33150.4 万元，增长 234.1%。

2016 年末，大余工业园区实际开发面积 4.03 平方千米，入园投产企业 66 户，增加 13 户，全年园区累计完成基础设施投入 12300 万元，增长 9.2%；全年园区招商实际到位资金 108867 万元，增长 0.4%；园区内工业企业实现工业增加值 173641 万元，增长 10%。2016 年大余主要工业产品产量如表 4-7 所示。

表 4-7   2016 年大余主要工业产品产量

产品名称	产量	比上年增长（%）
稀有稀土金属矿（吨）	23886	18.29
钨精矿（吨）	23784	18.76
光电子器件（万只）	158837	6.44
发光二极管（万只）	158837	6.44
水泥（吨）	144075	17.04
服装（万件）	23.39	-28.14

注：统计范围为辖区内全部规模以上工业企业。

资料来源：大余县统计局。

2017 年，大余扎实推进供给侧结构性改革。持续开展降成本优环境专项行动，全年为企业减负 4.68 亿元。在全省率先成立发展供应链公司并出台支持实体企业融资管理办法，已帮助 7 家企业解决融资 8010 万元。"南下"招商引资签约项目 87 个，签约资金 261.81 亿元，引进亿元以上项目 38 个，开工 31 个，试投产 12 个。通过扩投资、稳增长、促发展，全县经济运行稳中有进、稳中向好。

经济总量稳步增长。全年实现生产总值 112.88 亿元，增长 9%；其中，第一产业增加值 133289 万元，增长 5.6%；第二产业增加值 546786 万元，增长 7.7%；第三产业增加值 448742 万元，增长 11.7%。产业结构进一步优化，一、二、三产业增加值占地区生产总值的比重由 2016 年的 12.8∶48.5∶38.7 调整为 2017 年的 11.8∶48.4∶39.8。全县工业增加值 471661 万元，按可比价格计算，比 2016 年增长 7.5%，工业拉动全县经济增长 3.3 个百分点，对经济增长的贡献率为 37%。工业增加值占全县生产总值的比重为 41.8%。

外向型经济稳步发展。全年新签内联合同金额 49.14 亿元，实际引进内联资金 32.33 亿元，增长 21.13%，增速同比加快 8.93 个百分点。全年新签外资合同金额 9460 万美元，实际利用外资 11002 万美元，增长 10.01%；全年进出口总额 4864 万美元，增长 10%，其中出口总额 4714 万美元，增长 10.6%。民营经济增长较快。全年全县城乡个体私营企业 14414 家，同比增加 1402 家；从业人员 65475 人，增长 15.1%；注册资金 128.6 亿元，增长 39.8%；个体私营企业上缴税收 47526 万元，增长 27.2%，同比加快 14.2 个百分点。全县非公有制经济增加值 632133 万元，按可比价格计算，比 2016 年同期增长 9.3%，占 GDP 比重达 64.1%，同比提高 1.5 个百分点。民营企业规模明显扩大，实力不断增强，涌现出一批经营规模大、管理模式新、品牌知名度高、发展潜力大的民营企业。2017 年，大余县超亿元产值企业达 29 户，鸿路钢构产值超过 35 亿元，再创单企产值新高。企业科技创新能力不断提高，推进企业技术创新取得新突破。丰德科技等 6 户企业被新认定为国家级高新技术企业，波林材料等 8 家企业进入合肥市企业技术中心，鸿路钢构、金诚汽车等企业 7 个产品分获省、市名牌产品称号。

工业投资规模持续扩大。一是投资项目增加较多，全年 500 万元以上固定资产投资施工项目 155 个，比 2016 年增加 9 个，其中 5000 万元以上项目 113 个，增加 31 个，亿元以上项目 73 个，增加 23 个；二是投资总量增长较快，全县 500 万元以上固定资产投资完成 113.5348 亿元，增长 13%，其中工业投资完成 62.67 亿元，增长 19.8%，工业投资占全部投资的比重 55.2%，同比提高 3.2 个百分点；三是民间投资增长加快，在全县 500 万元以上固定资产投资总量中，民间投资 64.98 亿元，增长 33.9%，同比加快 44.1 个百分点。

主攻工业成效显著，工业提速转型。云锂新材料、天赐新材料、科比特无人机等一批新兴产业项目竣工投产，盛源新材料、千陶新材料、中田汽保、利华环保等在建新兴产业项目快速推进。规模企业大幅增加，全年新增规模以上工业企业 21 个，列全市第 5 位，全县规模以上企业达 74 家。完成园区基

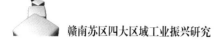

础设施投入 3.2 亿元。开工建设标准厂房 100 万平方米。大余工业园被评为 2017 年中国产业园区创新力百强，全省仅 2 个工业园区获此殊荣。全年规模以上工业增加值、主营业务收入、工业用电量分别增长 9.1%、19.9%、15.5%。

工业经济总量大幅增长。全县规模以上工业总产值 1250304 万元，比 2016 年增长 33.5%，其中地方规模以上工业总产值 1208882 万元，同比增长 33.8%。在地方规模以上工业中，钨产业集群总产值 899877 万元，增长 23.4%；新材料产业集群总产值 62869 万元，增长 323.8%；电子信息产业集群总产值 74269 万元，增长 93.7%；食品药品产业集群总产值 39806 万元，下降 27.5%。全县规模以上工业增加值按可比价格计算，比 2016 年增长 9.1%。全县规模以上工业主营业务收入 1140617 万元，增长 19.9%。工业用电量 19813.62 万千瓦时，增长 15.54%，同比加快 3.39 个百分点。经济效益大幅提升。实现利税总额 818621 万元，增长 38.1%，其中实现利润总额 42071 万元，增长 48%。结构调整步伐加快，高新技术产业增加值占规模以上工业增加值的比重由 2016 年的 27.1% 提高到 2017 年的 29.4%。

2017 年末，工业园区实际开发面积 4.03 平方千米，入园投产企业 77 家，增加 11 家，全年园区累计完成基础设施投入 35536 万元，增长 188.9%；全年园区招商实际到位资金 116508 万元，增长 7.0%；园区内工业企业实现工业增加值增长 10.1%。2017 年大余主要工业产品产量如表 4-8 所示。

表 4-8　2017 年大余主要工业产品产量

产品名称	产量	比上年增长（%）
稀有稀土金属矿（吨）	31644	25.0
钨金矿（吨）	31433	24.7
光电子器件（万只）	174425	9.8
发光二极管（万只）	174425	9.8
水泥（吨）	132297	−8.2
服装（万件）	17.9	−31.9

注：统计范围为辖区内全部规模以上工业企业。

资料来源：大余县统计局。

2018 年 1~6 月，大余县完成生产总值 62.37 亿元，完成全年目标的 50.1%，按可比价格计算增长 7.7%；其中第一产业增加值完成 3.82 亿元，同比增长 3.7%；第二产业增加值 35.40 亿元，同比增长 5.3%；第三产业增加值 23.16 亿元，同比增长 12.2%，三次产业结构由 2017 年同期的 11.8：48.4：39.8 调整为 6.1：56.8：37.1，产业结构进一步优化。固定资产投资 500 万元以上固定资产投资增长 12.8%；进出口总额完成 19676 万元，同比增长 27.3%；出口总额完成 19262.51 万元，同比增长 26.3%，完成全年计划的 58.0%。工业用电量增长 21.9%，增速同比加快 10.0 个百分点，在全市排第 7 位，前移 1 位。工业增值税增长 103.9%，增速同比加快 80.3 个百分点，在全市排第 3 位，前移 13 位。全县规模以上工业企业实现主营业务收入预计完成 36.2 亿元，同比增长 32.4%，全市排第 4 位，高于全市 10.7 个百分点。实现规模以上工业总产值 36.7 亿元，同比增长 33.6%。规模以上工业增加值增长 9.7%，增速同比加快 1.3 个百分点，在全市排第 6 位，高于全市增速 0.4 个百分点；工业用电量完成 10773.7 万千瓦时，增长 21.9%，增速同比加快 10 个百分点，在全市排第 7 位，同比前移 1 位。工业增值税完成 25558 万元，增长 103.9%，增速同比加快 80.3 个百分点，在全市排第 3 位，同比前移 13 位。

二、上犹县工业振兴分析

（一）促进工业振兴的主要政策

1. 产业布局

上犹县围绕"同城发展、绿色赶超"发展战略，工业经济实现新突破。获得全省工业崛起年度贡献奖，首次成为全市"五个十百亿工程"达标县。2011 年全县规模以上工业实现主营业务收入 60.41 亿元、利税 4.39 亿元，比 2010 年分别增长 112.6%、40.8%。全年共投入 2.26 亿元用于园区基础设施建设，路网、管网、电力及通信设施，实现开工企业全覆盖。全面启动工业园南区、污水处理厂和金山大道工程，实现园区扩面 1586 亩。全年签约入园项目 10 个，总投资达 22.47 亿元，其中，总投资 5000 万元以上项目 8 个，超

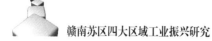

亿元项目 5 个。形成了以有色冶金、精密模具及机械制造、玻纤及新型复合材料、新能源汽车动力电池四大产业为龙头的工业格局。根据上犹县资源和区位优势，四大产业主要分布在东山镇、黄埠镇，其中，黄埠镇重点发展以玻纤及新型复合材料、稀土发光材料、精密模具及机械制造为重点的新材料产业等。四大产业中，玻纤及新型复合材料是上犹县最具特色的产业之一。

上犹县从事玻纤生产加工始于 20 世纪 80 年代初，经过几十年的发展，造就了一大批熟练的产业员工和管理人员，在管理、技术、市场等方面具有一定优势。其中，从赣州南河玻纤有限公司培养出的管理技术人才已遍布全市，被称为赣州玻纤企业"黄埔军校"。到 2011 年底，全县拥有玻纤企业 20 家，玻纤配套企业 2 家，产品为以拉挤纱、缠绕纱为主的中、无碱玻纤纱两大系列，以玻纤纱为基料的机织玻纤布、玻纤原丝短切毡等十几个品种玻纤拉挤产品。拥有铂金坩埚 315 台，织布机 425 台，从业人员 4000 余人，年产玻纤纱近 2 万吨，玻纤布 1800 万米，涌现出了上犹县广建玻纤有限公司、上犹县沿湖玻纤有限公司、赣州金诚复合材料有限公司等玻纤骨干企业，生产了增强纱、玻纤布，玻纤毡、玻璃钢制品等一批具有市场竞争优势的名优产品。上犹已成为全国较大的代铂坩埚生产玻璃纤维基地，其生产工艺技术列全国同类领先水平。玻纤及新型复合材料产业是上犹县工业的重要组成部分，经过近 30 年的发展，已形成了一定的优势和特色，通过玻纤及新型复合材料产业与配套产业并举的发展方式，拓展产业链、提高产业的关联度、加快技术改造和产业升级，为玻纤及新型复合材料产业发展提供了有力保障。为保持优良的生态环境，上犹县委、县政府在经多次调研和反复征求专家意见的基础后，考虑玻纤复材在该县已有 30 多年的发展历史，产业基础好、人才充足，加之产业链条长、市场前景好，能较快形成产业集群，同时，产业还是国家鼓励类产业，生产工艺属物理加工，对水质、土壤、空气基本没有污染，符合生态发展的总体要求。加之发展本产业可避免与周边县市之间的同质化竞争，又可实现富民强县的现实需要，因此将该产业和精密模具产业定位为上犹县的主导产业。

多年来，上犹按照规划引领、政策引导、项目引进的工作思路，重点发展玻纤及新型复合材料、精密模具及数控机床两大主导产业，巩固提升有色金属精深加工、新能源动力电池两大传统优势产业，通过引进京禾纳米、高大生物科技、颐澳药业等高新技术企业，多元化发展生物科技等高新科技产业，形成了主导产业引领、优势产业突出、高新技术产业"齐头并进"的"三足鼎立"产业发展格局。2011 年 4 月，上犹工业园区被省发改委批准为全省首个"模具产业基地"；2013 年 12 月，被江西省工业和信息化委员会（以下简称省工信委）批准为"玻纤及新型复合材料产业基地"；2015 年 7 月，中国建材联合会授予上犹县"中国玻纤新型复合材料产业集群发展示范基地"；上犹县与南玻院签署战略合作协议，设立了"南玻院江西分院"，与国家纳米中心长三角研究院合作设立研发基地。省级"模具产业基地"规划面积 4950 亩，旨在打造中部地区最完善、最优质的玻纤及新型复合材料、精密模具与机械制造两大工业主导产业发展平台。

上述基地主要以上犹工业园作为依托。上犹工业园始建于 2003 年，2006 年 7 月被省政府批准为省级工业园区。园区以上犹江为界分为南、北两区，厦蓉高速穿园而过。2015 年实现主营业务收入 58.19 亿元，完成工业增加值 14.08 亿元，实现利税 6.26 亿元。上犹工业园区首位产业为玻纤及新型复合材料，其次为精密模具及数控机床，传统产业有钨和稀土新材料及汽车新能源动力电池两大优势产业。截至 2017 年第一季度，工业园区落户工业企业 138 家，其中供地投产及在建项目合计 98 家，供地面积 3530 亩，租赁厂房生产企业 40 家；规模以上企业 30 家，属首位产业玻纤复材行业的有 8 家。

上犹县委、县政府坚持以产业优势为依托，做大做强园区工业企业，依托工业园区扩区、升级，在工业园区内部根据产业规划类型，进行合理布局。上犹工业园区总规划面积 12 平方千米，按照"一园两区"规划，分南、北两区进行建设。园区南、北两区遵照"因地制宜，合理布局，配套完善，生态优美"的要求进行规划设计，依据"园区建设与城市建设相结合、项目建设与产业特色相结合、工业建设与生态建设相结合"的思路进行开发建设。北区规划面积 6000 多亩，已建成区面积 4000 多亩。工业园南区与北区临河相望，2012 年 6 月，工业园入园企业达 76 家（具有一定规模）。产业小区方面，

在南区划分4000亩土地建设玻纤及新型复合材料产业基地、在南区的精密模具产业基地内划分700亩土地建设数控机床产业园中园。

主导产业发展目标是，根据上犹县有色金属产业、新能源动力电池、玻纤及新型复合材料、精密模具及机械制造产业等产业现有企业的发展情况，以及已投产或即将投产企业的发展势头，并依据统筹规划、分步实施、讲求实效原则，提出全县主导产业近中期发展目标：大力培植龙头企业，继续壮大有色金属产业、新能源动力电池、玻纤及新型复合材料、精密模具及机械制造产业，实现工业经济的跨越式发展。主导产业的目标为，力争到2016年，规模以上企业主营业务收入达到300亿元，其中，有色冶金产业主营业务收入140亿元，新能源动力电池80亿元，玻纤及新型复合材料30亿元，精密模具及机械制造50亿元。

园区发展目标：力争到2016年，全县园区规模以上企业实现主营业务收入270亿元，增幅50%以上；工业增加值达到55亿元，增幅25%以上；利税总额年均增长25%以上，达到7.5亿元；园区建成区面积8平方千米，增幅15%以上，入园企业200家。

2. 主要支持政策

第一，制定了较完整的产业发展规划。《上犹县工业和信息化发展规划》对原有产业进行调整和完善，确定全县在稳定有色金属、新能源动力电池两大产业贡献的基础上，重点做大做强玻纤及新型复合材料、精密模具及机械制造两大主导产业集群。《上犹县玻纤及新型复合材料产业发展规划》确定了玻纤及新型复合材料产业发展目标，其中总体目标是，在规划期内，通过对现有玻纤企业引导性的技改实施、产业链关键环节项目的引进、龙头企业对产业集群带动，调优玻纤工业产业结构，产业链的延伸改造，做大做强县域玻纤产业，形成具有上犹县产业特点的玻纤及新型复合材料产业优势。完成玻纤产业研发机构的建设，多方面引进玻纤技术研发高端人才，形成研发机构与企业的战略合作，给企业生产提供技术服务，增强上犹县玻纤产业在国际、国内的竞争优势和市场影响力。阶段性目标有三个。第一阶段，2012～2014年，玻纤复材产业实现工业总产值8亿元，税收0.5亿元；产值过亿元大型企业 5 家；初步建立玻纤研发研究机构及检测机构；建设玻纤基地废弃物综合利用基地，玻纤加工固体废弃物综合利用率超过 90%，工业用水循环利用率达到 95%，废水全部处理后达标排放。第二阶段，2015～2016 年。玻纤复材产业实现工业总产值 30 亿元，税收 3 亿元，主营业务收入超 5 亿元；大型企业 3 家，超亿元的企业 10 家；建立完善的玻纤研发研究及产品质量检测体系；上犹县内玻纤加工的污染治理进一步完善，工业用水循环利用率100%。第三阶段，2017～2020 年，全县玻纤复材产业实现工业总产值 100 亿元，利税 15 亿元；产品出口率达到全国平均水平（42%），玻纤纱在深加工制品中的价值提升到 5 万元/吨，成为国内一流、国际知名的玻纤复材产业基地。

《上犹县精密模具及机械制造产业发展规划》分析了上犹县精密模具与机械制造企业状况，指出该行业企业结构以中小型企业为主，制造与使用结合不紧密，资源分散，行业集中度低。基于此，其产业发展思路是，重点以发展数控机床产业配套赣州市新能源汽车产业，瞄准新能源汽车变速箱、汽车零配件、覆盖件等产品的生产。以提升数控机床、模具、机械工业技术支撑为目的，进一步加强企业技术创新体系建设，积极实施名牌战略，大力推广应用信息技术，形成一批质量、品牌效益型企业。产业发展目标分两个，一是阶段目标。到 2016 年精密模具及机械制造行业主营业务收入达到 50 亿元，利税达到 5.5 亿元，年平均增速 45%以上。到 2016 年，数控机床产业初步形成年产各类数控机床、加工中心 4000 台的能力，产值达到 20 亿元。二是远期展望。预计到 2020 年，上犹县精密模具及机械制造行业主营业务收入达到150 亿元，利税达到 15 亿元，年平均增速 30%以上。

第二，出台了系列支持上述产业规划的政策。《上犹县工业首位产业扶持办法》《关于扶持玻纤及新型复合材料和数控机床两大产业发展的若干政策》《上犹县精密模具及机械制造产业发展规划》《关于加快现代服务业发展若干优惠政策规定》《上犹县发展总部经济若干政策规定》《上犹县工业崛起奖励方案》《上犹县外贸出口奖励办法》等文件，大力扶持首位产业发展。《上犹县人民政府关于加速推进新型工业化的实施意见》《上犹县工业园区三年主攻

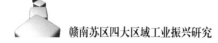
工业实现三年翻番工作实施意见》《上犹县工业主导产业招商政策36条》《投资优惠政策》明确指出，本政策适用于注册地在上犹县的玻纤新型复合材料、新能源汽车配套产业、精密模具与数控机床生产型项目。为扶持首位产业玻纤新型复合材料产业，实现做大总量、加快转型升级、形成地区集群配套，引领全县工业经济快速健康发展，特制定该办法，扶持招商项目落户、扶持现有投产企业。对玻纤及复合材料产业在基金、土地厂房、物流、人才及科技创新、IPO上市、信贷扶持、税收优惠等方面给予了相当有力的支持，为玻纤及复合材料产业未来的发展创造了优越的条件。

第三，精准帮扶企业发展的政策。制定了《精准帮扶企业实施方案》，全力帮扶企业健康发展。制定了《上犹县促进经济平稳健康发展若干政策措施》《上犹县发展众创空间推进大众创新创业若干政策规定》《上犹县关于降低企业成本优化发展环境的若干政策措施》《上犹县2017年分类精准帮扶工业企业实施方案》等文件，着力缓解实体经济发展困难，进一步帮助企业降成本减负担，帮扶企业扩能提质增效。

第四，打造生态工业园区的政策。先后出台了《关于印发上犹县促进经济平稳健康发展若干政策措施的通知》《上犹县关于鼓励社会资金参与建设标准厂房的政策措施》等标准厂房建设鼓励政策文件，在政策上引导社会资本积极投资标准厂房建设，让投资者放心投资标准厂房。出台了《上犹县关于推进装配式建筑发展的实施意见》《上犹县工业企业城镇土地使用税和房产税奖励办法》《工业园标准厂房管理办法》，进一步明确了标准厂房社会化管理实施具体办法，为园区今后实施规范化管理和运营标准厂房提供了政策保障。印发了《上犹县工业园区项目准入及建设管理（暂行）办法》《关于印发上犹县落实中央环境保护督察反馈意见整改方案的通知》，围绕建设生态园区目标，严格入园项目审核程序，杜绝"三高一低"（高投入、高能耗、高污染、低效益）项目入园，实现资源环境利用和县域经济协调发展。

（二）政策落实及其成效分析

1. 政策落实情况

第一，不断改善营商环境，大力招商引资。环境是生产力，更是竞争力。

上犹县不断健全安商服务发展软环境，把安商服务列入专项巡查，对安商不作为、慢作为、乱作为的问题"一竿子插到底"。完善"四个一"安商服务体系，实行由一个县级领导带队，一个部门、一个专门人员、一名园区干部落实的"四个一"精准帮扶，通过一对一的精准帮扶服务，及时有效解决企业发展中的各类问题。参照赣州市企业精准帮扶 APP 平台的模式，建立上犹县企业精准帮扶信息互联互通手机平台、企业家微信群、主攻工业信息平台，做到挂点县领导、帮扶单位及常驻企业服务队员、所帮扶企业的信息互联互通，实现联络服务信息全覆盖。常态化运营服务 110（电话 8576110），随时受理企业反映问题。搭建公共服务载体。以提升服务水平、强化技术创新、加大智力引进为重点，采取政府投资、政企共建、企业自建、企业共建等形式，实施了工业园一站式服务中心（产业对接展示厅）、上犹县玻纤检测中心、上犹纳米科研中心、上犹污水处理厂、海智工作站、职业技术培训中心、电商孵化园、人造皮肤研发中心、纳米材料改性研发中心、智慧园区服务平台等公共服务平台建设，为产业发展提供了涉及行政服务、信息咨询、技术研发、环境保护、人才培训等全方位的公共服务平台，为产业集群发展筑造了全方位、优质化发展平台。

不断深化"放管服"改革，公布"一次不用跑"和"最多跑一次"办结事项 290 项，取消行政许可事项证明材料 97 项；行政审批中介服务超市正式运行，设置"一窗式"联审联办服务区 3 个，政务服务窗口错时延时预约服务启动实施。全面开展个体工商户简易注册登记试点，涉企证照实现"三十九证合一"。持续开展降成本、优环境专项行动，成功争取全国首个小水电企业电力直接交易试点县，与中石油天然气销售南方分公司达成直供气战略合作协议，工业用电、用气价格有望实现全省最低。加强政银企融资对接，着力解决企业融资难的瓶颈问题，与中国长城资产管理公司达成发行 2 亿元产业发展基金的协议，与江西银行、九江银行、赣州银行及赣南苏区振兴发展产业投资基金等金融机构合作成立工业产业引导基金，为企业扩大生产规模、改善生产技术提供长期稳定的资金支持。县财政拿出 2300 万元作为"财园信贷通、小微信贷通"的政府担保资金，仅 2018 年发放"五个信贷通"贷款

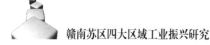

4.85 亿元，提供倒贷资金 1.59 亿元。在县工业园南区建设小微企业创业平台，还特别针对全民创业出台了 35 条刚性扶持政策。营商环境持续向好，获评全省第三届营商环境优化县。

通过国内行业权威机构等专家审核把关，制定了产业整体规划布局，重点编制了《产业链招商路径图》和《产业招商地域图》，针对产业链条缺失的关键项目，分不同层次编制了项目推进规划书，突出首位产业引领，持续加大工业招商力度，提升精准招商水平。一是突出填空招商。组建多支专业招商小分队，分赴国内生产企业多、销售市场多、专业展会多的"三多"地域驻点，瞄准产业链关键项目和薄弱环节引进项目。二是突出配套招商。引进了玻纤增强砂轮生产、玻纤设备机械维修、小微配件生产等 20 余家关联性企业。2018 年新增园区引进了志广新材料、富联诚、擎天复合材料、和必达高温纤维制品、旭联新材料、伟峰新型复材、百亚新材料、东能科技、博顺磁电、沃克机械、铨圣科技、时代新能源、金为信等十多个项目，其中首位产业项目占 85% 以上。三是突出内联发展。引导现有企业股东、民间资金注资投资，做大总量。如引导园区现有企业股东新创办了直立方、元丰复合材料等配套项目，实现了"大众在园内创业、产品在园内生产、原料在园内采购"。

第二，打造产业平台，夯实工业发展的基础。在规划建设方面，着眼于"生态工业新城"思路定位，编制了《工业园区总体规划》《工业园控制性详细规划》《工业园产业规划》，依规园区按"一园两区"规划，分南北两区建设，"以江相隔、以桥相连、厦蓉高速穿园而过"。园区远期规划面积 1.8 万亩，中期规划面积 1.2 万亩，中期北区规划面积约 4000 亩，为基本建成提升区。南区规划为 8000 亩，一期 3000 亩已完成建设，二期 1500 亩正在进行土方平整及基础设施建设。

在环境保护及配套设施建设上，上犹工业园区秉承"生态发展、配套发展"理念，编制完成园区生态工业园建设规划并经省批复通过。严格项目准入，严格执行环保"三同时"制度，加大生态绿化投入，打造园区式园区，实施了 22 万伏输变站、110 万伏输变站、污水处理厂等生产性配套设施建设，规划建设了保障性住房、新职业中专、天然气站、物流园区等生产和生活性配套设施，2016 年完成了 10 万平方米标准厂房建设，2017 年完成 26 万平方米标准厂房建设。截至 2018 年上半年，上犹工业园累计完成标准厂房总投资约 55 亿元，总建筑面积约 104 万平方米。加快闲置项目"腾笼换鸟"。对完成主体建设未投产企业，引导督促其将资产转让给急需用地项目，实现资产盘活与解决项目用地的"双赢"。对已落户项目批而未建闲置用地，采取跟踪督办的方式，督促投资方限时完成剩余用地建设。加大对低效、空闲厂房清理盘活力度，清理了一批低效益租赁、破坏环境的租赁企业，推进一批企业盘活空闲厂房。预计 2018 年全年园区完成开发建成区面积约 8000 亩，工业固投 20 亿元，同比增长 12.8%；基础设施投入 11 亿元，同比增长 241%。

以集群理念打造工业发展平台。上犹保持玻纤产业发展定力，坚持打造玻纤新型复合材料产业集群，以发展玻纤复合材料下游深加工项目为着眼点，错位发展玻纤复材深加工，打造科技平台，为玻纤产业发展插上"智慧翅膀"，突出强龙头企业、补薄弱环节，初步形成以池窑拉丝为龙头，增强基材、绝缘基材、玻璃钢加工应用为主体，产业链条完整、配套分工科学的产业发展格局。近年来，该县玻纤企业纷纷退城入园，20 多家关联性企业入驻园区。目前，已形成拉丝—织布—材料复合—玻纤复材制品的较完整的产业链条。通过差异化发展，企业之间由竞争关系逐渐向合作关系转变，实现了企业间的共赢发展。2015 年成功获批"中国玻纤新型复合材料产业集群发展示范基地"，这是工业产业第一块"国字号"招牌。2015 年，玻纤新型复合材料和数控机床两个工业主导产业主营业务收入连续三年实现翻番，玻纤新型复合材料产业被列为江西省 60 个重点打造的产业集群之一。

上犹工业园立足于传统优势和基础优势，着眼特色发展和错位发展，重点发展模具及数控机床、玻纤及新型复合材料两大产业集群，多元化发展有色金属精深加工、新能源动力电池两大传统优势产业，经过十多年发展，工业园产业发展特色明显。

从引进项目看，两大主导产业项目已成为入园项目主流。引进的两大主导产业项目占园区总项目的 45%。

从产业产品关联度上看，形成"大、中、全"有序的生产及产品梯次。

在模具及数控机床产业发展上，已形成从数控整机生产型终端企业，到模具配件中游生产型企业，再到配套关联型企业的整个产业链；在玻纤及新型复合材料产业发展上，从拉丝、捻纱到织布、玻纤蓬松毡、玻纤连续单丝毡，生产工艺及产品种类已呈多样性。特别是随着总投资达 20 多亿元的元源新材年产 10 万吨池窑拉丝项目的开工生产，将对上犹玻纤产业形成龙头带动作用，实现上犹玻纤产业质与量的跨越。

从创新升级看。不断强化科技创新，助推产业升级。一方面，通过加强与南京玻璃纤维研究设计院的高层对接，搭建了上犹产业集群公共服务平台，实现产业技术与人才链接。另一方面，助推企业创新升级，龙泰新材、雄博新能源、穗联工程塑料、顶佳电器等企业荣获"高新企业"荣誉称号，高大生物建立并申报省级工程技术研究中心、龙泰新材建立并申报市级工程技术研究中心。2018 年，全县全年专利申请量 810 件、授权量 530 件，分别增长 65.7% 和 196.6%。

从整体效益上看，产业多样化改变了上犹工业的单一依赖性。以往钨稀土产业份额占整个园区比重达 90% 以上，随着产业扶持作用的逐步显现，产业结构更趋合理。两大主导产业税收占整个园区税收比重已由 2012 年的不足 5% 增长到 2015 年的近 50%。首位产业以元源新材为龙头，引领龙泰新材、广建玻纤、沿湖玻纤、穗联工程等玻纤及新型复合材料企业快速发展，预计 2018 年全年主营业务收入约 32 亿元，同比增长 28%；玻纤新型复合材料产业集群已拥有工业企业 70 多家，已投产企业 60 多家。同时，两大主导产业精密模具及数控机床、新能源动力电池发展也进入新的阶段，以南鹰电源、和润宇为代表的新能源动力电池企业，预计 2018 年全年主营业务收入同比增长均在 180% 以上；以汇禾实业、力速数控、乐丰电机、永顺达数码为代表的精密模具与数控机床产业发展稳中向好，预计 2018 年全年主营业务收入同比增速均达到 10% 以上。

从产业竞争力上看，特色发展的错位优势对助推经济发展作用更加明显。随着龙头企业元源新材 2018 年 5 月底的顺利投产，上犹县玻纤复材产业结构将进一步优化，结束了县域产业企业纬纱需依靠外地池窑企业的历史，地区集群企业发展更加紧密、更具市场竞争优势。上犹工业园已成为中部地区模具产业及玻纤产业发展的核心区，产业特色明显，行业吸引力逐步增强。

第三，抓龙头企业，引领产业转型升级。以龙头项目建设为着力点和突破口，提升产业技术工艺装备水平、智能制造水平，推动产业向高端化、智能化发展升级。一是做强做大现有企业。以元源新材为龙头，培育做大现有企业，重点抓好元源新材、沿湖玻纤、广建玻纤、穗联工程塑料等企业培育工作。总投资达 22.4 亿元的元源新材 10 万吨池窑拉丝项目一期在 2018 年正式投产，从而推进玻纤新型复合材料首位产业从技术工艺水平、产业规模总量上实现了质的飞跃。二是做大产业链条。围绕产业链延伸，继续加大终端产品项目的招商工作，努力形成从拉丝初级产品原料生产到轻量化末端产品完备的产业链，形成产业规模和技术优势。新引进了总投资 60 亿元的江西垄源新能源汽车项目，项目全部建成后年实现主营业务收入将达 75 亿元以上，同时将吸引大批关联配套企业落户项目，带动现有模具产业类企业配套对接，形成涵盖整车制造及核心零部件的新能源汽车产业链。三是为了培育一批带动力强的龙头企业，采取了多方面的措施。一方面积极培育龙头企业进入"江西省重大产业项目绿色通道"，帮助企业在更高的层面获得支持。另一方面采取"一事一议"特殊优惠政策，建立一名县领导、一个部门单位、一位园区干部的"三个一"服务机制，对涉企项目审批备案、办证办照等对公业务，办结时间在法定时限内再压缩 50%，同时与江西理工大学、江西赣州技师学院合作，保障企业充足的人力资源支持，工业园区预留土地优先保障龙头企业需求等。四是实施"产业智能化"工程，引导扶持 60 多家企业开展智能化改造，技术创新，培育新增长点，打造人工智能产业集聚高地。光电科技产业园、安安科技、澳客家居、顶佳电器等一大批企业也已获得多项科技专利，园区科技型企业占园区企业的 30% 以上，技术革新已成为上犹产业升级的新"引擎"。

2. 产业布局

崇义县拥有得天独厚的矿藏、森林、水利资源，大部分企业均属资源开发利用型，主要分布在矿业、林业、食品、能源等行业，其中，矿业和林业为该县两大支柱产业。矿业企业以崇义章源钨业股份有限公司、江西耀升钨业股份有限公司为代表,主要拳头产品有优质钨精矿、锡精矿、钼精矿、仲钨酸铵、氧化钨、钨粉、碳化钨粉以及刀片、棒材等硬质合金材料。林业企业以崇义林业股份有限公司、江西省崇义华森竹业有限公司、江西新泰昇炭业科技有限公司为代表,主要拳头产品有优质杉原木、松原木、杂原木、毛竹、"华森王"系列板材、"华森王"竹胶板、"泰昇"活性炭系列产品等。食品企业以江西齐云山食品有限公司、江西君子谷野生水果世界有限公司、崇义县崇峰食品有限责任公司为代表,主要拳头产品有"齐云山"系列酸枣糕、刺葡萄酒、野果酒、"崇峰"水煮笋罐头等。2009 年,全县达到规模以上企业 28 家。

依托资源优势,坚定不移地推进新型工业化,加快结构调整、产业升级,不断提升工业发展的层次和水平。加快产业聚集发展。加大资源整合力度,采取兼并、股份合作等方式,推进矿产资源向章源钨业、耀升工贸等龙头企业集中;以重大项目建设为支撑,加快推动钨产业链向硬质合金、刀钻具、新型复合材料等高尖端产品延伸;加强硅、石灰石等非金属矿产资源的勘探、开发及深加工,大力发展生物能源等新兴产业,着力培育新的经济增长点。扶持齐云山食品、君子谷等绿色食品企业做大做强,深度开发南酸枣、野生果酒、高山茶油、葛根等系列绿色食品,着力打造四大产业基地。一是着力把崇义打造成"中国钨产业高尖端深加工基地"。借力国家对钨等战略性资源的调控政策,加快推动钨产业链向硬质合金、刀钻具等高尖端产品延伸,鼓励章源钨业上市后增资扩股,支持耀升工贸上市融资,重点抓好投资 11 亿元的耀升工贸高性能硬质合金及深加工项目、投资 5 亿元的章源钨业碳化硅陶瓷复合材料加工项目,力争"十二五"期间钨产业产值超 100 亿元。

二是着力把崇义打造成"中国竹木高科技深加工基地"。以崇义林业上市为契机,促进以国有林场为主的崇义林业资产优化组合,促使竹木产业链向竹模板、高档家具、竹纤维、竹炭系列产品等应用型领域延伸,重点抓好投资 1 亿元的鑫丰人造板现代生态复合板式家具项目,力争"十二五"期间竹木业产值超 50 亿元。

三是着力把崇义打造成"中国绿色食品加工产业基地"。深度开发以南酸枣糕、野生果酒、竹笋食品为核心的系列绿色食品，引导齐云山食品公司做好上市前期工作，把野生果酒培育成全国乃至世界品牌，大力引进扶持竹笋食品深加工龙头企业，力争"十二五"期间绿色食品工业产值超20亿元。

四是着力把崇义打造成"全省生物能源加工产业基地"。依托良好的林木资源和生态环境，大力引进以生物质发电、生物柴油、燃料乙醇为主的生物能源产业，促使林业废弃物活性炭电力联产项目取得实质性进展，建成一批示范型企业和规模生物能源原料基地，形成种植、加工、推广应用的产业链。在空间布局上，上述基地均以工业园为依托建设。工业园区围绕竹木、矿产加工等优势资源，强势整合资源，延伸产业链条，促进产业配套。坚持产业承接转移与产业结构提升、区域布局优化、市场主导与政府推动以及发挥优势与互利共赢相结合的原则，园区规划建设城郊西北工业带、古亭小企业创业基地、过埠和扬眉工业小区，以"一带一基地二小区"的模式，形成总面积达6000亩的工业园区，到2012年，实现承接各类转移企业100家，其中四大主导产业60家，大型服务企业15家，引进资金20亿元，努力把崇义打造成为赣南矿产、竹木精深加工企业聚集地。具体情况如下。

城郊西北工业带。位于环县城公路，规划面积为1900亩（塔下、枫树下500亩，背风坑200亩，牛角河400亩，鱼梁800亩），依托城区交通便利的优势和环城公路的建设，扶优扶强崇义县华森竹业有限公司、崇义县章源钨制品有限公司和崇义县华森木业有限公司。建成以有色冶金和竹木精深加工为主体的城郊西北工业带。

古亭小企业创业基地。位于县城西部，原古亭镇圩，距县城38千米，按照"节约土地资源、降低建设成本"的原则，规划建设总面积1100亩，利用原七一九矿古亭生活区315亩（含闲置厂房、住房和办公楼等占地2.6万平方米）。通过改善闲置房屋，维修道路，完善供水供电设施，重点发展以竹木制品（工艺）深加工为主体的古亭小企业创业基地。

过埠工业小区。位于县城近郊，距县城13千米，该工业小区总体规划面积1000亩，自2006年10月开工建设，江西省泰昇炭业有限公司、江西省崇盛竹业有限公司、崇义尾矿综合回收公司、崇义县崇峰食品有限公司等企业均落户该小区。由于该工业小区临靠竹木储量丰富的上堡、思顺、麟潭、关田、聂都、文英等乡镇，规划建设成为以绿色食品及轻加工为主体的过埠工业小区。

扬眉片工业小区。位于崇义县东部，东与龙勾乡相接，南与大余、南康两县毗邻，西与长龙镇相交，北与上犹县交界。离县城 30 千米，距京九铁路南康站 30 千米，距大广高速、赣大高速入口处 38 千米。交通条件便利，运输方便顺畅，具有很强的接受城市辐射能力。拥有日供水能力 1000 吨的自来水厂和扬眉白枧 11 万伏变电站各一座。规划面积 2000 亩（扬眉镇 1000 亩，长龙镇 1000 亩）。由于（长龙、扬眉、龙勾）矿产资源丰富，以耀升工贸为龙头，以大平坑口、白枧坳、牛角、漂塘孜九龙矿区、大王里等矿区为龙身的钨产业集群，规划建设成以有色金属加工为主体的扬眉小区。

《国务院关于支持赣南等原中央苏区振兴发展的若干意见》出台以后，崇义县适时调整了产业规划，进一步优化工业布局。鉴于关田镇矿产资源丰富，随着赣崇高速公路的建设，关田镇的资源和区位优势更加明显，崇义县委、县政府决定利用关田高速公路出口通道便捷优势，在关田田心村地段建设关田工业小区，共 3000 亩。工业小区建设分为两期，其中一期工程面积 1380亩。该工业小区主要以非金属矿产品深加工为主，建设成省级新型工业培育基地。

进一步优化后，崇义县工业园区建设产业定位是建设四个基地，即"全省钨精深加工产业基地""全省非金属精深加工产业基地""全省竹木精深加工基地""全省绿色食品科技产业基地"。在空间布局上持续建设"一园多区"并进一步明确各区的产业发展重点，形成特色。整个园区总规划面积7256.28 亩（折合 4.83 平方千米），按照一园四区的园区布局，分为过埠工业片区、章源工业片区（含鱼梁）、关田工业片区、长龙工业片区，其中过埠工业片区 828.42 亩；章源工业片区 2815.15 亩；关田工业片区 3367.71 亩；长龙工业片区 245.00 亩。

过埠、鱼梁两地距竹木储量较多的上堡、麟潭、关田、聂都、文英等乡镇较近，为竹木深加工企业提供了可靠的原料保障。重点发展以竹木加工为主导的无污染、环保型、生态型工业项目，壮大活性炭加工产业，发展成为全省竹木精深加工基地。章源位于横水镇塔下村，章源钨业股份有限公司所在地。发展钨精深加工和碳化硅复合材料等航空航天新材料项目，发展成为省钨精深加工产业基地。关田毗邻赣崇高速公路出口，工业园依托赣崇高速公路关田互通的交通区位优势和周边乡镇丰富的非金属矿等资源优势，以非金属矿加工为主，因此，关田工业片区定位于非金属矿深加工，建设成为全省非金属精深加工产业基地。长龙片区矿产资源较丰富，规划发展钨及其精深加工项目，建设成为全省钨精深加工产业基地。

此后不久，崇义又规划龙勾工业片区，着力发展资源综合利用型产业、绿色食品加工、新型材料，兼顾综合配套加工制造业和物流业，建设成为全省绿色食品科技产业基地。龙勾区位优势明显，地理位置独特。龙勾东与南康市接壤，北与上犹县交界，距105国道、京九铁路南康站35千米，赣州站45千米，距厦蓉高速赣崇段上犹东出口仅3.8千米，距上犹黄埠工业园1.6千米，距南康朱坊乡镜坝镇规划建设中的节能照明灯饰产业基地10公里，是赣州一小时经济圈范围内。规划建设中的赣郴铁路货运站、赣西大道和已建成通车的赣崇高速就在拟建的工业园与上犹交界处附近经过。上犹、龙勾两地海拔相近，地形相似，在开发建设上可借鉴黄埠经验。龙勾工业园区建设成本较低，第一期规划的4100亩，房屋仅有20栋，耕地128.2亩，征地成本低，难度相对较小；地形以低山丘陵为主，平均海拔220~300米，土地平整成本低。园区内的道路、供排水、施工用电、通信等基础设施可与条件成熟的上犹黄埠工业园相对接，能够极大地减少建设成本。园区关联效益、集聚效益显著。规划建设的龙勾工业园区向东可与赣州香港工业园、南康太窝、镜坝、三江工业园区连接，向北可与上犹黄埠工业园对接，与之成为大工业园格局，集聚各方优势，产业配套，功能互补。上犹黄埠工业园目前有较强的产业基础，工业园区建设较为成熟，产业链延伸空间巨大，客观上为崇义龙勾工业园区提供了良好的发展环境。

应该说，崇义建设绿色食品基地的条件是相对优越的。崇义拥有丰富的南酸枣、竹笋、茶油、茶叶、葛根等绿色食品资源。南酸枣分布面积 20 万亩，其中天然分布达 15 万亩，人工栽种 5 万亩，年产南酸枣近 10000 吨；有毛竹林基地 58.5 万亩，可年产竹笋 20000 吨。绿色食品产业形成了以南酸枣糕、野生刺葡萄果酒、竹笋罐头、茶油等为主导产品，集原料基地—原料收购—食品加工—产品研发—产品营销网络为一体的绿色食品产业链。除主要生产南酸枣糕的江西齐云山食品有限公司外，还具有多家规模以下绿色食品企业，如江西君子谷野生水果世界有限公司，该企业是综合性的农业和工业企业，主要产品有"君子谷"野生刺葡萄酒，深受消费者喜爱。

3. 主要成效

上犹县规模以上工业发展情况如表 4-9 所示。

表 4-9　上犹县规模以上工业发展情况

年份	企业数量（家）	总产值（万元）	工业增加值（万元）	主营业务收入（万元）	工业产品销售率（%）
2012	—	—	—	—	—
2013	9	80000	128700	—	—
2014	25	—	151000	—	—
2015	28	—	144800	581900	—
2016	36	—	150400	715100	—
2017	40	—	—	784000	—
2018	51	—	—	782600	—

注：①"—"表示不详；②2014 年新增入规模以上企业 3 家。

资料来源：作者根据上犹县历年发布的政府工作报告、国民经济和社会发展统计公报公布的相关数据收集整理。

2012 年，主导产业逐步壮大，工业发展后劲明显增强。投资 2 亿元，全面启动工业园南区建设，完成新扩园区 2500 亩。金山大桥建成通车，基本完成北区道路硬化和金山大道路基工程，路网、管网及电力通信设施实现了开工企业全覆盖；加快了金山大道、工业园污水处理设施等生产生活配套设施建设；协调解决了长时间制约 22 万伏输变电站项目进展的线路路径问题，省级工业园扩园调区已获省发改委批复同意开展前期工作，工业园承载能力进一步提高，产业招商成效明显。全年签约引进京禾纳米科技产业园、弗兰德等16个重大产业项目，总投资17.12亿元，其中亿元以上项目6个。在建项目进度加快。列入重点工程的江西颐澳药业、金诚新型复合材料等9个投资亿元以上的项目加紧建设，5万吨玻纤池窑拉丝等6个项目完成时序进度并开工建设。主导产业不断壮大。海盛钨钼千吨碳化钨生产线项目建成投产；南河玻纤完成技术改造并投入生产；晨光稀土新上钕铁硼永磁材料项目完成项目立项；力速数控智能化机床技术改造项目已通过省工信委备案。全县实现规模以上工业增加值13.3亿元、税利5.6亿元，分别增长16.5%和14%。预计全县完成生产总值（GDP）38.6亿元，按可比价计算，比2011年增长11.5%；经济结构进一步优化，三次产业比重调整为21.2：43.5：35.3，二产增加值占GDP的比重比上年提高了1.3个百分点。

2013年，全面完成了工业园南区二期规划设计。投入2.7亿元用于园区基础设施建设，金山大道基本成型，南区一期扩面2600亩。开展了工业园北区道路环境整治工作，北区新增绿化面积300亩，路灯亮化实现园区主干道全覆盖。扎实推进了工业闲置土地（厂房）清理工作。招商引资取得新成绩。全年签约落户项目27个，总投资达72.42亿元，其中超亿元以上项目19个，主导产业项目12个。犹江玻纤、沿湖玻纤获省工信委备案并列为省战略性新兴产业重大项目。重大工业项目快速推进，沐尔雅、海贝科技等15个项目年内建成投产，百顺竹业和颐澳药业主体工程竣工，南鹰电源和牡丹电池环境影响评价获省环保厅评审通过。产业升级初见成效，深化与长三角纳米研究院合作，京禾纳米科技产业园成功落户。工业经济总量不断壮大。如表4-9所示，2013年全县实现规模以上工业增加值12.87亿元，增长10.6%。成功获批"江西省玻纤及新型复合材料产业基地"，连续三年获得"全省工业崛起年度贡献奖"。两大主导产业保持较快发展，增速超过全县规模以上工业15个百分点，规模以上企业数量增至9家，实现产值8亿元。全县实现生产总值（GDP）43.1亿元，按可比价计算，比上年增长10.8%；经济结构进一步优化，三次产业比重调整为21.9：40.3：37.8，三产增加值占GDP的比重比上年提高了 1.4 个百分点。

2014 年投资近 2 亿元，推进工业园区基础设施建设。南区一期完成土地平整 3200 亩，南区二期规划面积 1200 余亩，建设排水、排污管道 12 千米，基本完成金山大道路面硬化工程及沿线供电、供水、供气管网铺设工程。加快推进工业园污水处理厂、220 千伏输变电站等配套项目建设，工业园调区扩区可研报告和中长期规划获省专家组初步评审通过。引资融资工作取得新成效。全年新签约工业项目 21 个，总投资 16.39 亿元，其中亿元以上项目 7 个。发放财园信贷通、小微信贷通、财政惠农信贷通贷款 2.33 亿元，有效缓解企业融资难题。大力发展工业经济，产业升级步伐加快，工业经济不断壮大。一是主导产业迅速壮大。编制完成《玻纤及新型复合材料产业规划（2016~2020）》，玻纤及新型复合材料产业被省政府确定为全省 60 个重点打造的产业集群之一；投产或在建的玻纤及新型复合材料、精密模具及数控机床两大主导产业企业达 53 家，实现主营业务收入 30 亿元，实现一年翻一番。二是工业产业加快转型。通过加强与京禾纳米研究院、清华长三角研究院、南京玻纤研究院交流合作，企业技术研发取得丰硕成果，龙泰塑料阻燃绳生产技术荣获国家发明专利，沐尔雅卫浴金属表面纳米处理技术新产品已通过权威质检部门认证，力速数控导轨式 3 轴数控中心填补了全市高端装备制造业空白，全年 20 个工业企业实施技改升级，新增产值近 8 亿元。三是重点企业加快发展。沐尔雅卫浴、康仕达医疗器械等 11 个项目建成投产，新入规企业 3 家。2014 年全县实现规模以上工业增加值 15.1 亿元，增长 11.8%。2014 年，入园企业达 128 家，园区企业实现工业增加值、主营业务收入 12.8 亿元、54 亿元，分别增长 10.7% 和 21.3%。全县实现生产总值 46.9 亿元，按可比价计算，比上年增长 9.6%；经济结构进一步优化，三次产业结构由 2013 年的 21.9：40.3：37.8 调整为 20.9：40.6：38.5。实际利用外资 5493 万美元，增长 2.6%；出口总额 1.03 亿美元，增长 11.3%。

2015 年工业园一期及扩区土方平整基本完成，确保了南鹰电源、和润宇电源等一批项目建设用地。园区基础设施逐步完善，建成 220 千伏输变电站，金山大道路面硬化、排水、排污、自来水、天然气、弱电管网、供电线路等基本完成铺设，完成了污水处理厂环评工作和污水管主管网设计。全年新增工业用地600多亩，盘活闲置土地215亩、厂房4万多平方米。成立了注册资本5000万元的融资担保公司，设立了首期规模3000万元的县中小企业倒贷基金。县财政安排2398万元担保金，推动"财园信贷通"等"三个信贷通"放贷3.23亿元，为466家企业和个体户缓解了融资难题。招大引强取得突破。全年引进晶科电力光伏发电、高大生物医疗科技等19个项目，其中亿元以上项目9个，签约资金达81.1亿元，约为2014年的5倍；在海外高层次人才项目对接活动中达成合作意向协议9项。主导产业加速壮大。主导产业企业突破60家。成功获批"中国玻纤新型复合材料产业集群发展示范基地"，实现上犹工业"国字号"招牌零的突破。龙泰新材成功登陆"新三板"，南河玻纤、乐丰电机等9家企业实现"四板"市场挂牌。两大工业主导产业新增投产企业7家，实现主营业务收入36亿元，增长20%，高出规模工业主营业务收入16.9个百分点。转型升级步伐加快。获批设立全市首个"江西'海智计划'纳米科技产业化应用工作站"。实施了晨光稀土自动控制系统、至越机械智能机械手无人化生产线等20多个技改升级项目。龙泰塑料被认定为省级高新技术企业，奥沃森新能源被评为全省发展升级示范企业。全年实现生产总值50.84亿元，增长10.0%；规模以上工业增加值14.48亿元，增长9.2%；固定资产投资45.9亿元，增长16.9%；实际利用外资6186万美元，增长12.6%；出口总额1.13亿美元，增长9.6%。2015年，园区新增投产企业11家，在建企业16家，入园企业达127家，实现主营收入57.5亿元，工业增加值14.5亿元，利税6.7亿元，同比分别增长7.82%、10.6%和8.2%。

2016年，全面完成了工业园南区一期土方平整3000亩，全面启动了工业园南区二期建设，已完成征地300亩。建成标准厂房10万平方米，清理闲置低效工业用地和厂房8.57万平方米。实施了自来水加压站、污水处理厂及管网、南区扩区道路等一批项目建设，开展了110千伏输变电站规划设计，天然气站投入使用，工业园区配套设施更加完善，环境更加优美。建立安商服务特派员、校企合作、精准帮扶企业APP等机制和平台，帮助企业解决了生产用能、产品销售、融资贷款、人才培训等一大批实际问题。全年园区企业实现主营业务收入66亿元，同比增长13.4%；新增投产工业企业12家，园区就业人员7000多人。招商引资成效显著。全县新引进项目64个，总投资149亿元。引进省外5000万元以上项目进资18.1亿元，增长12.56%。投资较快增长。全县固定资产投资53.34亿元，比上年增长16.2%，增速在全市排第15位。全县出口总额7299万美元，同比下降39.0%，增速在全市排第19位。全县全年实现生产总值（GDP）57.11亿元，比上年增长9.6%，其中，第一产业10.94亿元，增长4.2%；第二产业21.35亿元，增长8.5%；第三产业24.81亿元，增长13.2%。三次产业结构比为19.2：37.4：43.4。工业经济不断壮大。一是产业集群加速推进。大力推进玻纤新型复合材料首位产业建设，成立县玻纤新型复合材料协会，成功举办"全国玻璃纤维复合材料行业2016年工作会"，开工建设了10万吨池窑拉丝等重大项目，引进了维克雷德模具、华峰塑胶等一批项目，集群推进做法两次在全市主攻工业会议上作典型发言，全年两个集群累计实现主营业务收入39亿元，同比增长12.1%。二是转型升级步伐加快。全县10家挖潜增效企业中，有5家实施了技改升级，3家实施了增资扩能，净增主营业务收入5.38亿元，成为县域工业经济增长的核心支撑。三是企业创新加快推进。建成全国第四家纳米技术应用研究院——京禾纳米技术应用研究院。基本建成全省首家玻纤质检中心。纳贝咖啡上犹创客空间被认定为首批"市级众创空间"。新增雄博新能源等3家国家高新技术企业。高大生物人工皮肤项目进入生产注册登记阶段，量产后将成为国内人工皮肤领域的高端产品。四是企业效益平稳向好，亏损企业大幅减少。2016年，全县规模以上工业增加值15.04亿元，增长9.0%；实现主营业务收入71.51亿元，比上年增长9.7%，同比加快6.6个百分点；实现利润总额4.51亿元，增长7.8%，同比加快3.9个百分点；36家规模以上工业中，仅有7家企业亏损，同比减少3家。

2017年，县工业园区整体获批参与电力直接交易；成功争取到全省园区最低企业用气价格；新建标准厂房12万平方米；新增工业用地1000亩，清理黄埠老厂房等闲置（低效）工业用地500多亩，园区承载能力进一步提升。

大力"南下"招商引资，引进项目 64 个，签约资金 138.9 亿元，创历史新高。银企集中签约授信贷款 9.24 亿元；发放"五个信贷通"贷款 8.8 亿元；为 33 家企业提供倒贷资金 1.89 亿元，资金保障更为充裕。工业经济量质齐升。全年引进工业项目 30 个，签约资金 106 亿元，其中亿元以上项目 15 个、首位产业项目 10 个。澳客家居等 20 个项目顺利开工，和润宇电源等 15 个项目实现投产，光电科技产业园仅一年时间落户 9 家企业。元源新材获银团贷款 2 亿元，项目建设加速推进。全年完成工业固定资产投资 29.56 亿元，增长 36.5%。规模以上工业企业突破 40 家，全县规模以上工业实现主营业务收入 78.61 亿元，增长 20.8%；实现利税总额 7.50 亿元，增长 23.8%，其中：利润总额 5.59 亿元，增长 35.7%；税金总额 1.91 亿元，下降 1.5%；规模以上工业增加值增长 8.5%。壹凌科技等 4 家工业企业获评国家高新技术企业。新增"四板"市场挂牌企业 22 家。京禾纳米院士工作站成功揭牌。全县实现生产总值 65.51 亿元，增长 8.7%，其中第一产业增加值 12.20 亿元，增长 4.7%；第二产业增加值 24.96 亿元，增长 7.9%；第三产业增加值 28.35 亿元，增长 11.3%；完成固定资产投资 60.43 亿元，增长 13.3%；实际利用外资 7502.6 万美元，增长 10%；完成出口总额 1.21 亿美元，增长 65.4%。

2018 年，完成南区二期扩区 1500 亩土地征迁平整，清理闲置（低效）工业用地 300 多亩，在建标准厂房 14 万平方米，工业园污水处理厂投入运行，110 千伏黄埠输变电工程启动建设。全年引进工业项目 27 个、签约资金 95.1 亿元，其中亿元以上项目 15 个。列入市重点调度的 16 个亿元以上项目全部开工，12 个实现竣工投产。首位产业龙头元源新材正式投产，首位产业企业户数达 93 家，产业集中度提高至 45%，产业链产品突破百种。推动企业创新升级，新认定国家高新技术企业 12 家、国家级科技型中小企业 73 家，高新技术产业增加值占规模以上工业比重连续三年接近 90%，稳居全市前列。

全县固定资产投资同比增长 11.8%。其中，第二产业投资额同比增长 23.7%；第三产业完成投资额同比下降 26.7%。规模以上工业企业主要产品中钨精矿折合量（折三氧化钨 65%）469.29 吨，同比增长 19.3%，单一稀土

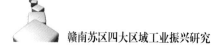

金属 1977.76 吨，同比增长 91.6%，玻璃纤维纱 34187.74 吨，同比增长 73.1%，塑料制品 11176 吨，同比增长 25.2%。全县规模以上工业增加值增长 9.5%；实现主营业务收入 78.26 亿元，增长 24.1%；实现利税总额 6.9 亿元，同比增长 69.6%，其中利润总额 4.84 亿元，同比增长 91.8%；税金总额 2.05 亿元，同比增长 33.3%。全年生产总值完成 73.37 亿元，同比增长 9.1%，增速在全市列第 13 位。其中第一产业完成 11.96 亿元，第二产业完成 28.49 亿元，第三产业完成 32.92 亿元；实际利用外资增长 10%；出口总额增长 4%。

通过三年攻坚，上犹县"主攻工业、三年翻番"目标圆满实现，全县规模以上工业企业增至 51 家，规模以上工业主营业务收入、工业固投分别完成翻番任务的 105% 和 133%。

主攻工业三年来，上犹工业园围绕"模具产业基地"和"玻纤及新型复合材料产业基地"两大基地建设，以元源新材 10 万吨池窑拉丝项目为龙头，做强玻纤及新型复合材料首位产业；围绕装备铸造配套，壮大精密模具及数控机床第二主攻产业；定位市新能源汽车城发展配套，培育新能源动力电池第三主攻产业，引进了元源新材年产 10 万吨池窑拉丝、优源新能源汽车、壹凌科技、维克雷德等产业龙头带动项目，推进龙泰新材、沿湖玻纤、奥沃森新能快速扩产增量，产业集群优势日益凸显。2016 年，园区规模以上企业实现主营业务收入 608900 万元，增速达 5%，亩平均投资 162.66 万元，亩产出为 131.35 万元，亩税收 3.99 万元，首位产业主营业务收入 147500 万元。2017 年，园区规模以上企业实现主营业务收入 751500 万元，增速达 26.30%，亩平均投资 220.1 万元，亩产出为 169.2 万元，亩税收 7.16 万元，首位产业主营业务收入 405000 万元，同比增长 174.6%，占园区主营业务收入的 51.9%。园区三大主攻产业企业共 98 家，其中首位产业企业 56 家，实现主营业务收入 40.5 亿元；第二产业 36 家，实现主营业务收入 5.5 亿元；第三主攻产业 6 家，实现主营业务收入 15.5 亿元，三个产业主营业务收入已占园区总量的 90% 以上。2018 年，园区共有企业 176 家（含租赁厂房企业），园区从业人员 8500 余人。预计全年园区完成主营业务收入 72.5 亿元，同比增长

29%，实现利税 5 亿元。

三、崇义县工业振兴分析

（一）促进工业振兴的主要政策

第一，主攻工业，打造工业发展平台的政策。制定了《崇义县三年主攻工业实施意见》《2016 年崇义县主攻工业工作要点》，要求科学规划产业布局，强力推进项目建设，重点在规模以上工业主营业务收入、工业固定资产投资、龙头企业发展三项指标制定发展目标任务。为打造工业发展平台，制定《崇义县工业小区开发建设与企业管理暂行办法》《"一基地二小区"控制性详细规划》等文件，加快工业小区建设进度，规范工业小区开发建设与入驻小区的企业管理和服务。2012 年，崇义县硬质合金工具及硬面材料产业配套基地顺利通过省工信委批准，并列入 2012 年江西省 10 个战略性新兴产业配套基地名单。

第二，推动工业转型升级的政策。制定了《县委宣传部关于在全县组织开展"科学发展、加快发展、转型发展、绿色崛起"主题教育活动的实施方案》，在全县开展"科学发展、加快发展、转型发展、绿色崛起"主题教育活动。出台了《崇义县关于加快发展转型发展强力推进新型工业化的实施意见》《崇义县 2012 年新型工业化工作意见》《关于进一步做大做强工业主导产业的意见》等文件，深入实施工业强县战略，加速新型工业化进程。相继推出《关于做好崇义县成长性企业入规培育工作的通知》《关于 2009 年度崇义县中小企业成长性工程申报工作的通知》《关于 2009 年实施中小企业成长工程责任落实的通知》《关于印发〈崇义县实施中小企业成长工程工作方案〉的通知》《崇义县工业振兴企业成长倍增计划》《2013 年崇义县实施中小企业成长工程工作方案》《崇义县加快推进企业挂牌上市若干政策》，大力实施工业企业成长倍增计划，加快"个转企、企入规、规上市"进程，进一步发挥工业的支撑和带动作用。为推动企业转变粗放式增长方式，制定《崇义县县长质量奖管理办法》《崇义县质量兴县实施方案》，以质量振兴带动经济振兴，提高经济增长质量和效益。相继出台了《关于促进全县经济平稳较快增长的若

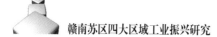

干意见》《崇义县工业科技创新基金管理办法》《崇义县工业发展奖励资金实施办法》等文件，在资源配置、资金投放、税费减免、土地出让等方面对科技创新实行倾斜和优惠，鼓励和引导企业科技创新。为工业企业技术创新工作营造良好的政策环境。

第三，大力招商引资，改善营商环境的政策。出台了《崇义县加快发展总部经济的实施意见》《关于印发〈2016年度全县经济社会发展考评工作的实施意见〉的通知》，充分发挥招商引资在经济发展中的重要作用。制定《关于创建作风建设模范县进一步优化发展环境的实施意见》《关于降低企业成本优化发展环境的若干政策措施》《关于深化改革开放进一步优化发展环境的实施意见》等文件，努力打造高效透明的政务环境、宽松便利的投资环境、风清气正的市场环境、优质完备的要素环境造就公正有序的法治环境，构建"亲""清"新型政商关系。出台了《崇义县企业续贷基金使用管理暂行办法》，为有发展前景的部分中小企业在办理"还旧续贷"业务时提供总额不超过2000万元的临时性基金支持。出台了《关于印发进一步推动非公有制经济发展实施意见的通知》《关于进一步推进能人创业工作实施意见》等文件，促进非公有制经济发展。

（二）政策落实及其成效分析

1. 政策落实情况

第一，积极发展绿色GDP，加快产业向绿色低碳转型。崇义县以振兴发展和环保部挂点崇义为契机，着力实施发展生态化战略，以实施绿色制造工程为牵引，全面推行绿色制造；加强分类指导，大力推动工业产业升级，实现绿色制造，构建具有地方特色的绿色生态产业体系，着力把绿色生态资源优势转化为产业优势、经济优势。矿业不断向深加工、高精尖方向发展，林业加快向品牌家具、木材建材、竹纤维等产业链高端延伸，绿色食品业提档升级。推动崇义工业发展向绿色低碳转型。

升级传统产业，展示绿色制造的先进经验和典型做法，实现制造业低碳循环和可持续发展，促进工业文明与生态文明和谐共融。一是建设绿色矿业、绿色矿山，全力打造矿产品精深加工首位产业。注重提升钨产品产业的发展水平，不断延长产业链、产品链，进一步优化产业结构，积极打造生态工业。通过以章源钨业、耀升钨业、淘锡坑矿、新安子钨锡矿、茅坪钨矿等"国家级绿色矿山"为样本，发挥以点带面的示范作用，推进绿色矿山建设。二是依托江西齐云山食品有限公司、君子谷野生水果世界等绿色食品龙头企业，在全县推广种植野生刺葡萄、南酸枣树等，打造"绿色银行"，并结合精准扶贫工作，推动竹笋、茶油等绿色食品产业稳步发展，做大做强。绿色食品产业已经成为崇义县继矿业之后的又一主导产业。

培育新兴产业，壮大支柱产业。重点发展光伏发电、风能等可再生资源项目，大力发展新能源产业。大力实施项目攻坚战，大力引进钨配套产业、非金属矿产、竹木深加工、绿色食品等项目，加快培育壮大支柱产业，不断增强绿色经济的核心竞争力。推动耀升钨业、章源钨业等龙头企业进一步做大做强。支持龙头企业坚持自主创新与"产学研用"相结合，以科技创新引领企业跨越发展，积极申报国家认定企业技术中心、工程技术研究中心、技术创新示范企业、博士后科研工作站，进一步巩固研发优势，降低研发成本，推动产业结构转型升级。推进工业化与信息化的融合，打造高性能自动生产线，全面推动智能化改造，提升钨及硬质合金产品档次，增强该行业的核心竞争力，打造崇义钨行业品牌形象。作为一家集钨的采选、冶炼、制粉、硬质合金与钨材生产和深加工、贸易为一体的上市龙头企业，崇义章源钨业股份有限公司坚持走自主创新和"产学研"相结合的技术创新之路，采用国内外先进的工艺技术和装备，连续实施了 APT、钨粉、碳化钨粉、硬质合金及其工具、高比重合金、钨异型材等多项钨深加工技术改造，建立了从钨上游采矿、选矿，中游冶炼至下游精深加工的完整一体化生产体系及与之配套的研发和销售平台，走出了一条快速稳健的纵向一体化发展之路，实现了由资源型企业向高技术深加工型企业的快速跨越。截至 2015 年，崇义县申报国家专利 30 多项，拥有自主知识产权核心技术多项，被国家评为"技术创新模范企业"，被认定为"国家级技术中心"，并荣获"江西省优秀新产品""中国本土特种葡萄酒唯一金奖"等奖项，被列为"江西省硬质合金产业基地""江西战略性新兴产业基地"等。

第二，积极扶持中小企业成长，强力推进企业入规工作，做大总量。加快培育壮大一批"专精特新"中小企业，打造一批行业隐形冠军，引导中小企业走专业化、精细化、特色化、新颖化发展之路，促进中小企业结构调整和转型升级。认真贯彻"企业成长倍增计划"，全面做好企业生产规模、经营状况、主营业务收入等方面的摸底调查，建立了"一家成长企业、一名挂点县领导、一个牵头责任单位、一抓入规培育到底"的工作机制，选派专人协助企业整理入规的有关资料、办理相关手续等各项准备工作，全心全意为企业服务。在 2017 年完成 7 家企业入规基础上，2018 年又完成了鑫成矿业、强鑫矿产品、源德矿业、共创贸易、通成矿业、恒拓矿业、骏星有色金属 7 家企业的入规。2017 年全县规企总数达到 48 家。为促进中小微企业发展壮大，崇义县鼓励大集团企业带动中小微企业，建立生产经营协作关系，突出协作配套，补大不足，为小企业服务，促进小微企业上规模、上总量、上档次，共同发展。

第三，努力建设工业发展平台。由于崇义是个山区小县，山地多、平地少，城镇郊区及各乡镇区域内没有可供连片开发的土地，限制了工业小区的连片集中建设。自 2006 年 6 月实施工业小区建设以来，共进行了过埠、关田、古亭、扬眉、渔梁、文英、章源、耀升 8 个工业小区建设。当前的情况是：章源工业小区规划面积 1000 亩，发展钨精深加工和碳化硅复合材料等航空航天新材料项目，建设省级钨硬质合金应用材料产业基地，力争建成国家级高科技产业基地；耀升工业小区规划面积 1500 亩，发展钨及其精深加工项目，建设省级钨深加工产业基地，力争建成省级高科技产业基地；过埠工业小区总体开发面积 2000 亩，重点发展以食品加工为主导的无污染、环保型、生态型工业项目，壮大活性炭加工产业；关田工业小区总体规划面积 3000 亩，发展以光伏材料为主的非金属矿深加工项目，建设省级非金属矿深加工产业基地；古亭工业小区规划面积 2000 亩，建设成为与非金属矿深加工产业相配套的上游产品加工基地；扬眉工业小区规划面积 3000 亩，重点发展以果品加工为主导的绿色食品加工项目，打造农业产业化加工基地；渔梁工业小区规划面积 1000 亩，建设化工园区，重点发展竹木精深加工和食品加工产业；文英工业小区规划面积 2000 亩，重点发展非金属矿深加工项目。

2014 年，经江西省政府正式批复，崇义工业园区正式成为省级工业园区创建单位，并纳入省级工业园区序列管理。此举为崇义县加快实现产业集群化和新型工业化提供了有利条件。2016 年，省政府办公厅同意崇义县设立省级产业园，定名为崇义产业园，实行现行省级开发区政策。产业园总体规划面积为 2215.05 亩，按照"一园三区"的布局，即章源工业片区 201 亩、鱼梁工业片区 1157.55 亩、关田工业片区 856.5 亩，主要发展钨深加工、竹木深加工、绿色食品深加工和非金属深加工四大产业。

以工业园区为依托，崇义打造了多个特色产业园区。如崇义县活性炭物质循环经济产业园，该园区位于过埠工业小区，是由崇义县人民政府策应《若干意见》的优势转化，携优势资源项目数次赴京向高端机构推介过程中，与中国科学院城市环境研究所本着优势互补，互利共赢的原则，开展全面的战略合作而创建的生物基活性炭循环经济产业园区。崇义县活性炭循环经济产业园建设规模为 2000 亩，分两期开发建设，一期（2012~2015 年）建设 1000 亩，具体的建设项目为使泰昇炭业有限公司扩大生产规模，使其产能增加到 1.5 万吨/年；二期（2016~2020 年）建设 1000 亩，使泰昇炭业有限公司的产能扩大到 3 万吨/年。该产业园是充分利用崇义县及周边县区储量丰富的竹木采伐、加工"三剩物"和毛竹、杂竹等工业原料，加工生产物理法活性炭，并形成由生产低端的活性炭向高附加值活性炭应用产品的生产加工链，通过中科院的业内高端推介，引进与之相配套的下游应用产品的项目生产企业落户园区，真正成为集科研、开发、加工、销售、服务为一体的低碳循环经济产业园。

为策应两城两谷一带，崇义又打造锂电池特色园区，该园区位于关田工业园。2017 年以来，崇义县牢牢抓住赣州市新能源汽车和动力电池产业高速发展机遇，主动承接沿海发达地区产业转移，全力招大引强，引进关联性大、带动力强、产业补链强链的项目。已有江西中子能源有限公司、深圳中义新能源科技有限公司、珠海浩远科技有限公司、惠州市科德亿能源科技有限公司等一些实力强、科技含量高、市场前景好、安置就业多的企业入驻园区。

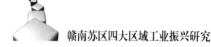

此外,崇义积极谋划工业发展新平台,结合崇义县产业发展特色,打造"县城—鱼梁—关田—丰州—文英"工业走廊,力争两年内形成独具特色的工业经济发展"崇义板块"。

全力打造全国钨产业基地。《国务院关于支持赣南等原中央苏区振兴发展的若干意见》提出要建设具有较强国际竞争力的稀土、钨稀有金属产业基地。崇义县紧紧抓住这一战略机遇,打好"资源整合、科技创新、精深加工、上市融资"4张牌,走集约化、集群化、高端化发展道路,全力打造全国钨产业基地。重点推进投资12.8亿元的耀升工贸高性能硬质合金、投资10亿元的章源钨业碳化硅陶瓷复合材料加工等项目。鼓励采取兼并、股份合作等方式,促进钨资源向章源、耀升两大龙头企业集聚。坚持以科技创新为引领,建立国家钨工程研究中心、博士后工作站,建好硬质合金工具及硬面材料省级战略性新兴产业基地,打造章源、耀升两大钨产业园区,大力发展钨精深加工,加快推动钨产业链向硬质合金、涂层刀片、刀钻具等高端产品延伸,形成了从探矿—采矿—选矿—钨精矿—APT—钨粉—碳化钨粉—纳米钨粉—混合料—硬质合金—矿山工具、刀片、棒材等完整产业链。

在产业平台建设中,崇义坚持工业企业落户必须符合产业准入条件。在项目建设中,必须严格执行"三同时"(污染防治设施与主体工程同时设计、同时施工、同时投产使用)制度。对环评文件未经批准即擅自开工建设、建设过程中擅自作出重大变更、未经环境保护验收即擅自投产等违法行为,依法追究管理部门、相关企业和人员的责任。建设"生态+"产业园区,鼓励企业入园发展,尽快建成园区废气、污水、固体废物等集中处理设施。

第四,积极创造良好营商环境,大力招商引资。不断优化审批流程,解决企业"办事难"问题。以深化商事制度改革为发力点,全面推进"二十四证合一"、企业登记网络服务、企业登记全程电子化等改革,使市场主体登记更便捷,有效降低投资办企业的门槛。不断优化审批流程。经过改革,目前县本级仅保留行政许可142项,为赣州全市最少。在全市率先推行"一窗式"审批服务模式改革,实现政府和企业投资项目前期工作审批服务时间缩短50%。对投资200万元以下工程项目直接由业务部门审批,无须县政府批准,进一步缩短了企业入驻时间和项目开工周期。

崇义县立足优势资源，围绕延长产业链条，充分发挥政策优势和区位优势，全面做好招商工作，不断加大招商引资力度，创新招商引资方式，招大引强。重点围绕矿业、林业、食品业等产业引进了一批企业。2017年，崇义依托关田工业园，规划建设450亩建设医药电子产业示范园，引进江西中子能源、江西润泉康等医药电子企业7家、总投资16.3亿元，初步形成医药产业依托本地优势动植物资源发展；锂电池产业正极材料、电解液、盖帽、钢壳、电子元器件、绝缘新材料等上下游配套产业链协同抱团发展态势初步形成。

第五，倾力帮扶企业。大力实施"一企一策、精准帮扶"。着力开展金融精准帮扶，解决企业"融资贵"问题。加强政银企之间的沟通、交流与合作，组织融资对接活动，发挥金融支持实体经济作用。针对企业遇到的融资难问题，崇义县设立工业发展专项资金作为贷款风险补偿金，通过杠杆放大，支持银行对中小微企业发放免抵押、免担保贷款的"四通"（财源信贷通、小微信贷通、惠农信贷通、矿业信贷通）融资模式，并撬动民间资本加大对实体经济的投入。总计2017年银企对接签约企业47户，签约金额11.06亿元；"小微信贷通"发放贷款7900万元，"创业信贷通"发放贷款2500万元，惠及企业120多家。2018年1~4月，"小微信贷通"发放贷款3060万元，"创业信贷通"发放贷款150万元，惠及企业64家。此外，崇义还组建工业投资公司，设立2000万元企业续贷基金，帮助企业解决"过桥资金"难题。落实税收优惠政策，解决企业"税费贵"问题。推进工商营业执照、组织机构代码证和税务登记证"三证合一"改革，降低企业办税成本。在企业入规、科技奖励等领域落实减负政策，兑现钨精深加工、科技专利、总部经济发展、新增税收返还、企业入规、用工补贴、贷款贴息、电价补贴等各类优惠奖励资金，如2017年就发放仓储补助8628.88万元，兑现钨深加工奖励1244万元，对新增纳税企业发放奖励137.45万元，企业入规奖励40万元，品牌培育奖励60万元，企业技术创新平台奖励30万元，科技专利奖励22万元等。落实西部大开发政策，协助齐云山、君子谷、精亿灯饰等企业申报西部大开发企业所得税减免政策。提升企业组织化程度，抱团发展。成立崇义县中小企业协会、民营企业联合会，鼓励企业家相互支持，共同发展。成立崇义高岭土产业联盟，致力于建立政府与企业、企业与企业之间的沟通合作机制，提供行业信息交流平台，倡导高岭土资源保护和合理开发，实现联盟成员厂商产品之间互联互通，推动高岭土产业的健康快速发展。制定《崇义县钨矿产品仓储服务平台实施方案》，进一步缓解县内钨矿产企业经营困难。依靠赣州创业大学，积极开设创业培训班，激发创业激情，挖掘出创业潜能。

2. 主要成效

崇义县规模以上工业发展情况如表 4-10 所示。

表 4-10　崇义县规模以上工业发展情况

年份	企业数量（家）	总产值（万元）	工业增加值（万元）	主营业务收入（万元）	工业产品销售率（％）
2012	24	769300	280800	746200	96.54
2013	30	950200	263300	878500	92.41
2014	34	1038000	270400	1005279.9	94.75
2015	34	970430	224640	857459	90.63
2016	44	—	237900	924900	
2017	48	574241	—	739686	
2018	—	—			

注：①"—"表示不详；②根据省市要求，自 2017 年 9 月起不再公布规模以上工业增加值总量。

资料来源：作者根据崇义县历年发布的政府工作报告、国民经济和社会发展统计公报公布的相关数据收集整理。

2012 年，崇义县加速推进工业新型化，工业经济实现平稳较快发展。崇义县获得省政府颁发的"2012 年度加快工业发展加速工业崛起年度贡献奖"，并已连续三年获此殊荣。据测算，2012 年全县生产总值 524906 万元，按可比价计算增长 11.6%。其中，第一产业完成增加值 78811 万元，增长 3.0%，第二产业完成增加值 313658 万元，增长 12.5%，第三产业完成增加值 132437 万元，增长 14.9%。国民经济三大产业比例为 15.0：59.8：25.2。在第二产业中，工业增加值 303151 万元，占生产总值的比重为 57.8%，增长 12.5%。到 2012 年末，全县个体户 7552 户，从业人员 16135 人，私营企业数 542 家，从业人员 14337 人。500 万元以上项目完成固定资产投资 229283 万元，比上年增长 39.0%；工业投资完成 41398 万元，增长 33 倍。如表 4-10 所示，全年规模以上工业企业完成工业总产值 769300 万元，增长 2.6%，完成工业增加值 280800 万元，增长 13.5%，实现主营业务收入 746200 万元，增长 6.8%，实现利润总额 32572 万元，下降 46.9%，规模以上工业产销率为 96.54%。2012 年规模以上工业新增 5 家企业。规模以上工业法人企业产值单耗明显下降，企业节能降耗效果明显。企业综合能源消费量 32034 吨标准煤，与 2011 年同期相比下降 4.02%；根据核算，全县规模以上工业企业万元产值能耗 0.04 吨标准煤，同比下降 6.46%。

2013 年，崇义工业经济扩容增量，支柱产业持续增长。非公有制经济预计总数达 8400 户，新增民营企业个体工商户 873 户，其中新增个体工商户 731 户，同比增长 6.21%，其中，新增私营企业 142 家，同比增长 22.71%。全县非公有制经济实现增加值 286465 万元，增长 16.35%，实现税收 56133 万元，与 2012 年同期相比增长 19.6%，民营经济从业人员 30367 人。在民营工业企业上规模方面：2013 年遴选了 11 家规下民营工业企业进行重点培育，经国家统计部门核准，2013 年已有 3 家企业进入规模企业统计笼子。2013 年全县生产总值 57.96 亿元，增长 10.0%，增幅比 2012 年回落 1.6 个百分点，其中第一产业增加值 8.66 亿元，增长 4.4%，第二产业增加值 34.40 亿元，增长 11.3%，第三产业增值 14.90 亿元，增长 10.1%。三次产业结构比为 14.9 : 59.4 : 25.7。固定资产投资 27.72 亿元，增长 22.1%，增幅比 2012 年回落 16.9 个百分点；工业投资完成 60184 万元，增长 45.4%。实际利用外资 1272 万美元，增长 10.1%，比 2012 年回落 0.4 个百分点；外贸出口总额 8757 万美元，增长 26.3%，扭转了上年外贸出口负增长的局面；规模以上工业总产值 95.02 亿元，同比增长 21.48%；规模以上工业增加值 26.33 亿元，增长 11.46%；实现主营业务收入 87.85 亿元，增长 15.8%；工业销售总产值 87.81 亿元，工业产品销售率 92.41%，产销衔接良好。具体来看，2013 年崇

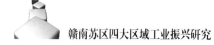

义工业经济运行呈以下特点：

第一，工业投资稳步推进。2013 年纳入统计的工业建设项目 18 个，比上年增加 7 个，完成投资 6.02 亿元，增长 45.4%，比固定资产投资总额增速高出 23.3 个百分点。

第二，规模企业扩容增量。2013 年以来，一批存量企业相继进行技改扩能，部分企业相继投产，生产规模逐步壮大。祥和万年青建成投产，聚成电子、恒盛矿业、阳星矿业、恒昌矿业、威恒矿业成长为规模以上工业企业，规模以上工业户数达到 30 户，增加了规模以上工业规模总量。

第三，支柱产业持续增长。支柱产业虽然受到国内外经济形势的影响，但仍保持了持续增长的态势。钨行业完成工业产值 77.85 亿元，增长 20.5%，实现主营业务收入 71.57 亿元，增长 15.1%，木竹加工业完成工业产值 8.62 亿元，增长 23.1%，实现主营业务收入 7.86 亿元，增长 10.9%，食品加工业完成产值 1.602 亿元，增长 50.0%，实现主营业务收入 1.60 亿元，增长 37.8%。2013 年崇义县规模以上工业法人企业能源消费量：企业综合能源消费量 34076 吨标准煤，同比增长 3.14%；产值单耗 0.04 吨标准煤，同比下降 15.1%。2013 年崇义县实现规模以上工业主营业务收入达 87.85 亿元，同比增长 15.77%，利润总额达 5.12 亿元。

2014 年，全县实现生产总值 63 亿元，增长 9.1%；其中，第一产业完成增加值 94155 万元，增长 4.5%，第二产业完成增加值 373398 万元，增长 10.9%，第三产业完成增加值 162387 万元，增长 7.3%。国民经济三大产业比例为 14.9∶59.3∶25.8。在第二产业中，工业增加值 360289 万元，占生产总值的比重为 57.2%，增长 10.9%。完成固定资产投资 33.41 亿元，增长 20.5%；工业投资完成 75019 万元，比 2013 年同期增长 24.6%。规模以上工业总产值首次跨越百亿关口，达 103.8 亿元。工业用电 2.51 亿千瓦时，同比增长 8.55%。规模以上企业实现工业增加值 27.04 亿元，同比增长 11.90%，增速列全市第十位。新增戎丰工贸公司、兴珍工贸公司、圣鑫矿业公司、清泉水业公司、尾矿综合回收公司 5 家规模以上企业，总数达 34 家。工业销售总产值 98.34 亿元，工业产品销售率 94.75%，产销衔接良好。规模以上工业企业能源消费量：本期企业综合能源消费量 37302 吨标准煤，同比增长 9.74%；本期产值单耗 0.04 吨标准煤，同比下降 2.45%。

2014 年，崇义工业经济运行主要特点有以下六点：

第一，总体运行平稳。2014 年全县规模以上工业企业实现工业总产值 1038000 万元，同比增长 12.7%，首次突破百亿大关；实现销售产值 983394.7 万元，同比增长 11.98%；工业增加值 270400 万元，同比增长 11.9%，增幅居全市第十；全县规模以上工业企业累计实现主营业务收入 1005279.9 万元，同比增长 17.66%；累计实现利润 46772.3 万元，同比下降 5.45%；实现利税总额 113945 万元，同比增长 4.06%，其中规模以上工业应交增值税 58367 万元，同比增长 8.92%。

第二，主导产业全面发展。2014 年全县规模以上工业三大支柱产业都实现了稳步增长。矿业、木竹加工业、食品制造业工业总产值分别达 878661.6 万元、59447.8 万元和 17087.4 万元，同比分别增长 12.9%、8.7%和 6.7%。三大支柱产业总产值 955196.8 万元，占全部规模以上工业总产值的比重达到了 92%。硬质合金应用材料产业集群克服各种困难，2014 年实现主营业务收入 86 亿元，为赣州打造千亿元稀土钨产业集群做出了应有的贡献。

第三，非公工业快速增长。非公有制经济增加值 443936 万元，占全县生产总值的比重为 70.5%，增长 9.2%。个体和私营经济健康发展，到 2014 年末全县个体户 8223 户，增长 5.3%，从业人员 17227 人，增长 6.8%，私营企业数 884 家，增长 35.8%，从业人员 15953 人，增长 22.6%。2014 年全县规模以上工业非公有制工业实现总产值 960988.9 万元，增长 12.5%，总量占规模以上工业的比重达到 92.6%。

第四，大中型企业支撑作用见长。全县大中型企业呈现快速增长的良好态势，以其总量和增速弥补了小型企业发展的不足，起到了支撑全局的支柱作用。2014 年大中型企业累计实现工业总产值 710335.8 万元，比重达 68.4%，增长 8.57%。

第五，重点企业支撑明显。章源钨业和耀升钨业完成工业总产值 669206.7 万元，完成主营业务收入 630224.2 万元，分别占全县比重的 64.5%、62.7%。

第六，园区工业发展亮眼。2014年，崇义工业园区投产工业企业数十户，其中工业总产值34.3亿元，同比增长11.84%；工业增加值8.64亿元，同比增长9.93%。主营业务收入30.4亿元，同比增长16.27%；利润总额2.24亿元，同比下降12.90%。

2015年，全县生产总值649050万元，按可比价计算增长7.2%。其中，第一产业完成增加值96565万元，增长4.1%，第二产业完成增加值375142万元，增长7.1%，第三产业完成增加值177343万元，增长8.7%。国民经济三大产业比例为14.9∶57.8∶27.3。在第二产业中，工业增加值360842万元，占生产总值的比重为55.6%，增长6.9%。固定资产投资38.96亿元，增长16.6%，增速比上年回落3.9个百分点；工业投资完成90057万元，比2014年同期增长20%。全年规模以上工业企业完成工业总产值970430万元，下降7.3%，完成工业增加值224640万元，增长6.8%，实现主营业务收入857459万元，下降15.3%，实现利润总额51643万元，增长10.1%，全年工业用电量21281万千瓦时，下降15.6%。2015年规模以上工业新增4家企业。规模以上工业企业能源消费量：本期企业综合能源消费量35459吨标准煤，同比下降5.82%；本期产值单耗0.04吨标准煤，同比增长1.61%。

崇义工业园区投产工业企业数9家，其中工业增加值81975万元，同比增长3.81%。主营业务收入243415万元，同比下降21.53%；利润总额18156万元，同比下降18.89%。

2015年崇义规模以上工业经济运行特点有以下两点：

第一，轻、重工业同步发展。规模以上工业企业中，轻工业累计完成总产值3.17亿元，同比增长10.7%，重工业累计完成总产值93.88亿元，同比下降7.82%，轻工业产值增幅保持相对较高水平。

第二，主导产业优势明显。钨钼矿采选冶炼及压延加工业、木竹加工业、食品制造业实现工业总产值79.55亿元、6.77亿元和1.89亿元，同比分别为下降9.99%、增长13.97%和10.82%。主导产业拉动经济的优势明显。

2016年，500万元以上固定资产投资项目完成投资453826万元，增长16.5%。其中工业投资完成109083万元，比2015年同期增长21.1%。实现生产总值 71.16 亿元，增长 9.3%，比 2015 年提高 2.1 个百分点。其中，第一产业增加值 10.67 亿元，增长 4.3%，第二产业增加值 40.05 亿元，增长 8.2%，第三产业增加值 20.64 亿元，增长 14.3%。三次产业结构由 2015 年的 14.9：57.8：27.3 调整为 2016 年的 14.7：56.3：29.0。第一产业下降 0.2 个百分点，第二产业下降 1.5 个百分点，第三产业提高 1.7 个百分点，产业结构进一步优化。在 9.3% 的 GDP 增速中，第一产业拉动 1.4 个百分点，第二产业拉动 5.2 个百分点，第三产业拉动 2.7 个百分点。三次产业对经济增长的贡献率分别为 13.8%、40.6% 和 45.6%。

工业经济扩容增量，支柱产业平稳增长。支柱产业虽然受到国内外经济形势的影响，但仍保持平稳增长态势。2016 年崇义县规模以上工业完成增加值 23.79 亿元，增长 8.9%，实现主营业务收入 92.49 亿元，增长 9.1%，实现利润 5.51 亿元，增长 5.3%。其中，钨行业完成工业产值 53.53 亿元，增长 9.2%，实现主营业务收入 71.57 亿元，增长 15.1%，木竹加工业完成工业产值 3.74 亿元，增长 10.7%，实现主营业务收入 7.26 亿元，增长 12.1%，食品加工业完成产值 3.22 亿元，增长 33.6%，实现主营业务收入 3.05 亿元，增长 26.0%。

规模企业扩容增量。2016 年全县一批存量企业相继进行技改扩能，部分新建企业相继投产，华晟矿业、腾龙矿业、鸿盛矿业、新富矿产品、深发高岭土、净达生物新能源、腾亮竹木业、精亿灯饰 8 家企业纳入统计，规模以上工业企业达到 44 家，生产规模逐步壮大。

初步核算，2017 年崇义全县完成固定资产投资 51.74 亿元，增长 14.0%，增速比 2016 年回落 2.5 个百分点，尽管投资增速放缓，但全年投资运行总体保持平稳。从投资结构来看，工业投资占比偏低，投资结构不优的现象正在逐步改善，全年工业完成投资 15.07 亿元，增长 38.1%，占全部投资的比重为 29.1%，比 2016 年提高 5.1 个百分点，对投资增长的贡献率达到 65.4%，拉动投资增长 4.1 个百分点。工业投资的快速增长，尤其是制造业完成投资 6.70 亿元，增长 130.8%，企业自主决策的信心、投资的动力在不断增强，投资环境进一步改善，也将为经济增长注入新的活力。

全县生产总值 814510 万元，按可比价计算增长 9.3%。其中：第一产业完成增加值 110350 万元，增长 4.6%；第二产业完成增加值 389192 万元，增长 8.4%；第三产业完成增加值 314968 万元，增长 13.4%。国民经济三大产业比例为 13.5：47.8：38.7。在第二产业中，工业增加值 371243 万元，占生产总值的比重为 45.6%，增长 8.5%；对经济增长的贡献率为 54.1%，拉动生产总值增长 4.2 个百分点。非公有制经济增加值 543500 万元，占全县生产总值的比重为 66.7%，增长 10.3%。市场主体健康发展，全年个体工商户新开业 468 户，年末全县工商个体户户数 7980 户，从业人员 17802 人，注册资金 104624 万元；全年新注册私营企业 135 家，年末私营企业数 1675 家，从业人员 20358 人，注册资金 570132 万元。

由于国际市场需求加大，钨行业价格回升，给全县主要出口产品钨制品出口带来转机，企业出口订单增加，主要出口企业章源钨业 2017 年实现出口交货值 3.63 亿元，增长 31.7%。全县外贸出口 10755 万美元，增长 14.2%，增速比 2016 年提高 11.4 百分点。崇义首位产业钨行业国内外需求增加，产品价格全线回升，生产和效益快速提升，行业回暖迹象明显，正逐步走出低谷，规模以上钨企业完成工业产值 54.16 亿元，增长 50.0%，实现主营业务收入 59.51 亿元，增长 44.2%，实现利润 2.87 亿元，增长 51.8%。在钨行业的带动下，全县规模以上工业形势逐步好转，实现主营业务收入 739686 万元，增长 35.6%，实现利润 3.37 亿元，增长 34.6%；规模以上工业企业完成工业总产值 574241 万元，工业增加值增长 9.2%。全年工业用电量 22523 万千瓦时，增长 9.8%。

工业经济增长新旧动能转换不足。2017 年，全县规模以上工业生产向好，效益提升，主要得益于钨产品价格的回升，工业经济在质上并没有发生根本性变化，钨行业一枝独大的局面没有得到有效改善。2017 年全县虽然新增规模以上企业 9 家，规模以上工业企业户数有 48 户，但由于企业规模较小，且钨行业占到 5 家，对工业经济的结构调整，新旧动能的转换贡献有限。

2018 年，全县固定资产投资增长 10.3%。分产业看，第一产业增长 3.7%，第二产业增长 17.6%，第三产业增长 9.4%。按经济类型分，国有投资增长 13.9%，非国有投资增长 7.8%，民间投资增长 11.2%。2018 年，全县工业投资同比增长 17.6%，比 2017 年同期回落 20.5 个百分点，工业投资增速下降的主要原因是制造业投资下降下拉全县工业投资增速。完成生产总值 91.93 亿元，同比增长 9.7%；其中第一产业 10.89 亿元，同比增长 3.6%；第二产业 44.18 亿元，同比增长 8.7%；第三产业 36.86 亿元，同比增长 14.5%；工业增加值 42.10 亿元，同比增长 8.8%。规模以上工业增加值 9.3%；规模以上工业主营业务收入 62.42 亿元，同比增长 17.3%。工业用电量 21257 万千瓦时，同比下降 9.4%。

整体上来看，崇义工业化水平较高，但是，崇义工业仍然存在以下四个方面的问题：

第一，企业规模普遍偏小。全县规模以上工业企业虽然有近 50 家，且有章源钨业这种龙头企业，但是均以小型企业为主。这些企业抗风险能力和生产稳定性较差。小型企业过多，严重制约了规模工业的发展和壮大。

第二，工业结构尚不够优。战略性新兴产业、生产服务型企业、资源综合利用型企业少，传统资源型产业仍占非常大的比例，影响了工业经济总量的增长。

第三，对钨业的依赖过大。钨业受国际国内宏观经济影响大，崇义县钨产业压力依然巨大。全县规模以上工业企业中钨企业占据大半江山，钨行情的丝毫波动，将对崇义县工业经济的增长造成巨大影响。

第四，企业创新能力较弱，产品科技含量不高。部分小型企业生产设备比较落后，生产能力差，工业产品科技含量不高，附加值低；企业发展比较滞后，总量小，增值能力不强，产品更新换代周期长、能力弱，产业链条短，市场竞争力不强；企业自主创新能力较弱，中高级管理和技术人才较少。

参考文献

［1］瑞金市政府历年政府工作报告

［2］兴国县政府历年政府工作报告

［3］于都县政府历年政府工作报告

［4］宁都县政府历年政府工作报告

［5］石城县政府历年政府工作报告

［6］龙南县政府历年政府工作报告

［7］定南县政府历年政府工作报告

［8］全南县政府历年政府工作报告

［9］会昌县政府历年政府工作报告

［10］寻乌县政府历年政府工作报告

［11］安远县政府历年政府工作报告

［12］大余县政府历年政府工作报告

［13］崇义县政府历年政府工作报告

［14］上犹县政府历年政府工作报告

［15］瑞金、兴国、于都、宁都、石城、龙南、定南、全南、会昌县、寻乌县、安远县、大余、崇义、上犹县（市）政府部门公布的国民经济和社会发展统计公报